# DER JESUS-
# SCHWINDEL

# DER JESUS-SCHWINDEL

## WIE DIE INTRIGE DES HL. PAULUS DIE WELT 2000 JAHRE LANG IN DIE IRRE FÜHRTE

David Skrbina

*Creative Fire Press*

— 2025 —

CREATIVE FIRE PRESS

Creative Fire Press is a division of The Walden Group, a non-profit educational publisher.


**Library of Congress Cataloging-in-Publication Data**

Skrbina, David
*Der Jesus-Schwindel: Wie die Intrige des Hl. Paulus die Welt 2000 Jahre lang in die Irre führte*

German translation of: *The Jesus Hoax*


p. cm.
Includes bibliographical references

**ISBN 978-1963-1433-00**
(pbk.: alk. paper)

1. Christianity, history of


Printing number: 9 8 7 6 5 4 3 2 1

Printed in the United States of America on acid-free paper.

# Danksagung

Vielen Dank an Thomas Stadtmüller für seine hervorragende Übersetzungsarbeit. Ohne seinen Einsatz wäre diese Ausgabe nicht möglich.

# INHALT

# DER JESUS-
# SCHWINDEL

# KAPITEL 1
# BÜHNE FREI

„Denkt daran, dass Christus als Diener
der Juden kam…"

Hl. Paulus (Römer 15,8)

Jesus von Nazareth ist bekannt als Jesus Christus, als Sohn Gottes, selbst ein Gott und eine der berühmtesten Figuren der Geschichte. Seinen Lebenslauf kennen wir alle: Geboren von einer Jungfrau vollbrachte er zahlreiche Wunder in seinem kurzen, 33 Jahre währenden Leben und verkündete das Wort Gottes. Er sprach von der Hingabe an Gott und spiritueller Einkehr, von Liebe und Vergebung. Für seinen Glauben nahm er große Opfer auf sich und forderte seine Anhänger auf, ihm darin nachzufolgen. Er verhieß die Vergebung aller Sünden und den ewigen Segen Gottes. Letztlich gab er sein Leben für die Erlösung der Menschheit. Seine leibhaftige Auferstehung und endgültige Auffahrt in den Himmel waren der Beweis für seine Botschaft. Schließlich führten seine Lehren zur Gründung einer der großen Weltreligionen.

Dass Jesus zu den berühmtesten Menschen der Geschichte zählt, ist kaum überraschend. Das *Time Magazine* setzte ihn auf Platz 1 und eine etwas formalere Studie der MIT-Universität wählte ihn auf Platz 3 der historischen Rangliste (hinter Aristoteles und Platon). Die Zahl seiner Anhänger geht buchstäblich in die Milliarden. Heute gibt es etwa 2,4 Milliarden Christen auf der Erde, was etwa einem Drittel des Planeten entspricht. Das Christentum ist damit weltweit die Religion Nr. 1. Und in den Vereinigten Staaten, das stark christlich geprägt ist, bezeichnen sich etwa 70 % der Amerikaner, etwa 250 Millionen Menschen, als Christen. Es ist klar: Jesus gehört als der nominelle Gründer der christlichen Kirche zu den wichtigsten und einflussreichsten Personen, die jemals lebten.

Doch einige Historiker und Forscher stellen die verblüffende Behauptung auf, dass Jesus, der Sohn Gottes, nie existierte. Sie sagen, dass Jesus Christus bloß ein Mythos[1] war. Ist das überhaupt möglich?

---

[1] Anm. d. Ü: die Christus-Mythos-Theorie besagt, dass die Geschichte Jesu ein mythologisches Werk ohne historische Substanz ist.

Sicherlich nicht, antworten wir. Diesen einflussreichsten Gründer der einflussreichsten Religion, des Christentums, muss es gegeben haben. Und er muss der wundertätige Sohn Gottes gewesen sein, denn so steht es in der Bibel. Wie könnte es anders sein? fragen wir. Wie könnte eine ehrwürdige, zweitausend Jahre alte Religion mit Milliarden von Anhängern in der Geschichte auf jemandem beruhen, der nie existiert hat? Unmöglich! Ist, was wir sagen.

Wenn Jesus tatsächlich nie existiert hätte, wären die Konsequenzen kaum vorstellbar: eine ganze Religion und der innige Glaube von Milliarden von Menschen wären völlig sinnentleert. Das gesamte Christentum wäre auf einem Mythos, einer Fabel, ja sogar – wie ich darlegen werde – auf einer Lüge aufgebaut. Und, das wäre katastrophal. Die Kreuzzüge, die Religionskriege, die Hexenverbrennungen, die Inquisition, die unzähligen Menschen, die in der Hoffnung auf den Himmel und in der Angst vor der Hölle gelebt haben – alles vollkommen sinnlos.

Denkbar ist auch eine etwas weniger radikale, aber immer noch erschütternde Möglichkeit: Jesus hat zwar existiert, aber er war nur ein normaler Mensch. Und Einige behaupten, er sei ein ganz gewöhnlicher – und ganz sterblicher – Morallehrer gewesen. Was wäre also, wenn Jesus nur ein einfacher Prediger war, ein jüdischer Rabbi (so, wie er in der Bibel bezeichnet wird), der sich für die Armen und Unterprivilegierten einsetzte. Was, wenn er durch seine verschiedenen sozialen Agitationen die römischen Behörden so provozierte, dass sie ihn schließlich hinrichteten? Und was wäre, wenn sein Leichnam kurzerhand in einem unscheinbaren Grab irgendwo in Palästina auf Nimmerwiedersehen verscharrt wurde?[2] Was, wenn es keine jungfräuliche Geburt, keinen Stern von Bethlehem, keine Wunder, keine Auferweckung von den Toten, kein Gehen auf dem Wasser gab? Was bliebe von Jesus, ohne seine Wiederauferstehung und Himmelfahrt nach 40 Tagen (wie es in der Apostelgeschichte heißt)? Nun, das wäre fast so schlimm, als hätte Jesus gar nicht existiert. Auch in diesem Fall gründete die gesamte christliche Geschichte auf einem Mythos oder einer Lüge. Es bliebe dann immer noch eine Täuschung. Und alle Bemühungen der Christen weltweit und

---

[2] Oder vielleicht wurde das Grab gefunden! Auf diese faszinierende Möglichkeit gehe ich näher ein in Kapitel 3.

in der gesamten Geschichte erscheinen vollkommen sinnlos. Das wäre eine niederschmetternde Schlussfolgerung und das ist genau der Standpunkt, den ich in diesem Buch vertreten werde.

Lassen Sie mich mit einer grundlegenden Frage beginnen: „Hat Jesus existiert?" Beachten Sie, dass es sehr wichtig ist, zwischen den zwei Vorstellungen von Jesus zu unterscheiden. Wenn jemand fragt: „Hat Jesus existiert?", müssen wir wissen, ob er (a) den göttlichen, wundertätigen, auferstandenen Sohn Gottes (manchmal bezeichnet als *biblischer Jesus*) oder (b) den gewöhnlichen Menschen und jüdischen Prediger meint, der als ein Sterblicher zu Tode kam (manchmal bezeichnet als *historischer Jesus*). Das Christentum setzt einen biblischen Jesus voraus, aber die Skeptiker argumentieren entweder nur für einen historischen Jesus – was das Ende des Christentums bedeuten würde – oder schlimmer noch, für gar keinen Jesus.

Mit diesem Buch möchte ich belegen, dass der wundertätige, in den Himmel aufgefahrene Gottessohn Jesus nie existiert hat. Ich akzeptiere jedoch den historischen Jesus: den jüdischen Prediger, der zu jener Zeit lebte und lehrte, der ein sozialer Aufwiegler war, der seine jüdischen Mitbürger gegen die Römer aufhetzte und der deshalb gekreuzigt wurde. (Die Kreuzigung war im Allgemeinen für Verbrechen gegen den römischen Staat reserviert.) Ich habe natürlich keine abschließende Gewissheit, doch anders als sonstige Skeptiker habe ich gute Gründe zu glauben, dass es einen sterblichen, historischen Jesus gegeben hat. Aber ich stimme mit ihnen überein: die Wunder, die Auferstehungsgeschichte und die meisten seiner angeblichen Aussprüche sind reine literarische Erfindungen, reine Mythen.

Darüber hinaus versuche ich zu erklären, wie und warum der biblische Jesus-Mythos – unverblümt, die Jesus-*Lüge* – entstanden ist und wie er die Weltgeschichte beeinflussen konnte. Es ist offen gesagt eine schockierende Erzählung, und eine, die bisher kaum bekannt ist. Im Laufe der Geschichte wurden immer wieder Bruchstücke dieser Gegendarstellung entdeckt und untersucht, aber das Gesamtbild wurde bis jetzt nie klar zusammengefügt. In den letzten Jahren haben sich sowohl die politische Korrektheit als auch das zeitgenössische liberale Dogma verschworen, eine solche Diskussion zu unterdrücken. Die Medien haben kein Interesse daran, diese alternative Geschichte zu untersuchen, und zwar aus Gründen, die ich noch erläutern werde. Die westlichen Regierungen haben wenig Anreize und hätten viel zu verlieren, wenn sie eine offene Diskussion über dieses Thema förderten. Die Christen wollen offensichtlich nichts von einem Jesus-Mythos hören, ebenso wenig wie Juden oder Muslime – wie ich noch erklären werde. Kurz gesagt: Kaum einer an der Macht und schon gar nicht die meisten normalen Menschen haben ein Interesse daran, diese radikale These in Betracht zu ziehen, dass Jesus, der Sohn Gottes, niemals existiert hat. Und doch ist sie von ungeheurer Bedeutung.

Nun kann ich meine These natürlich nicht beweisen. Ich kann kein absolut unangreifbares, kugelsicheres Argument dafür liefern, dass die Jesus-Geschichte ein Schwindel war. Ein Teil des Problems liegt in der notorischen Schwierigkeit des „Negativbeweises" – das heißt, es kann schwierig oder manchmal unmöglich sein, zu beweisen, dass ein angebliches Ereignis *nicht* stattgefunden hat. Das andere Problem ist, dass die Umstände an jenem Ort und zu jener Zeit so undurchsichtig sind und unser Wissen so begrenzt ist, dass kaum etwas mit Sicherheit gesagt werden kann.

Aber ich bin nicht alleine mit diesem Manko. Ebenso können Christen die biblische Darstellung der Ereignisse nicht beweisen. Ihre gesamte Argumentation stützt sich auf die Bibel, und dieses Dokument ist mit Schwierigkeiten behaftet, wie ich noch zeigen werde. Und sie ist offensichtlich voreingenommen, da es (das Neue Testament) von Anhängern Jesu geschrieben wurde, die kaum objektiv waren und die offensichtlich einen großen Anreiz hatten, die überlieferte Sichtweise zu unterstützen. In gewissem Sinne sind also sowohl die Christen als auch ich auf gleicher Augenhöhe; keiner von uns kann seinen Fall endgültig beweisen. Aber das Gewicht der Beweise, die archäologische Geschichte und der gesunde Menschenverstand deuten mit aller Wahrscheinlichkeit darauf hin, dass ein göttlicher Jesus nie existiert hat und dass seine Geschichte aus ganz bestimmten Gründen und zu ganz bestimmten Zwecken konstruiert wurde.

Aber es gibt ein zusätzliches Problem für die Verteidiger des Christentums. Es ist eine gängige Regel in einer Debatte, dass derjenige, der die außergewöhnlicheren Behauptungen aufstellt, die Hauptlast der Beweisführung trägt. Behauptungen über eine jungfräuliche Geburt, einen wundertätigen Gottessohn oder eine Auferstehung von den Toten sind, vorsichtig ausgedrückt, schon sehr außergewöhnlich. Daher trägt in einer Auseinandersetzung über die Existenz Jesu der Christ und nicht der Skeptiker die Hauptbeweislast. Wenn ich behaupte, dass der biblische Jesus nicht existiert hat, und ein katholischer Theologe behauptet, dass er existiert hat, dann muss ich lediglich zeigen, dass ein solches Ereignis unplausibel und unwahrscheinlich ist und dass es keine stützenden Beweise gibt. Der Theologe hingegen muss einen eindeutigen, positiven Beweis dafür erbringen, dass ein solcher Wundermann tatsächlich existierte und das tat und sagte, was in der Bibel behauptet wird. Wenn Jesus der Sohn Gottes war – oder vielleicht sogar *Gott selbst* –, dann hat der christliche Theologe eine sehr hohe Messlatte zu überwinden. Meine Hürde für den Beweis ist viel niedriger und daher viel leichter zu erklimmen. Mit anderen Worten: Es ist viel, viel einfacher für mich, eine solche Debatte zu „gewinnen". Ich denke, das wird deutlich, wenn ich meine Argumentation ausbreite.

**Zwei Einwände, Widerlegt**

Wenn man Christen mit den Argumenten gegen Jesus und für die hohe Wahrscheinlichkeit, dass er ein reiner Mythos ist, konfrontiert, sind sie regelmäßig nicht in der Lage, ihre Sicht der Ereignisse rational zu begründen. Und weil sie ihre Niederlage spüren, bleibt ihnen meist nur der Rückzug zu einem der beiden Allgemeinplätze, die sie als ihren letzten vermeintlich sicheren Hafen ansteuern. Es lohnt sich, diese beiden Argumente hier am Anfang kurz zu erwähnen und beiseite zu räumen.

Erstens: „Das Christentum basiert auf dem Glauben, nicht dem Verstand. Dagegen oder gegen Jesus sind rationale Argumente wirkungslos. Wir *glauben* einfach an die christliche Geschichte, und das reicht völlig aus."

Dies ist eine sehr bequeme „Du kommst aus dem Gefängnis frei"-Karte, die religiöse Menschen gerne spielen. Aber sie funktioniert nicht. Es ist zunächst festzuhalten, dass die gesamte westliche Zivilisation auf der Idee von Vernunft und Verstand beruht, und zwar seit ihren Anfängen im alten Griechenland um 600 v. Chr. Die Vernunft ist älter als das Christentum, und sie ist die Grundlage all dessen, was wir erreicht haben. Es ist nicht so, dass der Glaube keinen Platz hätte, aber wenn wir zulassen, dass der Glaube die Vernunft in unserem weltanschaulichen

Denken überlagert, geben wir die Grundlage unserer eigenen Kultur auf. Das ist selbstschädigend und selbstzerstörerisch.

Weiterhin waren viele der berühmtesten christlichen Theologen der Geschichte ausgesprochen rational: Augustinus, Anselm von Canterbury, Thomas von Aquin, Martin Luther und Johannes Calvin, um nur einige zu nennen, waren alle zu Recht berühmt für ihre vernunftbasierten Schlussfolgerungen. Ein wahrer Christ sollte niemals die Vernunft aufgeben müssen, auch nicht im Namen des Glaubens.

Und gerade wenn wir dem Glauben irgendeinen höheren Stellenwert einräumen wollen, *brauchen wir dafür einen Grund*. Wenn bereits die Grundsätze unserer Überzeugungen nicht rational sind, können wir ebenso an alles Mögliche glauben: Feen, magische Drachen, Einhörner, was auch immer. Wir könnten anfangen Menschen als Hexen zu verbrennen, oder *„Dämonen austreiben ... und tödliches Gift trinken“*[3], oder uns ausschließlich auf Gebete verlassen, um schwere Krankheiten zu heilen. Eine Gesellschaft, die von nicht-rationalen Überzeugungen beherrscht wird, ist brandgefährlich. Ich kann mir nur sehr schwer vorstellen, dass Menschen in solch einer Gesellschaft wirklich leben möchten.

Zweitens: „Es spielt keine Rolle, ob die Jesus-Geschichte wahr ist. Jesu Leben und Lehren helfen den Menschen trotzdem, ein besseres Leben zu führen und bessere Menschen zu werden.“

Das ist gleichzusetzen mit einer Kapitulation. Denn der gesamte christliche Glaube beruht auf der Vorstellung, dass Jesus der Sohn Gottes war, dass er tatsächlich auf die Erde kam, um uns zu retten, und dass er tatsächlich gestorben und leibhaftig auferstanden ist. Also bricht die gesamte Religion in sich zusammen, wenn die Jesus-Geschichte falsch ist. Wenn Jesu Auferstehung uns das ewige Leben verspricht und alle, die daran nicht glauben von ewiger Verdammnis bedroht sind, dann hat das nur eine Bedeutung, *wenn er tatsächlich existiert hat* und *wenn er Recht hatte*. Das Christentum macht erstaunliche, monumentale Ansprüche geltend: über das ewige Leben, die ewige Verdammnis, die Existenz Gottes und so weiter. Und die Basis dafür ist ein einziger Mann: Jesus von Nazareth. Wenn dieser Mann nie existierte, oder wenn er existierte, aber ein gewöhnlicher Rabbi war, der den Tod eines

---

[3] Anm. d. Ü: vgl. Mk 16,17-18

Sterblichen starb und nicht wieder auferstanden ist, dann ist die christliche Religion bedeutungslos. Es ist alles nur ein Märchen und reines Wunschdenken – oder schlimmer, wie ich noch erklären werde.

Was ist darüber hinaus der echte Vorteil, wenn man ein Märchen als Wahrheit akzeptiert? Kann man wirklich ein glückliches, erfolgreiches und sinnvolles Leben führen, wenn man es einer falschen Geschichte oder einer Lüge widmet? Nehmen wir den Fall des Weihnachtsmanns. Diese Geschichte mag nützlich sein, um damit unartige kleine Kinder zu beeindrucken. Aber sie funktioniert nur aufgrund ihrer Unwissenheit und Naivität. Selbst wenn wir diese Scharade jahrelang aufrechterhalten könnten, wäre es ethisch vertretbar, dies zu tun? Sicherlich nicht. Das Ergebnis wäre letztlich furchtbar – spätestens dann, wenn das Kind im Erwachsenenalter herausfindet, dass es sein ganzes Leben lang belogen wurde.

Und was, wenn es eine ganze Gesellschaft von Weihnachtsmann-Gläubigen gäbe; können wir davon ausgehen, dass sie wirklich ein gutes Leben führen? Wären sie in der Lage, eine lebendige, gesunde und erfolgreiche Gesellschaft aufzubauen und zu erhalten? Nein, natürlich nicht. Ganz offensichtlich kann ein Leben, das auf Selbsttäuschung oder Unwahrheit beruht, sich niemals gut entwickeln.

Zugegeben könnte man bestimmte Ideen, die Jesus zugeschrieben werden, als nützlich ansehen: die Goldene Regel, die Nächstenliebe, den Armen helfen, die Gleichheit aller Menschen und die christliche Tugend der Hoffnung[4]. (Es sei jedoch daran erinnert, dass die 10 Gebote aus dem Alten Testament stammen. Sie sind streng genommen eher jüdisch als christlich. Tatsächlich sagen manche, dass Jesus kam und das Alte Testament *aufhob*!) Aber man muss kein Christ sein, um seinen Nächsten zu lieben, den Armen zu helfen oder andere freundlich zu behandeln. Es gibt unabhängige und zutiefst rationale Gründe, entsprechend zu handeln. Und viele andere Philosophen und religiöse Persönlichkeiten sowohl vor als auch nach Jesus haben das festgestellt. Die Tatsache, dass manche Menschen diese Sicht der Dinge als hilfreich empfinden, begründet in keiner Weise pauschal den Glauben an die christliche Lehre.

---

[4] Anm. d. Ü: christliche Tugenden sind Glaube, Liebe und Hoffnung. Siehe 1 Thess 1,3 und 1. Kor 13,13 (das Hohe Lied der Liebe).

Und dann ist da noch die Tatsache, dass viele der so genannten
christlichen Tugenden sich als falsch, irreführend oder geradezu
gefährlich erweisen – wie ich noch erklären werde. Damit ergibt sich
eine weitere Ebene von Problemen in der christlichen Lehre.

Ich muss daher zu dem Schluss kommen, dass es sehr wohl eine
Rolle spielt, ob die Jesus-Geschichte wahr oder falsch ist. Jeder, auch ein
vorgeblicher Christ, der das Gegenteil behauptet, ist kaum ernst zu
nehmen.

## Einige Fragen zu Gott

Jesus, sagt man uns, war Gott.[5] Skepsis gegenüber Jesus führt daher ganz
natürlich zu einer Skepsis gegenüber Gott – d.h. dem jüdisch-christlichen
Gott, wie ihn das Alten Testament beschreibt. Er erschuf die Welt in
sechs Tagen, sowie Adam und Eva, verursachte die Sintflut und sandte
uns seinen einzigen Sohn, um die Menschheit zu retten, weil er jeden
einzelnen von uns liebt. Im Allgemeinen werde ich in diesem Buch
Fragen über Gottes Wesen und seine Existenz außer Acht lassen, um
mich auf die Lehre Jesu und ihre Ursprünge zu konzentrieren. Rein
formal gesehen ist die Existenz Gottes unabhängig von der Existenz
Jesu. Selbst wenn wir Jesus komplett als Märchen beurteilen würden,
könnte es theoretisch immer noch einen Gott geben. Orthodoxe Juden
glauben an Gott, aber nicht an Jesus. Muslime glauben an Gott (Allah),
aber nicht an Jesus, den göttlichen Sohn Gottes, der gestorben und
auferstanden ist. Beide Themen sind unterschiedlich.

Deshalb möchte ich hier nur ein paar Worte über Gott sagen, und
zwar darüber, was an ihm rational und was irrational ist.

Es ist allgemein bekannt, dass es in der Weltgeschichte viele
Religionen gegeben hat – nach manchen Schätzungen mehr als 4 000.
Jede von ihnen hat eine andere Vorstellung von Gott oder den Göttern.
Es ist klar, dass die große Mehrheit von ihnen einem Irrglauben
unterliegen muss. Noch viel wahrscheinlicher ist, dass sie alle falsch
liegen. Sprichwörtlich können sich „Millionen Fliegen" eben doch

---

[5] Siehe Philipperbrief 2,6; Kolosserbrief 1,15; Johannes 8,42, 8,58, 10,30, und
14,9.

gewaltig „auf dem Holzweg" befinden[6]. Die Chancen stehen gut, dass jede Religion ernsthaften Glaubensfehlern in Bezug auf Gott bzw. die Götter unterliegt, so dass wir kaum etwas Eindeutiges über das Göttliche sagen können. Wir können nicht einmal sicher sein, dass es Götter gibt.

Selbst innerhalb des Christentums gibt es eine große Bandbreite an Glaubensrichtungen und Praktiken. Die Sammlung *World Christian Encyclopedia* stellt beispielsweise fest, dass es weltweit etwa 33 000 „verschiedene Konfessionen" in der Kirche gibt, darunter 242 katholische, 9 000 protestantische und über 22 000 „unabhängige"[7]. Das ist eine enorme Vielfalt innerhalb einer nominell einzigen Religion. Offensichtlich haben sie viele Gemeinsamkeiten, da sie sich alle als Christen bezeichnen. Aber ebenso offensichtlich gibt es viele Meinungsverschiedenheiten zwischen diesen Gruppen – obwohl sie sich vordergründig alle auf dieselbe Bibel berufen. Es lässt sich ganz klar festhalten: Sie können nicht alle recht haben, aber sie können alle falsch liegen.

Wenn wir den Atheismus für einen Moment beiseitelassen, könnten sich alle Weltreligionen, so wird argumentiert, auf lediglich zwei Aussagen über Gott einigen:

1.    Gott ist das höchste Wesen oder die letztendliche Wahrheit.
2.    Gott ist das, was am meisten verehrt wird.

Trotz der großen und unüberbrückbaren Unterschiede zwischen den Religionen kann praktisch jeder diese beiden Behauptungen akzeptieren. Wenn wir uns nur auf diese beiden Ansichten stützen könnten, würden alle religiöse Meinungsverschiedenheiten, Religionskriege oder überhaupt religiöse Konflikte verschwinden.

---

[6] Anm. d. Ü: das originale Sprichwort „they can't all be right, but they can all be wrong" ist auf Englisch mit dem Atheismus-Diskurs verknüpft und hat keine solche Entsprechung im Deutschen – am nächsten kommt dem wohl das populäre Zitat des Verhaltensforschers Konrad Lorenz, „Wenn viele Menschen dasselbe glauben, kommen sie leicht zu dem Ergebnis: Freßt Scheiße, Millionen Fliegen können sich nicht irren".

[7] Anm. d. Ü: Siehe auch https://en.wikipedia.org/wiki/World_Christian_ Encyclopedia.

Aber natürlich kann man mit diesen beiden Behauptungen allein keine funktionierende Religion aufbauen – eine, die Tempel baut, Mitglieder und Reichtümer gewinnt und ihre Macht auf die ganze Welt ausdehnt. Es kann „die Kirche" nicht geben, wenn Gott nicht noch viel mehr darstellt. Deshalb waren die verschiedenen Religionen gezwungen, Gott zusätzliche Eigenschaften zu geben, zusätzliche Geschichten über ihn zu erfinden, ihn auf die Erde zu holen, um Forderungen an die Völker zu stellen, Angst und Schrecken zu verbreiten, und so weiter.

Wir können jedoch noch mehr anbieten als diese beiden oben genannten Merkmale. Es mag überraschen, dass es eine Reihe von Eigenschaften gibt, die wir Gott zuschreiben können, ohne dass diese irrational sind, *vorausgesetzt*, wir sind vorsichtig, wie wir sie definieren. Zum Beispiel kann man Gott logisch, rational und konsistent die folgenden Eigenschaften zuschreiben:

- Gott ist ursprünglich.
- Gott ist vollkommen.
- Gott ist ewig.
- Gott ist allgegenwärtig.
- Gott ist einzig.
- Gott ist ein Verstand oder Geist.

Rationale Denker haben im Laufe der Geschichte einige oder alle dieser Eigenschaften einem göttlichen Wesen zugeschrieben. Sie sind nicht widersprüchlich, sie sind nicht unlogisch, und sie führen nicht zu unlösbaren Paradoxien.

Aber selbst diese reichen den meisten Religionen nicht aus. Sie erlauben es immer noch nicht, eine Kirche aufzubauen, eine komplexe Lehre zu entwickeln oder Macht über Menschen auszuüben. Deshalb haben die Theologen noch weitere Eigenschaften eingeführt, die eine konventionelle Religion ermöglichen:

- Gott ist eine „Person" (jemand, der liebt, vergibt, bestraft, usw.).
- Gott „spricht" zu den Menschen.
- Gott ist allwissend.
- Gott ist allmächtig.
- Gott ist übernatürlich.

- Gott vollbringt gute Taten.
- Gott rettet die einen und verurteilt andere.

Diese Eigenschaften verursachen große Probleme. Ich kann hier nicht im Detail darauf eingehen, aber sie führen zu allen möglichen Problemen: Widersprüche, Paradoxien, Absurditäten und schiere Rätsel.

Das größte Problem entsteht, wenn wir glauben, dass Gott ein *moralisches Wesen* ist: jemand, der gütig, freundlich, wohlwollend und gerecht ist, usw. Dieser Gedanke ist für das Christentum von zentraler Bedeutung, aber er führt direkt zu dem, was wir das *Problem des Bösen* nennen.[8] Kurz gesagt, ist das Problem folgendes: Die Welt wird von allen möglichen Übeln geplagt, darunter Mord, Vergewaltigung, Krieg, Gewalt, Krankheit, Unfälle, Hungersnöte, Erdbeben, Tsunamis und Wirbelstürme. Diese verursachen jeden Tag massives menschliches Leid und Tod. Aber über die Welt wacht angeblich ein gütiger und liebender Gott, der es gut mit uns Menschen meint, die wir ja nach seinem Ebenbild geschaffen wurden. Dieser moralische Gott ist überdies allmächtig; er kann sofort tun, was er will. Wie kann es dann sein, dass die Menschen so unendlich viel Böses erleiden müssen? Gott hat die Macht, jedes erdenkliche Übel aufzuhalten oder zu verhindern. Und doch tut er es nicht. Warum?

Es reicht festzustellen, dass es keine vernünftige Antwort auf diese Frage gibt. Es scheint, dass Gott sich entweder nicht wirklich um unser Leiden kümmert – in diesem Fall ist er nicht allgütig – oder er ist nicht wirklich in der Lage, etwas dagegen zu tun – in diesem Fall ist er nicht allmächtig. Mit anderen Worten: Gott ist entweder *kein* moralisches Wesen, oder er ist *nicht* allmächtig (oder keines von beiden!). Er kann offensichtlich nicht beides gleichzeitig sein. Doch genau das ist es, was das Christentum und viele andere Religionen uns glauben machen wollen. Es ist ein unlösbares Dilemma. Das Problem des Bösen bleibt ohne Antwort.

---

[8] Das Problem des Bösen wurde hervorragend kritisiert vom Philosophen David Hume in Teil 10 seiner *Dialoge über Naturreligion* (*Dialogues Concerning Natural Religion*) (1778). Neuere Kritiken entstammen John Mackies Artikel *Das Böse und Allmacht* (*Evil and omnipotence*) (1955), und B. C. Johnsons eher populärwissenschaftlichen Abhandlung *Gott und das Problem des Bösen* (*God and the problem of evil*).

Abgesehen vom Problem des Bösen und anderen Paradoxien teilen wir die einfache Beobachtung, dass es keinen Beweis für Gott gibt. Er kommt nicht mehr und spricht zu uns. Er erscheint nicht in brennenden Büschen oder Wolken aus Rauch und Feuer. Er schickt nicht seine Söhne (oder Töchter) herab, um uns zu erleuchten. Die Wissenschaft hat es nicht nötig, Gott zu postulieren, da alles, was geschieht, durch die Gesetze der Physik abgedeckt ist. Wunder biblischen Ausmaßes, d. h. Ereignisse, für die es keine eindeutige wissenschaftliche Erklärung gibt, geschehen nicht mehr. Warum versteckt sich Gott?[9]

Weil er sich versteckt, können sich die Menschen nicht auf einen Gott einigen, und deshalb kämpfen und sterben sie in seinem Namen. Warum sollte er dies zulassen? Von den mehr als 4 000 Religionen haben mindestens 3.999 eine falsche Vorstellung von Gott. Wie können wir erkennen, welche richtig ist? Oder was, wenn sie alle falsch sind? Was ist, wenn wir glauben, das Richtige zu tun, aber Gott insgeheim wütend auf uns ist? Was ist, wenn all diejenigen, die jeden Sonntag strenggläubig in die Kirche gehen, in Gottes Augen gedankenlose Schafe sind, die letztendlich bestraft werden? Wie können wir jemals wirklich wissen, was Gott gefällt oder nicht gefällt? Wir haben keine Antworten auf diese Fragen und werden sie auch nie haben. Es nützt auch nichts zu sagen: „Gott bleibt ein Geheimnis". Das ist eine weitere religiöse Ausrede. Es ist eine bedeutungslose Aussage, mit der man jedes unbequeme Problem überdecken kann. Es ist ein weiteres Zeichen der intellektuellen und moralischen Kapitulation.

Die einzige vernünftige Schlussfolgerung ist, dass Gott – wenn er überhaupt existiert – in vielerlei Hinsicht begrenzt ist. Er kann eine Art ultimative Realität sein, und wir können ihn tatsächlich verehren. Er kann jede der ersten oben genannten Eigenschaften haben, aber keine der zweiten Gruppe. Aber selbst diese „akzeptablen" Eigenschaften sind willkürliche menschliche Konstruktionen. Wir wählen sie aus, weil sie uns gefallen, aber das ist auch schon alles. Wir haben keine wirklichen Gründe, keine Beweise, um solche Behauptungen aufzustellen. Ausgehend von den tatsächlichen Beweisen scheint es nirgends einen

---

[9] Es hilft nicht zu sagen, Gott „testet" uns. Er hat uns so geschaffen, wie wir sind und er kennt die Zukunft, daher kann es kein Test sein.

Gott zu geben.[10] Aber wenn wir uns besser fühlen, wenn wir ihn erfinden und ihm einige wenige Eigenschaften zuschreiben, kann es nicht schaden, dies zu tun.

Genug über Gott. Ich konzentriere mich hier auf Jesus, und wir haben viele interessante Dinge über ihn zu lernen.

## Das Problem der Experten

Wenn wir versuchen, eine rationale und kritische Untersuchung über Jesus anzustellen, stehen wir sofort vor einer ernsten Herausforderung, nämlich dem „Problem der Experten". Dieses Problem hat verschiedene Aspekte, die es dem Durchschnittsleser sehr schwer machen, die Wahrheit zu erkennen.

Auch wenn es Ausnahmen gibt, fallen die Autoren über das Christentum regelmäßig unter eine der drei Gruppen: *Akademiker, Journalisten* und *unabhängige Forscher*. In allen drei Fällen sollten wir uns Sorgen machen. Betrachten wir zunächst die Akademiker. Die überwiegende Mehrheit sind entweder (a) Lehrkräfte einer religiösen Schule oder Einrichtung oder (b) Mitglieder einer religionswissenschaftlichen Abteilung an einer normalen, säkularen Universität. In beiden Fällen sind fast alle Christen, wenn sie Experten für das Christentum sind. Dies prägt natürlich ihre Sichtweise und schränkt die Arten von Ideen, die sie in Betracht ziehen und die Schlüsse, welche sie ziehen, stark ein. Von den wenigen nichtchristlichen akademischen Autoren, die sich mit dem Christentum befassen, sind viele Juden (z. B. Daniel Boyarin, Hyam Maccoby, Martin Buber, Paul Goodman, Alan Dershowitz), und einige wenige (z. B. Reza Aslan) sind Muslime – und diese schleppen ihren eigenen Ballast mit. Aus offensichtlichen Gründen werden aufgeschlossene, kritisch denkende, nicht-religiöse Fakultätsmitglieder selten zu Experten für das Christentum.

Sehen wir uns dann die speziellen Herausforderungen der Journalisten an. Journalisten bezeichnen sich gerne als unvoreingenommen und neutral, und daher wissen wir üblicherweise nichts über ihre religiösen Vorlieben. Das ist hier besonders problematisch. Daneben

---

[10] Außer vielleicht im Pantheismus, der Gott als das gesamte Universum interpretiert.

haben Journalisten in der Regel keine höheren Abschlüsse und wissen daher nicht wirklich, wie man ernsthafte akademische Forschung betreibt. Sie arbeiten vielleicht hauptberuflich bei einer Zeitung oder einem anderen Medienunternehmen, schreiben aber oft „nebenbei" Bücher, entweder als zweite Einnahmequelle oder zur Aufbesserung ihrer beruflichen Qualifikationen. So oder so, interessieren sie sich nicht wirklich für seriöse akademische Forschung. Ihr Hauptmotiv ist das Einkommen, nicht die Wahrheit. Aus diesem Grund stehen sie unter starkem Druck, sich an die konventionellen Ansichten über Religion (oder über welches Thema auch immer sie schreiben) anzulehnen. Sie haben nicht die Freiheit, den Fakten einfach dahin zu folgen, wohin sie führen, oder eine politisch inkorrekte Theorie zu vertreten. Arbeitgeber werden die Karriere kaum fördern, wenn sich Journalisten entschließen, etwas außerhalb der konventionellen Grenzen zu veröffentlichen.

Zuletzt haben wir noch die unabhängigen Forscher. Diese leiden in der Regel unter all den oben genannten Problemen: sie haben (oft) keine höhere Bildung, haben gewöhnlich kein Verständnis für detaillierte und sorgfältige Forschung, haben ihre eigene religiöse Voreingenommenheit und müssen wahrscheinlich vom Bücherverkauf leben. Daraus wiederum folgen allerlei Einschränkungen bei den Schlussfolgerungen, zu denen sie gelangen können.

Natürlich hat jeder eine gewisse Voreingenommenheit gegenüber der Religion. Selbst Atheisten und professionelle Skeptiker haben versteckte oder ungeprüfte Annahmen. So soll es sein. Das Beste, worauf wir hoffen können, ist, dass unsere Experten offen und ehrlich mit ihrer Voreingenommenheit umgehen, was uns, den Lesern, eine bessere Beurteilung ihrer Analysen und Schriften ermöglicht.

Auch ich habe meine Vorurteile, da bin ich mir sicher. Aber lassen Sie mich so transparent sein, wie ich kann. Ich wurde als Presbyterianer „erzogen", habe aber nur selten die Kirche besucht und mich nie an sie gebunden. Seit meiner frühen Jugend bin ich ein religiöser Skeptiker, und ich erinnere mich, wie ich schon in der Mittelstufe mit meinen religiösen Mitschülern debattierte. Ich habe einen Hochschulabschluss in Mathematik und Philosophie und unterrichte 15 Jahre lang Philosophie auf dem Campus der Universität von Michigan. Ich bin kein Atheist, aber meine religiöse Einstellung ändert sich je nach den Umständen. Manchmal bin ich ein Agnostiker, manchmal ein Pantheist, manchmal ein Polytheist. Ich identifiziere mich in keiner Weise als Christ, Muslim oder Jude und auch niemand in meinem engeren Familienkreis. Meiner Meinung nach bin ich so unvoreingenommen wie irgend möglich – vielleicht mehr als jeder andere heutige Autor über das Christentum. Ich bin heute ein unabhängiger Dozent und Forscher, mit genügend finanziellen Mitteln, so dass ich keine Bücher verkaufen muss, um meinen Lebensunterhalt zu verdienen. Ich schreibe, was ich für wahr und wichtig halte. Dabei folge ich den Fakten, wohin auch immer sie führen, und versuche, möglichst vernünftige und plausible Schlussfolgerungen aus ihnen zu ziehen. Ob diese Fakten zu einem nützlichen und ehrlichen Buch über Jesus führen, sollen gerne die Leser entscheiden.

**Ein weiterer Jesus-Skeptiker?**

Wie man bis hierher offensichtlich sieht, bin ich ein „Jesus-Skeptiker". Aber ich bin natürlich bei weitem nicht der erste. Es hat in der Vergangenheit viele solcher Skeptiker gegeben, und ihre Zahl scheint zu wachsen. In jüngster Zeit wird diese Gruppe als „Christusmythiker" bezeichnet, d.h. als diejenigen, die die Existenz des biblischen, göttlichen Jesus (wenn auch nicht unbedingt des historischen menschlichen Jesus) leugnen. Die Christus-Mythos-Theorie (CMT) ist auch bei Atheisten allgemein beliebt, weil sie deren Ansicht unterstützt, dass auch Gott nicht existiert.

Warum also dieses Buch? Warum brauchen wir noch einen weiteren Jesus-Skeptiker?

Um diese Frage zu beantworten, möchte ich einen kurzen Überblick über einige prominente Skeptiker und ihre Ansichten geben. Ich werde darlegen, dass ihre Ideen, obwohl sie auf dem richtigen Weg sind, bedauerlicherweise nicht der Wahrheit entsprechen. Ihnen fehlen der Mut oder der Wille, sich die Beweise genau anzusehen und die wahrscheinlichste Schlussfolgerung zu akzeptieren: dass Jesus ein absichtlich konstruierter Mythos war, mit dem eine bestimmten Gruppe von Menschen, ein bestimmtes Ziel verfolgte. Keiner der neueren Christusmythiker oder atheistischen Autoren hat meines Wissens diese Sichtweise formuliert, die ich hier vertrete.

Doch lassen Sie mich zunächst eine kurze Zusammenfassung der Hintergründe und des Umfelds der Idee vom Jesus-Mythos geben. Der früheste moderne Kritiker war der deutsche Gelehrte Hermann Reimarus, der in den späten 1770er Jahren ein mehrteiliges Werk, *Fragmente*, veröffentlichte. Bemerkenswert ist, dass von allen Skeptikern seine Ansichten meiner eigenen These am nächsten kommen. Für Reimarus war Jesus der militante Anführer einer Gruppe jüdischer Rebellen, die gegen die unterdrückerische römische Herrschaft kämpften. Schließlich ließ er sich kreuzigen. Seine Anhänger konstruierten dann eine wundertätige Religionslehre um Jesus, weil sie seine Sache fortführen wollten. Sie logen über seine Wunder und stahlen seinen Leichnam aus dem Grab, um eine leibhaftige Auferstehung behaupten zu können.[11] Dies kommt dem, was ich die „Antagonismus-These" nennen werde, recht nahe – nämlich, dass eine Gruppe von Juden eine falsche Jesusgeschichte konstruierte, die auf einem realen Mann basierte, um die römische Herrschaft zu untergraben. Doch diese Geschichte geht noch weiter und über das hinaus, was Reimarus selbst zu sagen vermochte.

In den 1820er und 30er Jahren veröffentlichte Ferdinand Baur eine Reihe von Werken und befasste sich mit dem Konflikt zwischen den frühen Judenchristen – denn bezeichnenderweise waren, wie ich noch ausführe, *alle* frühen Christen Juden – und den etwas späteren Heidenchristen. Auch das ist ein wichtiger Teil der Geschichte, aber wir brauchen die Details und müssen verstehen, warum der Konflikt entstand und wohin er führte.

1835 veröffentlichte David Strauss das zweibändige Werk „*Das Leben Jesu*". Er war der erste, der völlig richtig argumentierte, dass keiner der Evangelienschreiber Jesus persönlich kannte. Er wies alle Behauptungen über Wunder zurück und argumentierte, das Johannesevangelium sei im Grunde genommen eine glatte Lüge, ohne reale Grundlage. Auch er war bereits auf der richtigen Spur, aber wir können inzwischen viele weitere Details hinzufügen.

---

[11] Diese Möglichkeit beschreibt Matthäus (27,64 – 28,15). Im Evangelium steht, „dieses Gerücht [des gestohlenen Körpers] verbreitete sich bei Juden bis heute". Das ist faszinierend, weil es unterstellt, dass „Matthäus" (seine wahre Identität ist unbekannt) sich sorgte, dass die Menschen die wundersame Auferstehung nicht akzeptieren würden, weil sie zum ganz einfach Schluß kamen, dass jemand den Körper nur entfernt hatte, um eine Auferstehung vorzutäuschen.

Der deutsche Philosoph Bruno Bauer schrieb eine Reihe wichtiger Bücher, darunter *Kritik der evangelischen Geschichte der Synoptiker* (1841), *Die Judenfrage* (1843), *Kritik der Evangelien* (1851), *Kritik der paulinischen Briefe* (1852), und *Christus und die Cäsaren* (1877). Bauer vertrat die Ansicht, dass es keinen historischen Jesus gab und das gesamte Neue Testament eine literarische Konstruktion, ohne historischen Bezug. Kurze Zeit später veröffentlichte der James Frazer *Der Goldene Zweig* (1890), worin er eine Verbindung aller Religionen – einschließlich des Christentums – mit antiken mythologischen Konzepten postulierte. Auch das ist richtig und es gibt eine gute Erklärung dafür.

Etwa zu dieser Zeit tauchte ein weiterer berühmter christlicher Skeptiker auf: Friedrich Nietzsche. In seinen Büchern *Morgenröte* (1881), *Zur Genealogie der Moral* (1887), und *Der Antichrist* (1888) liefert er eine umfassende Kritik des Christentums und der christlichen Moral. Nietzsche akzeptierte immer den historischen Jesus und hatte sogar Gutes über ihn zu sagen. Aber sein Angriff auf Paulus und die späteren Autoren des Neuen Testaments war vernichtend. Er betrachtete die christliche Moral als eine niedrige, lebensverneinende Form der Sklavenmoral, die nicht Jesus, sondern den Taten von Paulus und den anderen jüdischen Anhängern zugeschrieben wurde. Neben Reimarus liefert Nietzsche die meisten Anregungen für meine eigene Analyse.

Zu Beginn des 20. Jahrhunderts finden wir Bücher wie *Der Christus-Mythos* (*The Christ Myth*, 1909) und *Die Leugnung der Geschichtlichkeit Jesu* (*The Denial of the Historicity of Jesus*, 1926), beide von Arthur Drews, und *Das Rätsel Jesu* (*The Enigma of Jesus*, 1923) von Paul-Louis Chouchoud. Sie alle greifen den buchstäblichen Wahrheitsanspruch der Bibel weiter an. Zu dieser Zeit schrieb auch der jüdische Schriftsteller Marcus Eli Ravage eine wichtige zweiteilige Artikelserie, die sich auf Nietzsches Behauptungen stützte, sie aber für ein breites Publikum verständlich formulierte. Er argumentierte, das Christentum sei „eine subversive jüdische Verschwörung". Ravage erklärte, wie diese erfundene und toxische Ideologie das Römische Reich unterwanderte. Obwohl seine beiden Aufsätze keine neuen Beweise enthielten, erreichten sie immerhin ein Massenpublikum, dem ansonsten etwa Nietzsches Schriften weitgehend unbekannt geblieben wäre.[12]

In jüngerer Zeit haben wir Kritiker wie den Historiker George Wells und sein Buch *Hat Jesus Gelebt? (Did Jesus Exist?*, 1975). Darin stellt er eine beeindruckende Menge an Beweisen gegen einen historischen Jesus zusammen. Bart Ehrman hat Wells als „den bekanntesten Mythiker der Neuzeit" bezeichnet, obwohl Wells in späteren Jahren seine Haltung etwas abschwächte und er akzeptierte, dass es einen historischen Jesus gegeben haben könnte; allerdings einen von dem wir fast nichts wissen. Wells starb 2017 im Alter von 90 Jahren. Ähnliche Argumente lieferte der Philosoph Michael Martin in seinem 1991 erschienenen Buch, *Anklage gegen das Christentum (The Case against Christianity).* Bei seiner umfassenden Kritik widmete er ein ganzes Kapitel der Idee, dass Jesus nie existiert hat. Martin ist 2015 gestorben.

Unter den lebenden Kritikern gibt es solche Männer wie Thomas Thompson, der *Der Messias-Mythos (The Messiah Myth*, 2005) schrieb. Er ist Agnostiker in Bezug auf einen historischen Jesus, argumentiert aber gegen die geschichtliche Wahrheit der Bibel. Im Gegensatz dazu hat Earl Doherty (*Das Jesus-Puzzle, The Jesus Puzzle,* 1999), Tom Harpur (*Der heidnische Christus, The Pagan Christ,* 2004), und Thomas Brodie (*Jenseits der Suche nach dem historischen Jesus, Beyond the Quest for the Historical Jesus,* 2012) bestreiten alle, dass irgendein Jesus von Nazareth jemals existiert hat. Richard Carrier, mit seinem Buch Über die *Geschichtlichkeit Jesu (On the Historicity of Jesus,* 2014), hält es für höchst unwahrscheinlich, dass ein historischer Jesus gelebt hat.

Der vielleicht lauteste und erfolgreichste Jesus-Skeptiker ist heute Robert Price, ein Mann mit zwei Doktortiteln in Theologie und einer tiefen Kenntnis der Bibel. Obwohl er den historischen Jesus nicht angreift, argumentiert Price, dass ein Großteil der christlichen Theologie eine Synthese vorchristlicher Mythologie ist und daher keinen Wahrheitsgehalt hat. Er gilt somit als Verfechter der „Christus-Mythos"-These. Zu seinen umfangreichen Schriften gehören *Jesus Zerlegen (Deconstructing Jesus,* 2000), *Der Unglaublich Schrumpfende*

---

[12] Die beiden Aufsätze „*A real case against the Jews*" und „*Commissary to the Gentiles*" wurden im Century Magazine im Januar und Februar 1928 veröffentlicht. Beide Aufsätze sind abgedruckt in *Classic Essays on the Jewish Question* (2022, T. Dalton, Hrsg.; Clemens & Blair).

*Menschensohn (The Incredible Shrinking Son of Man*, 2003), *Jesus ist Tot (Jesus Is Dead*, 2007), *Die Christus-Mythos-Theorie und ihre Probleme (The Christ-Myth Theory and Its Problems*, 2012), und *Geschichte Töten (Killing History*, 2014). Die zentralen Punkte von Price lassen sich wie folgt zusammenfassen:

1. Für die Wundergeschichten gibt es keine unabhängigen Nachweise von unvoreingenommenen Zeitgenossen.
2. Die Eigenschaften Jesu sind alle aus viel älteren Mythologien und anderen heidnischen Quellen entnommen.
3. Die frühesten Dokumente, die Briefe des Paulus, weisen auf einen esoterischen, abstrakten, ätherischen Jesus hin – einen „mythischen Heldenarchetyp" – und nicht auf einen tatsächlichen Menschen, der am Kreuz starb.
4. Die späteren Dokumente, die Evangelien, machten aus dem Jesus-Konzept einen tatsächlichen Menschen, einen buchstäblichen Sohn Gottes, der gestorben und auferstanden ist.

An all diesen Behauptungen ist etwas Wahres dran, wie ich zeigen werde. Aber die Geschichte geht viel tiefer, als Price zugeben will. Vielleicht hat dies mit seiner persönlichen Situation zu tun. Price scheint sich für sein Einkommen stark auf Buchverkäufe und Vortragshonorare zu verlassen und ist sehr stark engagiert im „Jesus-Geschäft". Ich komme nicht umhin zu glauben, dass sich dies auf das auswirkt, was er sagt und schreibt. In einem Podcast erklärte er kürzlich, dass er das zionistische Ziel (einer jüdischen Heimat in Palästina, auf Kosten der der einheimischen Palästinenser) unterstützt. Darüber hinaus scheint er extrem philosemitisch zu sein. Auch dies steht im Einklang mit der Zurückhaltung in seinen Büchern und deckt sich weitgehend mit meiner kurzen Analyse zuvor.

Diese Männer sind die wohl maßgeblichen Kritiker der traditionellen Darstellung von Jesus. Sie kennen sich aus, und sie wissen, wie man recherchiert. Aber das heißt natürlich nicht, dass sie Recht haben, und es garantiert auch keine offene und ehrliche Beurteilung. Es garantiert jedoch eine kluge und gelehrte Kritik.

Es gibt viele andere Bücher, in denen die Jesus-Geschichte angegriffen wird, aber die überwiegende Mehrheit wird von wenig qualifizierten Personen geschrieben. Einige sind Atheisten, einige gehören konkurrierenden Religionen an, andere wollen einfach nur Bücher verkaufen. Den meisten fehlt es an höheren Abschlüssen, die auf die Fähigkeit zu sorgfältiger, detaillierter Recherche hindeuten würden. Ich überlasse es dem Leser, diese nach Belieben zu erforschen.[13] Dennoch eine Warnung: Prüfen Sie die Qualifikation des Autors, bevor Sie sein Buch kaufen!

Mit Ausnahme von Nietzsche zeigen alle genannten Personen eine eklatante Schwäche: Sie scheuen sich, irgendjemanden zu kritisieren. Niemand wird verurteilt, niemand ist schuldig, niemand ist für irgendetwas verantwortlich. Bei den früheren Autoren ist dies meiner Meinung nach in erster Linie auf die Unsicherheit ihrer Ideen und einen allgemeinen Mangel an Klarheit darüber zurückzuführen, was wahrscheinlich geschehen ist. Bei den jüngeren Autoren ist dies wahrscheinlich auf eine angeborene politische Korrektheit, auf eine Schwäche des moralischen Rückgrats oder auf reines Eigeninteresse zurückzuführen. In den letzten Jahren sind vor allem Akademiker sehr zurückhaltend, wenn es darum geht, einzelne Personen anzugreifen, selbst wenn diese längst verstorben sind.[14] Dies wird irgendwie als Verletzung der akademischen Neutralität oder der beruflichen Integrität angesehen. Aber wenn die Fakten gegen jemanden oder eine Gruppe sprechen, dann müssen wir ehrlich zu uns selbst sein. Es gibt in der gesamten Geschichte wirklich Schuldige, und wenn wir auf sie stoßen, müssen sie benannt werden.

Bedenken Sie: Wie ich aufzeigen werde, gibt es sehr gute Gründe für die Annahme, dass keine der Wundergeschichten Jesu wahr ist. Und doch hat sie jemand irgendwann einmal aufgeschrieben *als ob sie wahr wären*. Die Schlussfolgerung ist klar: *Jemand hat gelogen*. Wenn man offensichtliche Unwahrheiten schreibt und sie als wörtliche Wahrheit darstellt, ist das eine Lüge. Und die Fragen lauten: Wer hat gelogen?

---

[13] Einige der neueren Titel sind: *Nailed* von D. Fitzgerald (2010); *Jesus Christ, A Pagan Myth* von S. Dalton und L. Dalton (2008); *Jesus Never Existed* von K. Humpreys (2014); *Caesar's Messiah* von J. Atwill (2011); *The Christ Conspiracy* von Acharya S (1999); *There Was No Jesus* von R. Lataster (2013); *Atheist Manifesto* von M. Onfray (2007).
[14] Es gibt natürlich Ausnahmen. Beispielsweise sind Hitler, Nazis, oder islamische „Terroristen" immer noch im Visier.

Wann? und Warum? Auf diese Fragen werde ich zu gegebener Zeit eingehen. Für den Moment stelle ich einfach fest, dass keiner unserer mutigen Kritiker, unserer Jesus–Mythos-Forscher, bereit zu sein scheint, irgendjemanden klar zu benennen: nicht Paulus, nicht seine jüdischen Kollegen, nicht die frühen christlichen Vorväter – niemanden. Eine kolossale aber offensichtliche Lügengeschichte über den Sohn Gottes, der auf die Erde kam, Wunder vollbrachte und von den Toten auferstand, wurde verbreitet, und dennoch – niemand hat gelogen? Kann das sein? Können wir das glauben? War das alles nur ein großes Missverständnis? Eine ehrliche Fehleinschätzung? Kein intelligenter Mensch kann das akzeptieren. Irgendjemand hat irgendwann in der Vergangenheit eine gigantische Lüge erfunden und sie dann in der antiken Welt als kosmische Wahrheit verbreitet. Die Schuldigen müssen entlarvt werden. Nur dann können wir diese uralte Religion wirklich verstehen und weiter vorankommen.

Lassen Sie mich nun die grundlegenden Fakten der christlichen Geschichte darlegen, wie wir sie heute verstehen. Ich verwende das Wort „Fakten" mit Bedacht, weil es sehr schwer ist, dies alles mit Gewissheit zu bestimmen, und es gibt zu fast jedem Thema skeptische Stimmen. Dennoch werde ich im nächsten Kapitel die weitestgehend akzeptierten Informationen vorstellen, die wir in Bezug auf die Ursprünge des Christentums und die Lehre Jesu haben. Dank laufender wissenschaftlicher Forschungen und archäologischer Untersuchungen wissen wir heute viel mehr über diese alten Zeiten als in früheren Jahrzehnten. Und wir können uns viel sicherer darüber sein, was geschehen ist oder auch nicht.

# KAPITEL 2

# NUR DIE FAKTEN...

„In jedem Christen steckt ein Jude."
Papst Franziskus (16. Juni 2014)

Viele Schleier und Mysterien umgeben Jesus und die Bibel, so dass es fast unmöglich ist, klare Aussagen zu treffen. Es stimmt wohl, dass wir wenig mit Sicherheit sagen können. Aber wie bei jeder historischen Situation werden einige Dinge über das Christentum allgemein als wahr akzeptiert und wieder andere von der Mehrheit der Experten als sehr wahrscheinlich angesehen. Lassen Sie mich daher die am wenigsten umstrittenen und weitestgehend akzeptierten Fakten zu dieser Religion darlegen. Diese Fakten dienen als eine Grundlage der späteren Annahmen darüber, was wahrscheinlich und was unwahrscheinlich ist.

Wie wir alle wissen, wird das Christentum eher als jüdisch-christlich verstanden. Daher müssen wir mit einer Darstellung des frühen Judentums und der Geschichte des jüdischen Volkes beginnen. Diese Fakten haben einen direkten Einfluss auf die Entstehung des Christentums und seine Ausgestaltung bis zum heutigen Tag.

Betrachten wir zunächst die antiken Ursprünge des Judentums und die entsprechenden Ereignisse des Alten Testaments (AT), auch bekannt als die jüdische (oder hebräische) Bibel. Der ursprüngliche Patriarch, Abraham (ursprünglich hieß er „Abram"— und auffällig viele Menschen in der Bibel haben zwei Namen), lebte vorgeblich irgendwann zwischen 1800 und 1500 v. Chr. Er ist der Stammvater nicht nur des Judentums und damit des Christentums, sondern Jahrhunderte später, auch des Islam. Daher bezeichnet man gelegentlich, Judentum, Christentum und Islam als „abrahamitische" Religionen.

Gemäß der Bibel hatte Abraham zwei Söhne, Isaak und Ismael. Ismael wiederum war der Vorvater der arabischen Völker und irgendwann – also nach vielen Jahrhunderten – des islamischen Propheten Mohammed. Isaak hatte seinerseits zwei Söhne, Esau und Jakob. Zu Esaus Geschlecht gehörten die Edomiter – die Menschen des heutigen Irak und Syriens. (Der Begriff Edomiter wird heute auch für die „Europäer" verwendet.) Mit Jakob, später „Israel" genannt, begann der

Aufstieg der Juden mit seinen 12 (!) Söhnen (von vier verschiedenen Frauen)[1], welche „die 12 Stämme Israels" begründeten. Siehe Abbildung 1.

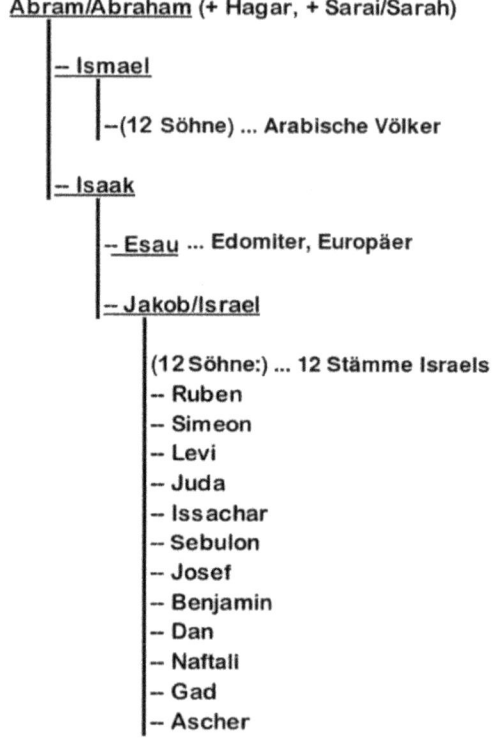

**Abbildung 1: Der Stammbaum Abrahams**

All dies sind natürlich Märchen. Es ist ein Versuch der Juden in der vorchristlichen Zeit, ihre eigene Herkunft und die ihrer Mitmenschen zu erklären. Das wollen wir ihnen nicht missgönnen. Aber selbst dann sind die Erzählungen – der Juden an ihre jüdischen Mitbürger – aufschlussreich. Sie sagen uns viel über die jüdische Weltanschauung und die jüdische Denkweise.

Die nächste bedeutende Persönlichkeit, Moses, soll um 1300 v. Chr. gelebt haben. Aber wiederum gibt es keinerlei echten Belege seiner Existenz und es handelt sich sehr sicher um eine mythologische Figur. Immerhin begannen einige Zeit später die „Fünf Bücher Mose" Gestalt

---

[1] Siehe Genesis 35,23-26.

anzunehmen, zunächst als mündliche Überlieferung und erst viel später, vielleicht um 400 v. Chr. in Schriftform.[2] Diese fünf Bücher bilden, wie wir wissen, schließlich den *Pentateuch* (oder die *Thora*) – den Anfang des AT. Es handelt sich um Genesis, Exodus, Levitikus, Numeri und Deuteronomium.

Anders als bei Abraham und Moses, sind wir ziemlich sicher, dass es zu dieser Zeit tatsächlich ein Volk namens „Israel" gab, dank der Entdeckung der Merenptah-Stele – ein gravierter Stein, der um 1200 v. Chr. Entstand. Sie ist der früheste bekannte Hinweis. Die Stele enthält diese Zeile: „Israel ist verwüstet, und sein Same ist nicht." Dieser Satz hat einige interessante Implikationen, auf die ich später noch eingehen werde. Eine zweite Referenz auf Israel und das „Haus David" liefert die neuere Entdeckung der Tel Dan Stele, die um 850 v. Chr. datiert. Das hat ähnliche Konsequenzen.

Nachdem die ersten fünf AT Bücher, (vielleicht) Anfang 1000 v. Chr. In mündlicher Form erschienen, folgten die verbleibenden etwa 30 alttestamentarischen Bücher nach. Diese Bücher wurden auf Hebräisch geschrieben, aber eine griechische Übersetzung – die *Septuaginta* – wurde irgendwann nach 200 v. Chr. begonnen und um 50 v. Chr. fertiggestellt. Die Schriftrollen vom Toten Meer, die man auf das erste Jahrhundert v. Chr. datiert, enthalten Fragmente aus jedem Buch des hebräischen Alten Testaments und sind somit unser frühester Beweis dafür, dass das vollständige Dokument zu dieser Zeit bereits existierte.

**Was ist ein Name: Hebräer, Israelit oder Jude?**

Dies ist ein guter Zeitpunkt, um in einem kurzen Abstecher einige sehr wichtige Begriffe zu erklären. Es herrscht viel Verwirrung um drei scheinbar austauschbare Begriffe: *Hebräer*, *Israelit* und *Jude*. Im Buch Genesis (14,13) wird Abraham/Abram zunächst als „der Hebräer" bezeichnet – ein Begriff mit zweideutigem Ursprung und unklarer Bedeutung. Auf jeden Fall war Abraham der ursprüngliche „Hebräer", und diese Bezeichnung wurde auf seinen Sohn Isaak (aber nicht auf Ismael) und auf Isaaks Sohn Jakob (aber nicht auf Esau) sowie auf

---

[2] Wohl viel später. Russell Gmirkin (2006) vermutet, dass diese fünf Bücher erst ca. 270 v. Chr. in Alexandria geschrieben wurden.

Jakobs 12 Söhne und deren Nachkommen übertragen, die von nun an alle „Hebräer" sein sollten.[3]

Den Begriff „Israel" gibt es, wie ich oben erwähnt habe, seit mindestens 1200 v. Chr. In der hebräischen Sprache bedeutet „Israel" „derjenige, der mit Gott kämpft", und ist somit ein Ehrentitel. In der Bibel taucht er zum ersten Mal in der Genesis (32,28) auf, als Jakob in Israel umbenannt wird. Danach werden Jakob und seine 12 Söhne (und alle ihre Erben) als Israeliten bezeichnet.

Aber was ist mit „Jude"? Wie wir oben gesehen haben, war einer von Jakobs 12 Söhnen Juda – oder auf Hebräisch: *Jehuda*. Juda war der 4. Sohn Jakobs/Israels, aber die ersten drei (Ruben, Simeon und Levi) fielen bei ihm in Ungnade, und so übernimmt Juda eine führende Rolle. Als Jakob zu seinen Söhnen spricht, sagt er:

> Juda, deine Brüder sollen dich preisen; deine Hand soll auf dem Nacken deiner Feinde liegen... Juda ist ein junger Löwe... Das Zepter soll nicht von Juda weichen, und der Herrscherstab soll nicht von seinen Füßen weichen, bis der kommt, dem er gehört [oder: bis Silo kommt], und ihm sollen die Völker [Nationen, Heiden] gehorsam sein. (Gen 49,8–10)

Als sich die 12 Stämme und ihre Nachkommen in Palästina niederließen, wurden die zehn nördlichsten Stämme als „Israel" und die beiden südlichsten als „Juda" bekannt. Irgendwann wurde der „Mann aus Juda" oder der „Nachkomme von Juda" ein *Jehudi* – ein Jude.

Seit dem babylonischen Exil und der Rückkehr (597 bis 538 v. Chr.) wurden die 12 Stämme sowohl als „Israel" als auch als „Männer von Juda" oder *Jehudim* bezeichnet. Eine Abwandlung dieses Begriffs findet sich auf einer Münze, die um 120 v. Chr. geprägt wurde, mit dem Wort *Hayehudim* („von Juda" oder „von den Juden"). *Yehudi*, oder Plural *Yehudim*, taucht mehrmals im Alten Testament auf; in der Regel wird dies mit „Jude" oder „Juden" übersetzt, manchmal aber auch mit „Mann aus Juda". Das erste Mal taucht es in 2. Könige (16,6 und 25,25) auf, später dann mehrmals in Esra, Nehemia, Esther, Jeremia, Daniel (zweimal) und Sacharja (8,23). „Jude" kommt in den ersten fünf Büchern

---

[3] Jakobs Sohn Josef wird explizit Hebräer genannt in Genesis 39,14 und 39,17.

(Pentateuch) nicht vor, wie dagegen „Hebräer" und „Israel", was darauf hindeutet, dass es in der jüdischen Kultur nicht ganz so alt ist; dennoch zeigt seine Präsenz im gesamten übrigen Alten Testament seine Bedeutung für die jüdischen Autoren, die natürlich ausschließlich für ein jüdisches Publikum schrieben. Wenn Juden an ihre jüdischen Mitbürger schrieben, verwendeten sie ohne Bedenken, das Wort „Jude".

Als sich das Alte Testament in die griechische und (später) lateinische Kultur verbreitete, wurde *Yehudi* mit *Ioudaios* bzw. *Iudaeus* übersetzt. Der lateinische Begriff verlor sein „d", als er in die Region des heutigen Frankreichs gelangte, und die Menschen dort schufen eine verkürzte Version, *giu*. Das Wort fand dann um das Jahr 1000 ihren Weg ins Altenglische, wo es eine Vielzahl von Formen annahm: *Gyu, Giu, Iew, Iuu,* und so weiter. In den späten 1300er Jahren verwendete der Dichter Chaucer das Wort *Iewes*. Und in den späten 1500er Jahren schrieben Dramatiker wie Marlowe und Shakespeare einfach „Juden".

Die Quintessenz: Die Begriffe „Hebräer", „Israelit" und „Yehudi" (Jude) haben eine lange Geschichte in der jüdischen Kultur, wobei alle drei spätestens 400 v. Chr. in Gebrauch waren. Darüber hinaus *beziehen sie sich funktional alle auf dasselbe Volk*: „Hebräer" bezieht sich auf jeden aus der Linie Abrahams/Isaaks/Jakobs, und „Israelit" und „Jude" auf jeden aus den 12 zurückgekehrten Stämmen. *Aber sie waren alle dasselbe Volk.* Im Laufe der Jahrhunderte führten ihre Abgeschlossenheit und Inzucht (und Eugenik!)[4] dazu, dass sie einzigartige körperliche und geistige Eigenschaften entwickelten – einige negativ, andere positiv. Bemerkenswert ist, dass alle drei Begriffe im Neuen Testament weiterhin verwendet werden, oft zur gleichen Zeit (siehe z. B. 2 Kor 11,22-24), und dass sie sich *alle auf dasselbe Volk beziehen*. Funktional sind die Begriffe also austauschbar.

Aus heutiger Sicht ist es daher richtig, den Begriff „Jude" für „das Volk der 12 Stämme" zu verwenden – eine eindeutige und leicht identifizierbare Ethnie im Nahen Osten mit einem ausgeprägten

---

[4] Die weisesten („klügsten") und gelehrtesten Männer wurden ermutigt oder durften die meisten Kinder zeugen, oft mit mehreren Ehefrauen. Im Laufe der Zeit führte dies zu einem bemerkenswerten Anstieg der durchschnittlichen Intelligenz der Juden, der bis heute anhält.

genetischen Profil, seit mindestens 500 v. Chr.[5] Und nun zur Sache: Unser Mann Jesus, wenn es ihn gab, war mit ziemlicher Sicherheit ein Jude. Aber das bedarf einer weiteren Diskussion.

## Zurück zu den Fakten

Wenn wir der üblichen Sichtweise folgen, dann war das Alte Testament ursprünglich eine mündliche Überlieferung unbekannten Ursprungs, die vielleicht auf das Jahr 1000 v. Chr. zurückgeht. Es wurde mehrere Jahrhunderte lang mündlich überliefert und schließlich irgendwann zwischen 500 und 300 v. Chr. niedergeschrieben. Da es keine Originaltexte gibt, können wir nicht wissen, wie viele Änderungen oder Bearbeitungen in dieser Zeit vorgenommen wurden. Wir haben auch keine Informationen über die angeblichen Autoren. Alles, was wir über das Alte Testament wissen, ist, dass es über Hunderte von Jahren von unbekannten Personen gesprochen, verändert, weiterentwickelt und diskutiert wurde. In physischer Form erscheint es zum ersten Mal in den Schriftrollen vom Toten Meer, die aus der Zeit um 50 v. Chr. stammen. Alles, was vor diesem Datum geschah, ist mehr oder weniger Spekulation.

Die zeitliche Einordnung der alttestamentlichen Texte ist eine Sache und ihre Richtigkeit ist noch einmal ein ganz anderes Thema. Zuallererst sind die oben zitierten frühesten Datierungen reine Vermutungen. Außerdem haben Archäologen in den letzten Jahren Beweise entdeckt, die vielen der historischen Behauptungen des Alten Testaments entgegenstehen. Der israelische Archäologe Ze'ev Herzog hat beispielsweise die zunehmenden Widersprüche zwischen den archäologischen Daten und den biblischen Geschichten aufgezeigt.[6] Die Bemühungen um 1900, das Alte Testament zu bestätigen, erbrachten eine Fülle neuer Informationen, doch diese „begannen, die historische Glaubwürdigkeit

---

[5] Ich kann hier nicht näher darauf eingehen, aber die moderne Genetik hat diese Schlussfolgerung im Allgemeinen bestätigt. Die heutigen aschkenasischen, sephardischen und mizrachischen Juden haben alle ein bedeutendes nahöstliches genetisches Erbe. Harry Osterer (2012) argumentiert, dass alle großen jüdischen Gruppen einen gemeinsamen Nah-Ost-Ursprung haben.

[6] Die nachfolgenden Zitate entstammen dem Artikel „Zerlegung der Mauern von Jericho (Deconstructing the walls of Jericho)", *Ha'aretz Magazine*, 29. Oktober 1999.

der biblischen Beschreibungen zu untergraben, anstatt sie zu stärken". Die Gelehrten sahen sich mit „einer zunehmenden Anzahl von Anomalien" konfrontiert. Erstens gibt es „keine Beweise, die die Chronologie" das Zeitalter der Patriarchaten stützen würden. Zweitens wird „in den vielen ägyptischen Dokumenten, die uns vorliegen, die Anwesenheit der Israeliten in Ägypten nicht erwähnt, und sie schweigen auch über die Ereignisse des Exodus".[7] Drittens wird die angebliche Eroberung Kanaans (Palästinas) durch die Israeliten in den 1200er Jahren v. Chr. durch archäologische Ausgrabungen in Jericho und Ai widerlegt, wobei keine der angeblich zu dieser Zeit existierenden Städte gefunden wurde. Selbst den gerühmten Monotheismus der frühen Juden untergraben die Inschriften aus den 700er Jahren v. Chr. mit Hinweisen auf ein Götterpaar „Jahwe und seine Gefährtin, Aschera".

So ergibt sich ein Gesamtbild: Mindestens seit 1200 v. Chr. gab es in der Region Palästina ein jüdisches Volk, das „Israel" und vielleicht „Hebräer" genannt wurde und das in eine Reihe von Konflikten mit den umliegenden Völkern, einschließlich der Ägypter, verwickelt war. Sie haben ihre eigene Geschichte in den Büchern des AT niedergeschrieben, allerdings mit erheblichen Ausschmückungen und Spekulationen, so dass viele Behauptungen von der modernen Forschung widerlegt werden können. Und aus den Texten selbst wissen wir, dass dieses Volk sich selbst als von seinem Gott Jahwe oder Jehova auserwählt oder gesegnet ansah. In der Folge sahen sie alle Nicht-Juden – die Goi oder Gojim (eng.

---

[7] „Die meisten Historiker sind sich heute einig, dass sich der Aufenthalt in Ägypten und die Ereignisse des Exodus bestenfalls in einigen wenigen Familien abgespielt haben. Ihre private Geschichte wurde augeschmückt und 'nationalisiert', um den Bedürfnissen der theologischen Ideologie zu entsprechen." Es gibt eine spätere ägyptische Dokumentation eines solchen Ereignisses von dem Hohepriester Manetho aus dem dritten Jahrhundert v. Chr., die zu einem ähnlichen Schluss kommt. Lindemann berichtet, „die Juden wurden aus Ägypten vertrieben, weil sie, als eine Gruppe mittelloser und unerwünschter Einwanderer, die sich mit der Sklavenbevölkerung vermischt hatte, mit verschiedenen ansteckenden Krankheiten behaftet waren". Die Juden wurden also „aus Gründen der öffentlichen Hygiene" vertrieben. Zusammenfassend lässt sich sagen, dass „der Bericht im Exodus eine absurde Verfälschung der tatsächlichen Ereignisse war, ein Versuch, die peinliche und schändliche Herkunft der Juden zu vertuschen" (Lindemann 1997: 28).

Gentiles) – als heidnische Ungläubige an, die mit Verachtung zu
behandeln waren.[8]

## Eintritt ins Römische Reich

Nach dem Tod Alexanders des Großen im Jahr 323 v. Chr. brach sein
großes Reich auseinander. Ein großer Teil fiel 312 v. Chr. an den
mazedonischen General Seleukos, der sofort mit seiner eigenen
Expansion begann, die heute als Seleukidenreich bekannt ist. Dieses
Reich umfasste das heutige Palästina und die jüdischen Stämme, die dort
lebten. Die Juden waren natürlich unzufrieden mit der Fremdherrschaft
und opponierten ständig gegen die Regierung des Seleukos. Im Jahr 165
v. Chr. führten die Makkabäer schließlich einen erfolgreichen Aufstand
gegen die Seleukiden an und stellten die jüdische Herrschaft über
Palästina wieder her. Die daraus resultierende Hasmonäer-Dynastie
wurde 141 v. Chr. begründet und herrschte etwa 80 Jahre lang.

Weiter westlich wuchs jedoch ein anderes, größeres Reich heran,
nämlich das der Römer. Sie dehnten sich rasch nach Osten aus und
gliederten im Jahr 63 v. Chr. das Gebiet von Palästina ein. Plötzlich
waren die Juden wieder einer fremden Herrschaft unterworfen. Und es
war zunächst eine recht schmachvolle Herrschaft: Der römische General
Pompeius drang gewaltsam in den großen jüdischen Tempel in
Jerusalem ein und entweihte ihn. Nicht-Juden durften nie wieder hinein.
Einige Jahre später, im Jahr 55 v. Chr., plünderte der General Crassus
den Tempelschatz und schleppte die Beute zurück nach Rom. Und in
manchen Jahren der Machtübernahme verschleppten die Römer Juden
und verkauften sie als Sklaven.[9]

Wir dürfen nicht vergessen, dass die Juden eine lange Geschichte
der Fremdbesatzung hinter sich haben. In den vergangenen
Jahrhunderten lebten sie unter den Persern, den Babyloniern, Alexander

---

[8] Siehe die Passage: „Denn ihr [Juden] seit dem Herrn, eurem Gott, ein heiliges
Volk. Der Herr, euer Gott, hat euch zu seinem Volk erwählt, vor allen Völkern
auf Erden, als seinen wertvollen Besitz. (For you [Jews] are a people holy to the
Lord your God; the Lord your God has chosen you out of all the peoples on earth to
be his people, his treasured possession)" (Deut 7,6). Ich führe das in Kapitel 4 aus.
[9] Massendeportationen geschahen in 61, 55, 52, and 4 v. Chr. Siehe Fairchild
(1999: 519).

dem Großen und Seleukos, um nur die wichtigsten Persönlichkeiten zu nennen. Während dieser ganzen Zeit passten sie sich offenbar an ihre fremden Herrscher an, auch wenn sie weiterhin regelmäßig Widerstand leisteten und rebellierten. Selbst mit den Römern lief es trotz der Aktionen von Pompeius und Crassus zunächst relativ gut. Zumindest ab 60 v. Chr. zeigte Julius Caesar eine Art „Dankbarkeit" gegenüber seinen neuen jüdischen Rekruten. Als Marc Anton 42 v. Chr. an die Macht kam, war auch er ihnen gegenüber relativ wohlwollend. Er unterstützte den jüdischen König Herodes I. („der Große") als lokalen Herrscher.[10] Augustus (später Octavian) rief 27 v. Chr. das wahre Römische Reich ins Leben, und sein General Marcus Agrippa war den Juden gegenüber wohlwollend eingestellt, sogar bei seinem Besuch in Jerusalem im Jahr 15 v. Chr. Aber von da an ging es schnell bergab.

Zunächst einmal galt Herodes als ein zunehmend gefügiger, ja sogar nachgiebiger König, der sich regelmäßig Rom unterordnete. Im Jahr 7 v. Chr. Kam es zu jüdischen Unruhen, und einige Jahre später, im Jahr 3 v. Chr., wurde er durch seinen Sohn Herodes Archelaus ersetzt. Ebenfalls im Jahr 3 v. Chr. wurde angeblich ein gewisser Jesus von Nazareth geboren, angeblich in dem abgelegenen Dorf Bethlehem, angeblich mit einem geheimnisvollen „Stern", der den genauen Ort anzeigte.

In der „christlichen Ära" beschleunigten sich die Ereignisse. Um 5 oder 6 n. Chr. machten die Römer Judäa offiziell zu einer römischen Provinz, die nun direkt von Rom kontrolliert wurde, mit dem Führer König Herodes als Marionette. Vielleicht war dies der Grund dafür, dass sich zu dieser Zeit die militante jüdische „Zeloten"-Bewegung bildete, die zu einer so genannten vierten Sekte des Judentums wurde.[11] Sie befürworteten gewaltsamen Widerstand gegen Römer, Griechen und speziell jüdische Mitbürger, die mit den Fremden kollaborierten. Es gibt Gründe für die Annahme, dass sowohl Jesus als auch Paulus Zeloten waren.[12] Besonders erwähnenswert ist eine gewalttätige Untergruppe der

---

[10] Auch wenn Kleopatra lieber gesehen hätte, dass Antonius Herodes „zerstört" – siehe Grant (1973: 70).
[11] Die anderen waren Pharisäer, Sadduzäer und Essener.
[12] Auf die Beweise für Paulus gehe ich weiter unten ein. Für Details zu Jesus als Eiferer (Zelot) siehe Brandon (1967) oder Aslan (2013). Eine Kritik an Aslans Buch findet sich in Anhang B.

Zeloten, die als Sicarii oder „Dolchmänner" bekannt waren und Messermorde an Römern oder willfährigen Juden ausführten.

Zu dieser Zeit wurde auch ein zukünftiger jüdischer „Zeltmacher" in der Stadt Tarsus (in der heutigen Türkei) geboren – ein Kind namens Saulus, der später Paulus genannt wurde: der Heilige Paulus, der Begründer der christlichen Kirche, wie wir sie heute kennen.

Der Druck auf die Juden nahm in den ersten Jahrzehnten der christlichen Ära zu. Spätestens seit dem Jahr 14 n. Chr. war Kaiser Tiberius den Juden gegenüber negativ eingestellt. Fünf Jahre später, 19 n. Chr., vertrieb er die Juden aus Rom wegen aggressiver Missionierung und krimineller Aktivitäten.[13] Im selben Jahr deportierte ein hochrangiger römischer Beamter, Seianus, zur Strafe 4 000 italienische Juden nach Sardinien, vermutlich aus ähnlichen Gründen. Und er setzte sie weiter unter Druck und im Jahr 30 n. Chr. berichtet Philo, dass Seianus, Anstrengungen zur „Vernichtung des jüdischen Volkes" unternahm.[14] Im selben Jahr 30 n. Chr. wurde nach der allgemeinen Lesart Jesus von Nazareth gekreuzigt. Die Bestrafung Jesu wurde von dem amtierenden römischen Prokurator Pontius Pilatus angeordnet, der Palästina von 26 bis 36 n. Chr. regierte und bekannt war für sein aggressives Vorgehen gegen die Juden.

Doch nach der Entmachtung von Pilatus und dem Aufstieg von Kaiser Caligula in Rom im Jahr 37 wurde es für sie noch schlimmer. Hayim Ben-Sasson schreibt: „Die Herrschaft Caligulas (37-41 n. Chr.) war der erste offene Bruch zwischen den Juden und dem Reich. ... Die Beziehungen verschlechterten sich während [dieser Zeit] ernsthaft."[15] Folglich nahmen der jüdische Widerstand und die Unterdrückung zu. Im Jahr 38 ergriff der Statthalter von Alexandria, A. A. Flaccus, harte Maßnahmen, um die Macht und den Einfluss der Juden in dieser Stadt zu beschneiden. Philo zufolge initiierte er auch gewalttätige Pogrome, die

---

[13] Nach Sueton (um 120 n. Chr.): „[Tiberius] schaffte fremde Kulte in Rom ab, insbesondere den ägyptischen und den jüdischen... Juden im wehrfähigen Alter wurden in ungesunde Gegenden verbannt [und] die anderen derselben Rasse wurden aus der Stadt vertrieben" (Zwölf Cäsaren, III.36).
[14] Nach Philo (*In Flac* I.1). Siehe auch Eusebius, *Ecc Hist* II.5.
[15] *Eine Geschichte des Jüdischen Volkes* (*A History of the Jewish People*) 1976, pp. 254-255.

viele Todesopfer forderten.[16] Aber es scheint, als hätten sie es verdient. Wie Michael Grant (1973: 134) bemerkt, waren „die Juden von Alexandria vom Standpunkt Roms aus gesehen Unruhestifter von weltweitem Ausmaß". Und nur drei Jahre später erließ Kaiser Claudius sein drittes Edikt, den *Brief an die Alexandriner*, in dem er die Juden beschuldigte, als „Erreger einer allgemeinen Plage für die ganze Welt". Dies ist eine bemerkenswerte Passage, denn sie deutet darauf hin, dass es den Juden im gesamten Nahen Osten gelungen war, einen gefährlichen Aufruhr gegen das Reich zu schüren. Es ist auch das erste Mal in der Geschichte, dass ein „biologisches" Beiwort gegen sie verwendet wird. Im Jahr 49 musste Claudius eine weitere Vertreibung der Juden aus Rom veranlassen.[17]

All dies bildete die Grundlage für den ersten großen jüdischen Aufstand im Jahr 66. Er wird auch als erster jüdisch-römischer Krieg (es gab drei) bezeichnet und war ein wichtiger Wendepunkt in der Geschichte. Er zog schließlich etwa 75 000 römische Truppen an, die gegen etwa 50 000 jüdische Kämpfer und Tausende anderer Partisanen kämpften. Der Krieg dauerte vier Jahre und endete mit dem römischen Sieg und der Zerstörung des jüdischen Tempels in Jerusalem im Jahr 70. Dieser liegt bis heute in Trümmern und nur die Westmauer („Klagemauer") ist noch erhalten.

Es folgten zwei weitere jüdische Kriege: 115-117 (der Kitos-Krieg) und 132-135 (der Bar Kokhba-Aufstand). In beiden Kriegen starben Tausende, aber beide endeten mit einem römischen Sieg.

### „Man ist unter Juden"

Um speziell auf das Christentum zurückzukommen, muss ich auf eine zentrale Tatsache der gesamten Religion hinweisen: *Die Bibel ist ein rein jüdisches Dokument*. Von vorne bis hinten, von der ersten bis zur letzten Seite, von A bis Z, vom Alten bis zum Neuen Testament – die Bibel ist ein rein jüdisches Dokument. Die Moral, die Theologie, die sozialen Einstellungen, die Weltanschauung ... alles durch und durch jüdisch. Das

---

[16] *In Flac* IX.65-71.
[17] „Weil die Juden in Rom auf Betreiben des Chrestus [offenbar Jesus Christus] ständig Unruhen verursachten, vertrieb er sie aus der Stadt." Suetonius, Zwölf Cäsaren (V.25).

Alte Testament ist eindeutig jüdisch; es wurde von Juden, über Juden und für Juden geschrieben. Dasselbe gilt für das Neue Testament, wenn auch mit einer kleinen Wendung: Es wurde von Juden, über Juden, *aber für Nicht-Juden* geschrieben. Diese Wendung ist für die ganze Jesus-Geschichte entscheidend.

Schauen wir also speziell auf das Neue Testament (NT) und den Anfang der christlichen Kirche. Grant (1973: 114) stellt richtig fest, dass „die früheste Kirche dieser Jahre vollständig jüdisch war". Lüdemann (2001: 4) betont, dass „es sicher ist, dass Jesus ausschließlich unter Juden aktiv war." Beide könnten an Nietzsche gedacht haben, der formulierte: „Man ist unter Juden: erster Gesichtspunkt, um hier nicht völlig den Faden zu verlieren."[18] Das heißt, alle Figuren sind Juden, und alle Autoren – soweit wir feststellen können – waren Juden.

Lassen Sie mich mit Jesus beginnen. Quasi alles, was wir über das Leben und Wirken Jesu wissen, stammt letztlich aus den vier Evangelien: Markus, Matthäus, Lukas und Johannes. Paulus ist hier keine Hilfe; seine 13 Episteln (Briefe) enthalten praktisch keinerlei sachlichen Informationen über Jesus. Die anderen neutestamentlichen Briefe sind ebenfalls unbrauchbar. Wir sind also auf die Evangelien angewiesen. Das unmittelbare Problem ist, dass die Evangelien unzuverlässig sind, wenn es um sachliche, historische Informationen geht. Sie scheinen ein Mischmasch zu sein – einige Fakten, einige Fiktion und viel Geflunker. Der schwierige Teil besteht darin, die Wahrheit von der Lüge zu trennen.

Wenn wir die verschiedenen Wundergeschichten vorübergehend ausblenden, wollen wir einmal annehmen, dass die übrigen Informationen den Tatsachen entsprechen. Was wissen wir dann über Jesus? Die erste Tatsache ist vor allem, dass er jüdisch war. Wenn uns die Evangelien etwas mit Sicherheit sagen, dann das: *Jesus war ein Jude.* Tatsächlich war er von Geburt an Jude, denn sowohl sein Vater Josef (nicht Gott!) als auch seine Mutter Maria waren Juden. Josef, so lesen wir, war „aus dem Hause Davids" (Lk 1,27), und das Matthäus-evangelium beginnt mit einem langen Stammbaum, der von Abraham, Isaak, Jakob und Juda zu ihm führt. Maria war eine Blutsverwandte von Elisabeth aus dem Stamm der Levi (Lk 1,5, 36). Beide Eltern nahmen

---

[18] *Der Antichrist*, Abs. 44 (Ludovici, trans.).

jedes Jahr am Passahfest teil (Lk 2,41) und beide „taten alles nach dem [jüdischen] Gesetz des Herrn" (Lk 2,39). Dies ist bedeutsam, weil das Judentum (nach orthodoxer Auffassung) matrilinear ist; wenn man von einer jüdischen Frau geboren wird, ist man Jude.

Jesus selbst wird wiederholt „Rabbi" genannt – oder ραββί im griechischen Original des Neuen Testaments.[19] Tatsächlich scheint dies das früheste Auftreten des Wortes „Rabbi" zu sein und vielleicht war Jesus der allererste Rabbi. Er feierte das Passahfest (Johannes 2,13). Er war beschnitten (Lukas 2,21). Das Matthäus-Evangelium beginnt mit diesen Worten: „Das Buch des Stammbaums Jesu Christi, des Sohnes Davids, des Sohnes Abrahams". Paulus dachte sicherlich, er sei Jude. In Römer (9,5) sagt er, dass seine Verwandten „von Abstammung" „Israeliten sind", und weiter, „aus ihrer Rasse ist nach dem Fleisch der Christus". Und im Galaterbrief (4,4) sagt Paulus, dass „Gott seinen Sohn gesandt hat, geboren von einer Frau [Maria], geboren unter dem [jüdischen] Gesetz".

Außerhalb der Evangelien lesen wir im Hebräerbrief, dass „es offensichtlich ist, dass unser Herr von Juda abstammt" (7,14). Und es gibt weitere Anzeichen: Er besuchte regelmäßig die örtliche Synagoge (Lukas 4,16). Er selbst sagte den Menschen, er sei gekommen, „um das [jüdische] Gesetz und die [jüdischen] Propheten zu erfüllen" (Mt 5,17) und forderte seine Anhänger auf, „die [10] Gebote zu halten" (Mt 19,17). Er behauptete sogar, der Messias, der jüdische Retter, zu sein (Johannes 4,26). Und natürlich hielten ihn alle für den „König der Juden" (Mt 2,2; Joh 19,3).

Jesus war demnach *doppelt-jüdisch*: er war *ethnischer Jude* durch Geburt („vom Fleisch", wie Paulus sagt) und er war ein *religiöser Jude*, nach seinem praktizierten Glauben. Und dasselbe gilt für Josef und Maria.

An dieser Stelle gibt es in der Regel zwei Reaktionen: (1) „Sie lügen! Jesus kann kein Jude sein! Er ist der wirkliche Christ!" oder (2) „Selbstverständlich war Jesus ein Jude, das weiß doch jeder." Eine sehr merkwürdige Situation, eigentlich.

Lassen Sie mich zunächst mit der zweiten Ansicht beginnen. Es stimmt, dass viele Theologen und Gelehrte seit langem akzeptieren, dass

---

[19] Markus 9,5; 11,21; 14,45; Matthäus 23,7; 26,25; Johannes 1,38,49; 3,2; 4,31

Jesus als Jude geboren wurde und somit zumindest ethnisch (genetisch) jüdisch war. Und viele von ihnen akzeptieren auch, dass sein Leben und seine Lehren im Allgemeinen mit dem Judentum in Einklang standen. Viele Bücher wurden zu diesem Thema veröffentlicht, oft mit dem Schwerpunkt auf Jesus als Rabbiner; hier sind einige aktuelle Beispiele:

- *Rabbi Jesus*, von Bruce Chilton (2000)
- *Kurzgeschichten von Jesus: Die Schillernden Gleichnisse eines Umstrittenen Rabbi*, von Amy-Jill Levine (2014)
- *Sitzend zu Füßen des Rabbi Jesus*, von Ann Spangler (2009)
- *Die Bibel Lesen mit Rabbi Jesus*, von Lois Tverberg (2017)
- *Der Vergessene Jesus: Wie Westliche Christen dem Östlichen Rabbi folgen sollen*, von Robby Gallaty (2017)
- *Was jeder Christ über das Jüdischsein Jesu wissen sollte: Ein Neuer Zugang zum Einflussreichsten Rabbi der Geschichte*, von Evan Moffic (2016)
- *Die Jüdischen Evangelien: Die Geschichte des Jüdischen Christus*, von Daniel Boyarin (2012)
- *Jesus der Rabbi Prophet: Ein Neues Licht auf die Aussagen der Evangelien*, von Jacques Baldet (2005)
- *Weisheit und Witz des Rabbi Jesus*, von William E. Phipps (1993)
- *Ein Jüdischer Grenzfall: Die Geschichte Jesu neu gedacht*, von J. Meier (1991)
- *Der Geschichtliche Jesus: Das Leben eines Jüdischen Bauers am Mittelmeer*, von John Crossan (1991).
- *Rabbi J*, von Johannes Lehmann (1971)

Interessanter Weise sind über die Hälfte der Autoren selbst Juden. Es scheint, dass jüdische Wissenschaftler weit mehr auf den jüdischen Ursprung Jesu bedacht sind, als klassische christliche Gelehrte – von denen viele es gerne vergessen würden. Vielleicht wollen die ersteren den Sohn Gottes für sich „vereinnahmen", während die letzteren sich Sorgen über das „ungünstige Bild" von Jesus dem Juden machen.

Die andere Antwort – „Sie lügen!" – kommt allgemein von Menschen, die sich mit den Details der Bibel nicht auskennen, oder heimliche Antisemiten welche den Gedanken, dass ihr persönlicher

Retter ein Jude sei, ablehnen. Ihr Zorn richtet sich fast immer gegen den Autor (d.h. mich!) statt gegen sich selbst (weil sie solche Grundlagen nicht kennen) oder den Priester oder Pastor, weil er seine Herde getäuscht hat.

Auf gewisse Weise ist die Verwirrung verständlich, aufgrund der Zwiespältigkeit was es bedeutet Jude zu sein. Jüdischsein bezieht sich auf zwei unterschiedliche Eigenschaften: *Volkszugehörigkeit* und *Religion*. Es gibt ethnische Juden und es gibt religiöse Juden, und die beiden sind unabhängig voneinander. Die ethnische Zugehörigkeit ist eine Frage der Genetik; man wird damit geboren, und sie kann sich nicht ändern. Ethnische Juden sind das ein Leben lang und geben Jüdischsein an ihre Kinder weiter. Dies ist eine unbestreitbare Tatsache der modernen Genetik.

Die Religion ist dagegen völlig anders. Sie ist eine Frage der Wahl und sie kann sich jeden Tag ändern. Die jüdische Religion – Judentum – kann jeder annehmen, egal ob ethnischer Jude oder Nicht-Jude. Im Prinzip kann jeder, egal welcher Rasse, ein religiöser Jude werden. Und jeder kann auch jederzeit aus dem Judentum austreten und dieser wird ganz klar nicht an Kinder weitergereicht.

Jesus (der Mann) wurde von ethnisch jüdischen Eltern geboren und war somit ethnisch gesehen ein Jude – lebenslang. Alle seine körperlichen Merkmale, einschließlich solcher Dinge wie Größe, Gesichtsausdruck, Augenfarbe, Haarfarbe und so weiter, hätten mit allen anderen ethnischen Juden an diesem Ort und zu dieser Zeit übereingestimmt. Was die Religion betrifft, so geht aus den obigen Abschnitten hervor, dass er ebenfalls mit dem Judentum aufgewachsen ist und es praktiziert hat. In beiderlei Hinsicht war Jesus also ein Jude. In gewisser Weise stimmt, dass Jesus dem orthodoxen Judentum entstammt. Allerdings kommt hier die These vom Schwindel zum Tragen und ich will diesen Aspekt zunächst zur Seite legen.

Was ist mit den 12 Jüngern (später Apostel)? Wir wissen so wenig über jeden von ihnen, dass es schwer ist, schlüssig zu sein, aber es scheint sicher, dass alle 12 Juden waren. Allein die Tatsache, dass es 12 waren, scheint die „zwölf Stämme Israels" widerzuspiegeln (Mt 19,28). Als Jesus die 12 nach Jerusalem führt, sagt er voraus, dass er selbst „den Heiden" (Mt 20,19), d. H. Den Nichtjuden, ausgeliefert werden wird; Jesus würde nicht so sprechen, wenn seine Jünger nicht alle Juden wären.

Außerdem nannten sie ihn, wie bereits erwähnt, häufig „Rabbi", eine Bezeichnung, die nur Juden verwenden würden. Offensichtlich gilt, „man ist unter Juden".

Da ich gerade beim Thema bin, möchte ich fragen: Wer genau waren die 12 Jünger? Das heißt, wie lauteten ihre Namen? Das ist eine wichtige Frage; diese 12 Männer standen Jesus am nächsten und waren seine eifrigsten Gläubigen. Sie verbrachten Zeit mit ihm, sprachen mit ihm und hörten ihm beim Reden zu. Der Leser ist eingeladen, sich einen Moment Zeit zu nehmen und eine Liste zu erstellen, um zu sehen, an wie viele er sich erinnern kann. Meiner Erfahrung nach können nur wenige Menschen mehr als zwei oder drei nennen, und viele wählen die falschen Namen wie Paulus, Lukas oder Markus. Und dafür gibt es einen guten Grund: *Die Bibel selbst ist über ihre Namen verwirrt.* Da wir uns jetzt „nur mit den Fakten" befassen, wollen wir sehen, was die Fakten sind – das heißt, was jedes der Evangelien über *die wichtigsten Männer im Leben Jesu,* seine Jünger, zu sagen hat (oder nicht sagt). Betrachten Sie Abbildung 2:

| Markus (3,16) | Matthäus (10,2) | Lukas (6,14) | Johannes (verteilt) |
|---|---|---|---|
| Simon („Petrus") | Simon („Petrus") | Simon („Petrus") | Simon („Petrus") |
| Andreas | Andreas | Andreas | Andreas |
| Jakobus (Sohn des Zebedäus) | Jakobus (Sohn des Zebedäus) | Jakobus | 1. Sohn des Zebedäus |
| Johannes (Sohn des Z.; „Boanerges") | Johannes (Sohn des Zebedäus) | Johannes | 2. Sohn des Zebedäus |
| Philippus | Philippus | Philippus | Philippus |
| Bartholomäus | Bartholomäus | Bartholomäus | |
| Thomas | Thomas | Thomas | Thomas („Zwilling") |
| Matthäus („Levi") | Matthäus | Matthäus („Levi", Steuereintreiber) | |
| 2. Jakobus (Sohn des Alphäus) | 2. Jakobus (Sohn des Alphäus) | 2. Jakobus (Sohn des Alphäus) | |
| Thaddäus | Thaddäus | | |
| 2. Simon (Kananäus) | 2. Simon (Kananäus) | 2. Simon („Zelot") | |
| Judas Iskariot | Judas Iskariot | Judas Iskariot | Judas Iskariot |
| | | 2. Judas (Sohn von Jakobus) | 2. Judas („nicht Iskariot") |
| | | | Nathanael |

**Abbildung 2: Die 12 Schüler (Apostel), nach Evangelium**

Ich habe die Quellen in der Reihenfolge ihres Entstehens (vom frühesten bis zum spätesten) aufgelistet, entsprechend der meisten Quellen: Markus (70 n. Chr.), Matthäus und Lukas (85 n. Chr.) und Johannes (95 n. Chr.).[20]

Zunächst ist zu beachten, dass der Bruder von Jesus, Jakobus, nicht unter den 12 war. Entweder hielt Jesus ihn nicht für vertrauenswürdig, oder Jakobus war nicht so beeindruckt von seinem wundertätigen Bruder – eine interessante Tatsache.

Zweitens sehen wir eine ziemliche Diskrepanz, wenn wir die Liste von links nach rechts durchgehen. Das zuerst geschriebene Evangelium, Markus, hat eine klare Liste von 12 Namen. Drei der Jünger haben zwei Namen (Simon, Johannes und Matthäus), was verwirrend ist. Schlimmer noch, wir sehen in dieser Liste *zwei* „Simons" und *zwei* „Jakobus" – seltsam, aber wahr. Ich schätze mal, dass nicht einer von einer Million Christen wissen, dass die 12 zwei Doppelgänger enthalten.

Drittens ist „Johannes" offensichtlich nicht der Verfasser des Johannes-Evangeliums, sonst würde das im Johannes-Evangelium deutlich werden. Und „Matthäus" ist nicht der Evangelienschreiber Matthäus, sonst wäre das aus seinem Evangelium ersichtlich. Offenbar haben wir es wieder einmal mit Doppelgängern zu tun: zwei Johannes und zwei Matthäus.

Die nächsten beiden Evangelien, Matthäus und Lukas, wurden offenbar etwa zur gleichen Zeit geschrieben (beide um 85 n. Chr.). Vermutlich kannten sie beide das Markusevangelium – wie könnten sie es nicht kennen? Es war zu diesem Zeitpunkt bereits seit etwa 15 Jahren bekannt. Matthäus hält sich genau an Markus, lässt aber zwei der „Zweit-Namen" weg. Lukas hingegen führt einige Änderungen ein: (1) Thaddäus verschwindet, (2) Simon der Kanaanäer ist jetzt Simon der Zelot, und (3) ein neuer Name, Judas Nr. 2, taucht plötzlich auf. Einige haben spekuliert, dass Judas Nr. 2 „tatsächlich" Thaddäus war – aber

---

[20] Zu dieser Chronologie werde ich in Kapitel 3 noch viel mehr zu sagen haben. Außerdem möchte ich anmerken, dass die Apostelgeschichte auch eine Aufzählung der 12 Jünger enthält (1,13). Aber angesichts der Tatsache Da die Apostelgeschichte mit ziemlicher Sicherheit von demselben Autor wie Lukas geschrieben wurde, ist es nicht überraschend, dass die Liste in der Apostelgeschichte fast genau mit der von Lukas übereinstimmt (mit Ausnahme von Judas Ischariot, der in der Apostelgeschichte durch Selbstmord ums Leben kam und durch Matthias ersetzt wurde; anscheinend war es *obligatorisch*, „12 Apostel" zu haben – wahrscheinlich in Anlehnung an die „12 Stämme" Israels).

warum? Hatte Thaddäus einen unbekannten zweiten Namen? Wusste Lukas etwas, was Markus und Matthäus nicht wussten? Ein Rätsel.

Aber jetzt schauen wir uns Johannes an, und wir sehen, dass es ein totales Durcheinander ist. Jetzt haben wir nur noch neun Namen, nicht mehr 12, und sie werden nie zusammen erwähnt, wie anderswo. Fünf Namen verschwinden, und ein weiterer, neuer Name – Nathanael – wird zum ersten und einzigen Mal eingeführt. Diese Situation ist unerklärlich, vor allem, wenn man bedenkt, dass Johannes das letzte der Evangelien geschrieben hat. Johannes wusste vermutlich genau, was in den anderen drei Evangelien stand, und doch wich er wissentlich (oder unwissentlich?) bei diesem wichtigsten Thema erheblich ab. Niemand hat jemals eine überzeugende Erklärung dafür gefunden. Es ist, offen gesagt, eine große Blamage für das Christentum. Es ist ein weiteres Indiz dafür, dass „etwas im Busch ist".

Es bleibt die Frage nach dem Warum: Warum ist Lukas von Markus abgewichen? (Schwamm drüber bei Matthäus, denn der könnte fast gleichzeitig geschrieben worden sein.) Warum wich Johannes drastisch von Markus, Lukas und Matthäus ab? Es gibt nur zwei mögliche Erklärungen: (1) Sie wussten nichts von diesen früheren Evangelien, oder (2) sie wussten es, aber es war ihnen egal. Option (1) scheint unmöglich. Das Christentum war zu diesem Zeitpunkt eine kleine Bewegung unter den Juden, und alle müssen voneinander und von allen wichtigen Schriften gewusst haben. Option (2) ist dagegen bizarr: Warum sollten Lukas und Johannes wissentlich und absichtlich andere Informationen geben als ihre Vorgänger? Wollten sie „Fehler korrigieren"? Aber die Evangelien gelten doch als unfehlbar, als wörtliches Wort Gottes. Haben sie absichtlich Verwirrung gestiftet? Wenn ja, warum? Mehr Rätsel.

## Paulus und die Evangelien

Wenn wir uns hier auf die Fakten konzentrieren, scheint es, dass die nächste Person, die wir mit einiger Sicherheit kennen, Paulus ist. Paulus ist eine wichtige Figur in unserer Geschichte, der Schlüssel zum Verständnis der damaligen Ereignisse. Zuallererst möchte ich darauf hinweisen, dass Paulus entgegen der Meinung vieler Menschen *nicht* zu den 12 Jüngern gehörte. Er hat Jesus nie persönlich gekannt. Er wurde erst im Jahr 33, etwa drei Jahre nach der Kreuzigung, Christ. Seine Lebensgeschichte ist aufschlussreich.

Paulus wurde um das Jahr 6 n. Chr. als Saulus in Tarsus (in der heutigen Türkei) geboren und war ein Pharisäer, ein elitärer, orthodoxer Jude, „ein Hebräer von Hebräern" (Phil 3,5). Er könnte auch ein Zelot gewesen sein, der den gewaltsamen Widerstand gegen Rom befürwortete. In der Apostelgeschichte (22,3) sagt Paulus: „Ich bin ein Jude, geboren in Tarsus in Zilizien". Er fährt fort: „Ich war ein Eiferer für Gott..." (CJB, DLNT) oder „Ich war eifrig für Gott..." – die Übersetzungen variieren. An anderer Stelle sagt er: „Ich war eifriger für die Traditionen, die meine Vorväter überliefert hatten, als die meisten Juden meines Alters..." (Gal 1,14). Es ist ein feiner Unterschied, ob er sagt: „Ich war ein Eiferer..." oder „Ich war ein Zelot..."; der Text ist nicht eindeutig, und es gibt unterschiedliche Interpretationen. Es scheint jedoch klar zu sein, dass er als glühender jüdischer Nationalist die römische Herrschaft ablehnte, wie die meisten jüdischen Eliten jener Zeit.[21]

Saulus war nicht nur antirömisch, sondern auch *antichristlich* eingestellt. Als jüngerer Mann „verwüstete er die Kirche" (Apostelgeschichte 8,3) und warf ihre Anhänger ins Gefängnis. Er war sogar in einen Mord verwickelt. Er stimmte der Steinigung des Christen Stephanus zu (Apostelgeschichte 8,1). Selbst nach der Kreuzigung im Jahr 30 „drohte und mordete Saulus noch gegen die Jünger des Herrn" (Apostelgeschichte 9,1). Einmal gab er direkt zu, dass „ich diesen Weg [Jesu] bis zum Tod verfolgt habe" (Apg 22,4). Dies deutet darauf hin, dass es schon früh eine prominente „Jesus-Bewegung" gab, was nicht allzu überraschend ist, wenn Jesus ein besonders charismatischer Rabbiner war.

Aber im Jahr 33 hatte er eine Offenbarung. Auf dem Weg nach Damaskus (heute Syrien) sah Saulus angeblich ein helles Licht am Himmel und hörte dann eine Stimme: „Saul, Saul, warum verfolgst du mich?"[22]. Es war der auferstandene Jesus, der ihm mitteilte, dass er nun ein „auserwähltes Werkzeug" sein sollte, um „den Namen [Jesu] vor die Heiden und Könige und die Söhne Israels zu tragen" (Apostelgeschichte 9,15) – mit anderen Worten, die christliche Kirche aufzubauen. So

---

[21] Einzelheiten zu den Argumenten für Paulus als Zelot siehe Fairchild (1999).
[22] Diese Worte werden in der Apostelgeschichte dreimal wiederholt: 9,4, 22,7, 26,14.

änderte er seinen Namen von dem jüdischen „Saulus" in den heidnischen „Paulus" (Apostelgeschichte 13,9) und begann seine Arbeit.

Für die nächsten 20 Jahre haben wir keinerlei Aufzeichnungen von Paulus. Die Apostelgeschichte, die irgendwann in den 90er Jahren anonym verfasst wurde,[23] behauptet, dass Paulus seine sogenannte erste Reise nach Zypern und in Teile der heutigen Türkei unternommen hat, aber die Daten sind völlig unklar. Die Apostelgeschichte verwendet lediglich Ausdrücke wie „lange Zeit" oder „nicht wenig Zeit", nennt aber seltsamerweise keine genauen Daten. Wir nehmen an, dass es in den späten 40er Jahren war und vielleicht zwei Jahre dauerte.

Ab etwa dem Jahr 50 haben wir anscheinend einige konkrete Beweise: die ersten Briefe von Paulus selbst. Von den 13 Paulusbriefen sind die beiden frühesten der Galaterbrief und der 1. Thessalonicherbrief, die heute auf etwa das Jahr 50 oder 51 datiert werden. Zu dieser Zeit begann er auch seine zweite Reise, die ihn durch die heutige Türkei, nach Nordgriechenland, über Athen und dann zurück nach Jerusalem führte. Die übrigen Briefe des Paulus scheinen zwischen Mitte der 50er und Mitte der 60er Jahre entstanden zu sein.

Irgendwann wurde Paulus in Rom eingekerkert, wahrscheinlich um das Jahr 60, und lebte dort zwei Jahre lang unter Hausarrest. Seltsamerweise endet seine Geschichte an dieser Stelle. Die Apostelgeschichte hört einfach bei diesen zwei Jahren auf (28,30). Sie sagt nichts darüber, was danach geschah, und auch nichts über den Tod des Paulus. Das ist doppelt seltsam, weil die Apostelgeschichte mindestens 20 Jahre nach dem Tod des Paulus geschrieben wurde; es ist fast so, als ob der Autor („Lukas") sich absichtlich dafür entschieden hat, die Lebensgeschichte des Paulus nicht zu Ende zu erzählen. Vielleicht war das nutzlos – oder schlimmer, widersprüchlich – angesichts der inzwischen anerkannten Erzählweise. Viel später, in den 100er und 200er Jahren, erschienen verschiedene Schriften, in denen behauptet wurde, Paulus sei enthauptet oder gekreuzigt worden, möglicherweise in den späten 60er Jahren oder im Jahr 70. Aber diese Berichte sind so weit von den tatsächlichen Ereignissen entfernt, dass sie wenig glaubwürdig sind.

---

[23] Wie zuvor erwähnt, gehen die meisten Wissenschaftler davon aus, dass die Apostelgeschichte von demselben Autor wie Lukas geschrieben wurde und etwa zur gleichen Zeit.

Wenn Paulus im Jahr 70 tot war, verpasste er nur knapp die Zerstörung des Tempels, die für die jüdische Gemeinschaft einen vernichtenden Schlag bedeutete. Aber etwas anderes geschah um diese Zeit, etwas ebenso Bedeutendes: das Erscheinen des ersten Evangeliums, Markus. Es ist erstaunlich, dass in allen Briefen des Paulus nichts auf die Kenntnis eines der vier Evangelien hindeutet. Sicherlich hätte Paulus in 13 Briefen seinen Retter zitieren oder eine Tatsache aus seiner Biographie anführen wollen.[24] Aber wir finden nichts dergleichen; keine Zitate von Jesus, keine Fakten über seine Vergangenheit, keine jungfräuliche Geburt, keine Geschichten über Wunder. All dies findet sich nur in den Evangelien. Also warum zitierte Paul die Evangelien nicht? Die Schlussfolgerung liegt auf der Hand: *Sie existierten noch nicht.* Und genau das bestätigt die moderne Wissenschaft.

Markus scheint, wie bereits erwähnt, um das Jahr 70 geschrieben worden zu sein, also fast vier Jahrzehnte nach der Kreuzigung. Es war der erste Text, der Einzelheiten über das Leben Jesu erwähnte, seine Reden aufzeichnete und seine angeblichen Wunder dokumentierte. Die nächsten beiden Evangelien, Matthäus und Lukas, wurden Mitte der 80er Jahre geschrieben. Sie wiederholten weitgehend dieselben Geschichten, verschönerten und ergänzten sie aber auch.[25] Und Johannes wurde erst Mitte der 90er Jahre geschrieben – ganze 60 Jahre nach dem Tod von Jesus. Diese späten Daten werfen viele Probleme für die herkömmliche Jesus-Geschichte auf, wie ich erklären werde.[26]

In den vorangegangenen Ausführungen habe ich viele Daten genannt und die wichtigsten finden Sie auf dem Zeitstrahl in Abbildung 3.

Das andere große Problem bei den Evangelien ist die Autorenschaft. Formal sind sie anonym. Markus ist „das Evangelium nach Markus". Es ist in der Grammatik der dritten Person geschrieben, wie ein Lehrbuch,

---

[24] Mit einer Ausnahme vielleicht: In 1 Kor. 11,24 zitiert Paulus Jesus und bezeichnet das Brot als seinen Leib und den Wein als sein Blut. Ansonsten gilt, dass es keine Zitate von Jesus durch Paulus gibt.

[25] Markus, Matthäus und Lukas werden wegen ihrer beträchtlichen Überschneidungen als die „synoptischen" Evangelien bezeichnet. Sie haben viele Gemeinsamkeiten, aber auch viele bemerkenswerte Unterschiede.

[26] Einige Wissenschaftler plädieren für ein viel früheres Datum für die Evangelien. Pitre (2016) zum Beispiel, sieht die ersten drei Evangelien noch zu Lebzeiten des Paulus, also vor 62 n. Chr. Aber damit befindet er sich außerhalb des vorherrschenden Meinung.

und nicht als der persönliche Bericht eines bestimmten Mannes. Das
Gleiche gilt für Matthäus. Bei Lukas ist es anders: Es ist ein Essay in der
ersten Person, der an eine allgemeine Person gerichtet ist, „Theophilus",
was einfach „von Gott geliebt" bedeutet. Das vierte Evangelium, Johannes,
kehrt zurück zur dritten Person, im Stil von Markus und Matthäus.

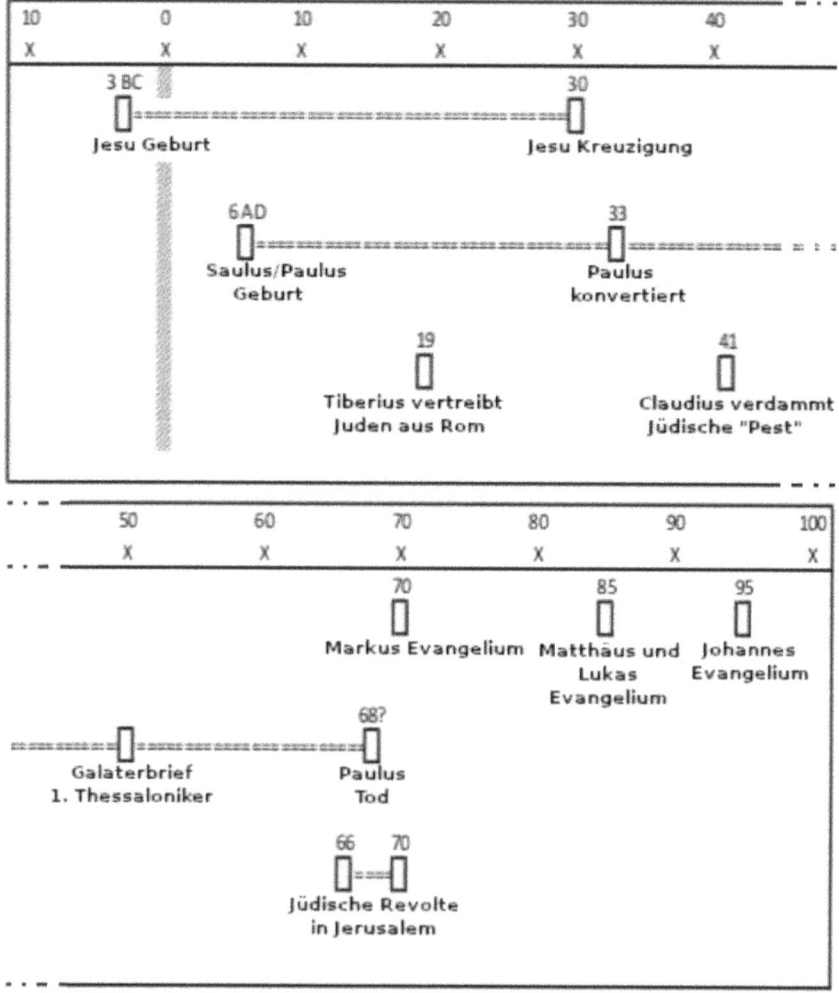

**Abbildung 3: Zeitlinie der wichtigsten Ereignisse (0 bis 100 v. Chr.)**

Viele Menschen, einschließlich der meisten Gelehrten, gehen davon aus,
dass jedes Evangelium von seinem Namensgeber geschrieben wurde, *i.e.*
Markus von jemandem namens Markus, Lukas von Lukas, *usw.* Aber

selbst wenn das stimmt, haben wir keinerlei Informationen darüber, wer diese Personen tatsächlich waren. Manche glauben gerne, dass „Matthäus" der Apostel Matthäus war und „Johannes" der Apostel Johannes, aber auch das ist reine Spekulation. „Markus", so heißt es, war ein Freund des Apostels Petrus. Ein „Lukas" wird von Paulus als sein Freund erwähnt (Kol 4,14; Phil 1,24), aber wir können nicht wissen, ob es sich dabei um den (späteren) Verfasser des Evangeliums handelt. Es ist bezeichnend, dass wir nur allgemeine Vornamen und keinerlei biografische Angaben erhalten.

Auf jeden Fall ist es fast sicher, dass alle Evangelienschreiber, wer auch immer sie waren, Juden waren. Alle vier enthalten zahlreiche Verweise auf das Alte Testament, etwas, das man nur von elitären und gebildeten Juden erwarten würde. Matthäus hat die meisten Verweise – etwa 43 direkte Zitate. Markus und Lukas haben jeweils etwa 20, Johannes etwa 15. Wenn wir jedoch indirekte Verweise, Paralleltexte und andere Anspielungen einbeziehen, verdoppeln oder verdreifachen sich die Zahlen.

Matthäus ist eindeutig und stark jüdisch, das „jüdischste" der Evangelien. Dies wird von keinem Gelehrten bestritten. Markus wird von einigen Autoren in Frage gestellt, die ihn, wenn nicht als Heiden, so doch als „stark hellenisierten" Juden bezeichnen, der aber dennoch ein Jude sei. Die Verwirrung scheint daher zu rühren, dass er an und für Heiden schrieb; dies ist eine wichtige Tatsache, wie ich noch erläutern werde. Aber es ändert nichts an der jüdischen Autorenschaft.

Lukas hingegen wird von einigen als heidnisches Werk bezeichnet. Aber das hält einer kritischen Analyse nicht stand. Erstens behauptet Paulus selbst, dass das Wort Gottes den Juden gegeben wurde (Röm 3,2), und daher muss das Evangelium als Wort Gottes von einem Juden geschrieben worden sein. Zweitens ist die Behauptung, dass „Lukas" ein heidnischer Name ist, irrelevant; andere Juden, insbesondere Paulus, änderten ihre Namen, als sie zur Sache konvertierten. Drittens wird Lukas nie als Heide genannt, und sein angeblicher Gefährte Paulus wird nie dafür verurteilt, dass er sich mit einem solchen Heiden verbrüdert hat. Darüber hinaus hatte Lukas detaillierte Kenntnisse der jüdischen religiösen Bräuche, wie wir in (1,8-20) sehen; Heiden würden dies nicht wissen. Schließlich behauptet er, die Jungfrau Maria sehr gut zu kennen, einschließlich dessen, was „in ihrem Herzen ist" (2,19) – etwas, das ein

Nicht-Jude wahrscheinlich nicht wissen würde. Allem Anschein nach
war auch Lukas ein Jude.

Aber was ist mit dem letzten Evangelium, Johannes? Es scheint das
anti-jüdischste – manche würden sagen, das antisemitischste – der vier
Evangelien zu sein. Das kann doch unmöglich von einem Juden
geschrieben worden sein, oder? Nicht ganz. Wir müssen hier einen
wichtigen Punkt beachten. Die im Entstehen begriffene christliche
Bewegung, die ausschließlich innerhalb der jüdischen Gemeinschaft
stattfand, stieß auf erhebliche interne Meinungsverschiedenheiten.
Orthodoxe Juden glaubten nicht, dass ihr Messias in Form dieses „Jesus"
gekommen war, und sie wehrten sich entschieden gegen alle
gegenteiligen Behauptungen. In gewissem Sinne wollten sie die Jesus-
Geschichte „töten" (wir sehen, wohin das führt!). Paulus und seine kleine
Gruppe von Judenchristen mussten also gegen die antichristlichen
Gefühle der Mehrheit der Juden, insbesondere der damaligen jüdischen
Elite, ankämpfen. Johannes liest sich daher viel natürlicher als ein
Bericht über innerjüdische Streitigkeiten und nicht als ein Heide, der „die
Juden" angreift.

Johannes übt in der Tat heftige Kritik an den Juden. Sie
„versuchten, Jesus zu töten" (7,1). In seinem Evangelium lesen wir von
Jesu eigenen harschen Worten:

> Ihr [Juden] seid von eurem Vater, dem Teufel ... Er war von
> Anfang an ein Mörder und hat mit der Wahrheit nichts zu tun,
> denn es ist keine Wahrheit in ihm. Wenn er lügt, so redet er nach
> seinem eigenen Wesen; denn er ist ein Lügner und der Vater der
> Lüge.[27] (8,44)

Aber diese und andere heftige Ausdrücke deuten nicht auf einen
Antisemitismus hin, der von Nichtjuden aufgeschriebenen wurde. Auch
hier gibt es ein überzeugendes Argument dafür, dass dies am besten als
jüdischer Machtkampf zu sehen ist. Wie James Dunn sagt, „kämpft
Johannes, zumindest aus seiner eigenen Perspektive, immer noch einen
Fraktionskampf innerhalb des Judentums, anstatt seine Pfeile von außen

---

[27] Eine solche Rede findet sich auch in der späteren Offenbarung („an
Johannes"), wo wir von den Juden und ihrer „Synagoge Satans" lesen (2,9, 3,9).

abzuschießen, er ist immer noch ein Jude, der glaubt, dass Jesus der Messias, der Sohn Gottes, ist, und kein Antisemit."[28] Johannes hatte es auf die jüdische Elite abgesehen, seine Hauptgegner. Michael Coogan stimmt dem zu:

> Obwohl die vernichtende Darstellung der „Juden" dem Evangelium den Vorwurf des Antisemitismus eingebracht hat, zeigt eine sorgfältige Lektüre des Evangeliums, dass es sich bei den „Juden" um eine Klassenbezeichnung und nicht um eine religiöse oder ethnische Gruppierung handelt; der Begriff bezeichnet nicht die Anhänger des Judentums im Allgemeinen, sondern bezieht sich in erster Linie auf die erblichen religiösen Autoritäten des Tempels.[29]

Und Delbert Burkett gibt diesen Kommentar ab:

> Johannes schien einst ein hellenistisches Evangelium zu sein, voll von nicht-jüdischen Ideen. Heute jedoch erkennen Gelehrte, dass es in einer Gemeinschaft von Judenchristen entstanden ist. ... Mehrere Stellen im Evangelium deuten darauf hin, dass es unter Judenchristen entstanden ist, die aus der Synagoge vertrieben wurden. Diese [Juden] gerieten wegen ihrer hohen Wertschätzung für Jesus und ihrer Ablehnung der traditionellen Institutionen des Judentums in Konflikt mit der größeren jüdischen Gemeinschaft.[30]

Selbst wenn die Evangelien später von Heiden verändert wurden, wie Price und andere behaupten, ändert dies nichts an ihrem wesentlich jüdischen Charakter.

Auch der Rest des Neuen Testaments scheint sehr wahrscheinlich von jüdischen Autoren verfasst worden zu sein. Der ausführliche Hebräerbrief – von dem einige behaupten, er sei von Paulus geschrieben worden – ist an Juden gerichtet und enthält mindestens 36 direkte Verweise auf das Alte Testament. Jakobus ist an „die zwölf Stämme in

---

[28] Dunn (1992: 201).
[29] Coogan (2007: 147)
[30] Burkett (2002: 215-216)

der Zerstreuung" gerichtet, ebenso wie der 1. Brief des Petrus. Es ist klar, dass Heiden den Juden keine Lektionen über Gott erteilen würden. Die anderen kurzen Briefe sind zweideutig, enthalten aber nichts, was auf eine nicht-jüdische Verfasserschaft hinweist.

Irgendwann traten natürlich auch Heiden der Kirche bei und begannen, über sie zu schreiben. Die frühesten Kirchenväter waren wahrscheinlich Heiden, darunter Clemens von Rom (gest. ca. 100) und Ignatius von Antiochien (gest. 110). Das Gleiche gilt für die zweite Generation von Kirchenvätern, zu denen Quadratus (gest. 129), Aristides von Athen (gest. 135), Polykarp (gest. 155) und Papias (gest. 155) gehören. Zur Zeit von Marcion, Justin Martyr, Irenäus, Tertullian und Origenes – also von der Mitte des zweiten bis zur Mitte des dritten Jahrhunderts – haben wir es ausschließlich mit Heiden zu tun.

Nebenbei bemerkt, stelle ich fest, dass in den späten 300er Jahren die in den Evangelien aufgezeichneten innerjüdischen Streitigkeiten in einen echten Antisemitismus umgeschlagen waren, der von christlichen Heiden gegen die Juden gerichtet wurde. So sind wir Zeuge der harschen Äußerungen von Gregor von Nyssa (335-395), der sagte:

[Juden sind] Mörder des Herrn, Mörder der Propheten, Rebellen und voller Hass gegen Gott ... Sauerteig der Pharisäer, Sanhedrin der Dämonen, verflucht, ganz und gar abscheulich, schnell im Missbrauch, Feinde von allem, was gut ist.

Ein weiterer prominenter Vertreter, Johannes Chrysostomus (347-407) schrieb:

[Die Synagoge] ist „ein Bordell ... Sie ist eine Räuberhöhle und eine Behausung für wilde Tiere... [D]ie Juden selbst sind Dämonen".

Und dann haben wir Hieronymus (345-420), der sagte:

[Die Synagoge ist] eine Lasterhöhle, ein Zufluchtsort des Teufels, eine Festung des Satans, ein Ort der Verderbnis der Seele.

Erstaunlich harte Worte von diesen „Männern Gottes". Aber wir müssen uns den theologischen Kontext vergegenwärtigen, in dem sie lebten, und wir sollten bedenken, dass viele christliche Gemeindemitglieder mit den Juden vor Ort, sei es als Geldverleiher, Händler oder Vermieter, in Konflikt geraten waren. Es ist unwahrscheinlich, dass sich eine solche Feindseligkeit ausschließlich aus der Lektüre der Bibel ableitet und es musste viele negative Erfahrungen in der realen Welt geben, um solch scharfe Verurteilungen auszusprechen.

Um dieses Kapitel abzuschließen: Paulus erscheint nun als religiöser Fanatiker und glühender jüdischer Nationalist, der anfangs bereit ist, Gewalt anzuwenden und sogar die ersten (jüdischen) Christen zu töten. Nach seiner wundersamen Bekehrung im Jahr 33 n. Chr. wendet er sich den (heidnischen) Massen zu und versucht, seine neue Theologie zu verbreiten. Wenn Paulus jedoch zu irgendeinem Zeitpunkt ein Zelot war oder sogar mit dieser Bewegung sympathisierte, bedeutet dies, dass er die römische Herrschaft (wie praktisch alle Elitejuden) entschieden ablehnte und bereit war, alles zu tun, sogar weitere Morde zu begehen, um sie zu untergraben; das hat sich sicherlich auch nach seiner „Bekehrung" nicht geändert. Paulus wusste nichts von den „vier Evangelien", weil es sie zu seinen Lebzeiten nicht gab. Die Verfasser der Evangelien selbst waren allesamt Juden, wie wahrscheinlich auch die anonymen Verfasser des restlichen Neuen Testaments. Die Evangelien als Dokumente wurden wahrscheinlich zwischen 70 (Markus) und Mitte der 90er Jahre (Johannes) geschrieben.

Mit diesem faktischen Hintergrund können wir nun genau untersuchen, warum die traditionelle Jesus-Geschichte nicht wahr ist. Dann sind wir meinem zentralen Argument einen Schritt näher: dass nämlich die biblische Jesus-Geschichte falsch ist und offensichtlich von Paulus und seinen jüdischen Mitstreitern konstruiert wurde, um die leichtgläubigen heidnischen Massen auf ihre Seite zu ziehen und weg von Rom.

# KAPITEL 3

# WARUM DIE LEHRE JESU FALSCH IST

Die Bibel stellt eine Reihe von gewöhnlichen und außergewöhnlichen Behauptungen über Jesus auf. Die dramatischsten davon sind als Wunder zu bezeichnen: Ein Stern erschien am Himmel und führte die Menschen zu seinem Geburtsort; er wurde von einer Jungfrau geboren; er ging auf dem Wasser; er speiste Tausende mit ein paar Fischen; er heilte etwa zwei Dutzend Menschen; er erweckte mindestens drei Menschen von den Toten auf; und er selbst fuhr leibhaftig zum Himmel auf. Diese Ereignisse sind die wichtigste Grundlage für den Glauben, dass er ein göttlicher Mensch, ein Sohn Gottes, ja selbst ein Gott war. Sie sind die ultimative Rechtfertigung dafür, Jesus als unseren „Erlöser" und damit einer neuen Religion würdig zu akzeptieren. Ohne sie war er nur ein weiterer spiritueller Lehrer, einer unter Tausenden.

Außergewöhnliche Behauptungen bedürfen einer außergewöhnlichen Rechtfertigung. Zumindest erfordern sie eine *gewisse* Rechtfertigung. Aller mindestens erfordern sie überhaupt *irgendeine* Rechtfertigung. Im Fall von Jesus haben wir leider *keinerlei Rechtfertigung*. Mit anderen Worten, wir haben keine Beweise dafür, dass diese Wunder überhaupt stattgefunden haben, schon gar nicht durch einen Jesus von Nazareth. Tatsächlich haben wir keinen Beweis dafür, dass ein historischer Jesus überhaupt existierte, bis Jahrzehnte nach seinem Tod. Wir haben keine Leichen, keine Gräber, keine physischen Überreste, keine Briefe, keine Gravuren – nichts, was als Beweis zählt. *Wir haben keine Beweise.*[1]

Darüber hinaus haben wir dokumentierte Daten für die verschiedenen Schriften des Paulus, der Evangelien und anderer, die sich zu den Christen äußerten. Aber das bedeutet große Schwierigkeiten für die Standardansicht. Diese Daten stimmen in keiner Weise mit dem

---

[1] Erstaunlicherweise haben Forscher möglicherweise tatsächlich zumindest einige der körperlichen Überreste von Jesus und seiner Mutter Maria gefunden. Siehe die Diskussion über das Talpiot-Grab weiter unten.

überein, was wir für das Erscheinen des menschgewordenen Gottes erwarten würden. Sie sind nicht nur „rätselhaft", sondern deuten stark darauf hin, dass es drastische Fehler in der Darstellung der Ereignisse gibt.

Wir haben also zwei große Problemkategorien. Ich nenne sie (1) das Problem der Beweise und (2) das Problem der Chronologie. Bei der ersten Kategorie geht es um das, was wir *nicht* haben, und bei der zweiten um das, *was* wir haben. Lassen Sie mich jedes dieser Probleme der Reihe nach untersuchen.

## (1) Das Problem der Beweise

Wunder sind ein komisches Ding. Erstens scheinen sie im Großen und Ganzen nur in der Vergangenheit stattzufinden – in einer *fernen* Vergangenheit. Uns passieren einfach keine Wunder mehr. Natürlich gibt es „wundersame" Heilungen von Krankheiten und das „wundervolle" Wiederfinden verlorener Kinder. Aber dafür gibt es ganz natürliche Erklärungen und ihre angeblich wundervolle Natur kann niemand beweisen. Wir dagegen beziehen uns auf die ganz großen und glorreichen Wunder: das Teilen von Meeren, dröhnende Stimmen aus dem Himmel, die Auferweckung von Toten, großartige physikalische Ereignisse, Stürme, die auf Befehl aufhören. Solche Dinge wären in der Tat sehr beeindruckend. Doch aus irgendeinem Grund scheinen sie einfach nicht mehr zu geschehen.

Im Übrigen haben wir offensichtliche Gründe zu bezweifeln, dass sie jemals überhaupt stattgefunden haben. Der prominente Jesus-Forscher Gerd Lüdemann wuchs als gläubiger Christ auf, bezweifelte später aber vieles an der herkömmlichen Geschichte, vor allem an den Wundern. Zu den „Wundergeschichten" sagt er,

> Ist es heute allgemein anerkannt, dass zahlreiche Worte und Taten Jesus erst nach seinem Tod zugeschrieben wurden. ... Niemand nimmt heute ernsthaft an, dass Jesus tatsächlich auf dem Meer wandelte, einen Sturm aufhielt, Brot vermehrte, Wasser in Wein verwandelte und Tote auferweckte. Vielmehr wurden diese Taten für Jesus erst nach seinem Tod oder seiner angeblichen Auferstehung erfunden, um seine Bedeutung zu erhöhen. (2001: 1)

Wir wüssten gerne, *wer*, *wann* und *warum* diese Worte und Taten zur Jesus-Geschichte hinzugefügt hat.

Eine zweite Tatsache über Wunder ist, dass sie in vielen Fällen wie Regenbögen sind: Sie erscheinen und verschwinden dann spurlos. Oder zumindest verschwinden im Laufe der Zeit alle möglichen Beweise für sie. Es ist sehr einfach, irgendwelche Wunder in der Vergangenheit zu behaupten, nachdem alle potenziellen Beweise verschwunden sind.

Nehmen wir zum Beispiel die Jungfrau Maria. Wie könnten wir beweisen, dass sie eine Jungfrau war, als sie Jesus zur Welt brachte? Wir können nicht erwarten, so etwas irgendwie belegen zu können. Selbst wenn wir ihre vollständigen sterblichen Überreste hätten, könnten wir damit ihre Jungfräulichkeit weder beweisen noch widerlegen. Diese Situation ist natürlich sehr bequem für die Verfechter der konventionellen Geschichte. Es ist sehr bequem, Behauptungen aufstellen zu können, die niemals widerlegbar sind. Leider sind die meisten der „Jesus-Wunder" von dieser Art. Es sind keine Beweismittel denkbar, ums sie zu belegen oder zu widerlegen. Menschen, die von den Toten auferstehen, müssen irgendwann (so vermute ich!) doch wieder sterben. Menschen, die göttlich geheilt wurden, haben vermutlich keine „Wundernarben" oder andere Spuren ihrer wundersamen Genesung. Physische Überreste sind so gut wie nicht vorhanden. Und tatsächlich könnte es fast als Definition für Wunder gelten: Sie *hinterlassen keine Spuren*.

Das Beste, worauf wir in solchen Fällen hoffen können, ist eine *Bestätigung*, d. h. ein unabhängiger, unvoreingenommener (oder sogar voreingenommener!) Beobachter, der als Zeuge fungiert. Das ist zwar kein *Beweis*, aber zumindest eine Art stichhaltiger Beleg. Für jedes der „Jesus-Wunder" gab es mindestens einen Zeugen – jemanden, der theoretisch hätte schreiben, sprechen oder auf andere Weise aufzeichnen können, was er oder sie gesehen hat. Einige der Wunder hatten viele Zeugen, manche gar Tausende. Es gab viele, viele Möglichkeiten, die Wunder zu dokumentieren. Und doch existiert nichts.

Schauen wir uns einige konkrete Wunder an, um das Problem der Beweise besser zu verstehen.

Abgesehen von der Jungfrauengeburt (oder besser gesagt, der jungfräulichen Empfängnis) war das allererste Jesuswunder der Stern von Bethlehem. Wir kennen die Geschichte: Ein Stern erscheint „im Osten" und führt drei weise Männer zu der Krippe, in der das Jesuskind liegt. Diese einfache Geschichte quillt über vor Problemen. Zuerst haben wir da eine Art chronologisches Problem: Paulus erwähnt weder den Stern, noch Bethlehem, noch irgendetwas über die Geburt Jesu. Das erste Evangelium, Markus, erwähnt weder den Stern noch die Geburt; Stattdessen beginnt es direkt mit dem erwachsenen Jesus. Der Stern erscheint nicht bei Lukas und auch nicht bei Johannes. Die *einzige* Stelle, an der er auftaucht, ist das Matthäus-Evangelium (2,1), das etwa 85 Jahre nach dem angeblichen Ereignis geschrieben wurde. Allein diese Tatsache spricht gegen seinen Wahrheitsgehalt.

Im Laufe der Jahrhunderte haben Astronomen und Wissenschaftler immer wieder spekuliert, dass ein ungewöhnliches Naturereignis die Geschichte des „Sterns" motiviert haben könnte. Meteore, Kometen, eine Supernova oder planetarische Konjunktionen (zwei Planeten, die so nahe beieinander liegen, dass sie als ein Objekt erscheinen) wurden vorgeschlagen. Aber wenn ein wundersamer Stern oder Leuchtkörper am Himmel erschienen wäre, ein tatsächliches Himmelsereignis, dann hätte es sehr wahrscheinlich jemand dokumentiert. Antike Astronomen haben vergleichbare Dinge seit Jahrtausenden beschrieben. Sonnenfinsternisse wurden bereits 2 000 oder 3 000 v. Chr. dokumentiert. Der Halleysche Komet wurde 240 v. Chr. in China und 164 v. Chr. von den Babyloniern dokumentiert. Die Chinesen dokumentierten eine Supernova im Jahr 185 n. Chr., aber nichts um das Jahr 0.

Es gab jedoch zwei plausible Kandidaten. Der eine war ein „Besenstern" – wahrscheinlich ein Komet -, den die Chinesen im Jahr 5 v. Chr. aufzeichneten, was unserem vermuteten Jahr 3 v. Chr. recht nahe kommt. Kometen waren jedoch traditionell ein Zeichen für ein bevorstehendes Unheil, nicht für die Geburt eines Erlösers. Das andere Ereignis war eine Konjunktion von Jupiter und Venus im Sommer des Jahres 3 v. Chr., die mit Unterbrechungen fast ein Jahr lang andauerte. Aber zwei Planeten nebeneinander waren zwar interessant, aber wohl kaum ein weltbewegendes kosmisches Ereignis.

Hinzu kommt die peinlich offensichtliche Tatsache, dass man einem Stern nicht „folgen" kann, schon gar nicht zu einem bestimmten Punkt auf der Erde. Sterne, oder jedes andere Himmelsobjekt, „bewegen" sich während der Nacht, wenn sich die Erde dreht. Ihr Stern, der sich zuerst im „Osten" befindet, wird bald vielleicht über Ihrem Kopf sein und dann später im „Westen". Diesem Stern zu folgen hieße, im Kreis zu gehen.

Und selbst wenn jemand einen „Schnappschuss" von einem Stern machen und sich in diese Richtung bewegen würde, könnte er Sie natürlich nicht an einen bestimmten Ort führen. Bestenfalls geht man einfach in einer geraden Linie. Die Geschichte ergibt keinen Sinn. Vielleicht, so haben einige gesagt, war der ganze Vorfall mit dem Stern eine „fromme Erfindung". Das ist sicher nicht schlimm – es sei denn, es war der erste von vielen.

**Die Wundertäter**

Kommen wir nun zu den besonderen Wundern, die Jesus vollbracht hat. Je nachdem, wie man sie zählt, werden ihm etwa 36 besondere Wunder zugeschrieben – alle in den vier Evangelien aufgezeichnet. Nach Evangelien sind die Zahlen wie folgt:

- Markus: 19 Wunder
- Matthäus: 22 Wunder
- Lukas: 21 Wunder
- Johannes: 8 Wunder

(Beachten Sie, dass sich viele davon überschneiden und verschiedene Evangelien dasselbe Wunder berichten.)

Wir können die 36 Wunder in drei Kategorien einteilen: Auferweckungen von den Toten (3), Heilungen (24) und Naturereignisse (9). Diese sind alle in Anhang A aufgeführt.

Wir stellen einige interessante Trends fest. Markus zum Beispiel hat nur eine einzige Auferweckung von Toten – die Tochter des Jairus. Matthäus wiederholt dies. Bei Lukas kommt eine weitere hinzu: der Sohn der Witwe. Johannes ignoriert aus irgendeinem Grund beide Geschichten, fügt aber eine neue hinzu: die berühmte Lazarus-Geschichte. Seltsam, dass die berühmteste Geschichte einer Auferweckung von den Toten erst im allerletzten Evangelium auftaucht, etwa 60 Jahre nach dem angeblichen Ereignis.

Markus berichtet von 13 Wunderheilungen (zu denen auch Exorzismen gehören). Matthäus wiederholt 11 von ihnen und fügt vier neue hinzu. Lukas berichtet 12 der Wunder von Markus und Matthäus, fügt dann aber noch vier weitere hinzu. Johannes ignoriert unerklärlicherweise _alle_ früheren Heilungswunder, beschreibt dann aber drei ganz neue.

Ähnlich verhält es sich mit den Naturwundern. Markus hat fünf. Matthäus wiederholt diese und fügt dann ein eigenes hinzu. Lukas deckt zwei der früheren Wunder ab und fügt ein neues hinzu. Johannes nimmt zwei alte Wunder auf, fügt dann aber zwei neue hinzu.

Was sollen wir davon halten? Haben die Wundergeschichten damals einfach nicht die Runde gemacht? Vor allem, wenn wir uns daran erinnern, dass all diese Dokumente 40 Jahre oder mehr nach der Kreuzigung geschrieben wurden. Hatten die Verfasser vielleicht das Bedürfnis, die Zahl der Wunder im Laufe der Zeit zu erhöhen, um die Jesus-Geschichte noch ein bisschen besser zu machen? Oder wollten sie aus gewöhnlichen Ereignissen etwas Außergewöhnliches machen?

Erstaunlicherweise ist es nicht nur Jesus, der Wunder vollbringt. Ich glaube, viele wären überrascht zu erfahren, dass Paulus, Petrus und eigentlich alle Apostel solche Wunder vollbracht haben. Paulus' Wunder sind in der Apostelgeschichte dokumentiert. Dort lesen wir, dass er einen Mann blind macht (13,11), Kranke heilt (14,10, 28,8) und sogar Tote auferweckt! (20,9-12). Paulus vollbrachte im Allgemeinen „außergewöhnliche Wunder" (19,11) und wurde tatsächlich als „ein Gott" (28,6) angesehen – zumindest bei Lukas, dem vermutlichen Verfasser der Apostelgeschichte.

Auch Petrus selbst ging auf dem Wasser (Mt 14,30), heilte Kranke (Apg 3,7; 9,34) und erweckte _auch_ Tote (9,40). Der Apostel Philippus heilte Kranke (6,8). Abbildung 4 fasst die „Apostelwunder" zusammen.

Im Allgemeinen taten alle Apostel „Zeichen und Wunder" (2,43; 5,12), und bei Matthäus lesen wir, dass Jesus seine Apostel ausdrücklich anwies, „Kranke zu heilen, Tote aufzuerwecken, Aussätzige zu reinigen, Dämonen auszutreiben" (10,8). Eine ziemliche Herausforderung, die Jesus ihnen zu Füßen gelegt hat.

**Verschwundene Beweise**

Aber lassen Sie mich auf die Frage der Beweise zurückkommen. Die meisten Wunder Jesu wurden vor einer kleinen Anzahl von Menschen vollbracht – in manchen Fällen sogar vor nur einem. Dennoch hatte jeder Zeuge die Möglichkeit, seine Geschichte zu erzählen, sie aufzuschreiben oder etwas in Stein zu meißeln. Stellen Sie sich vor, wie groß heute das Interesse ist, den Grabstein von Lazarus zu finden: „Hier liegt Lazarus. Gestorben im Alter von 40 Jahren, auferweckt von den Toten durch Jesus Christus, wieder gestorben im Alter von 78 Jahren" – oder so ähnlich. Das ist kein Beweis, aber es wäre ein überzeugendes Beweisstück. Aber so etwas gibt es nicht.

| | | Quelle | |
| | | Apostelgeschichte | Evangelien |
|---|---|---|---|
| Paulus | Verursacht Blindheit | 13,11 | |
| | Krankenheilung | 14,10, 28,8 | |
| | „Wunder" | 19,11 | |
| | Totenerweckung! | 20,9-12 | |
| Petrus | Geht auf dem Wasser | | Math. 14,30 |
| | Krankenheilung | 3,7, 9,34 | |
| | Totenerweckung! | 9,40 | |
| Stephanus | Zeichen und Wunder | 6,8 | |
| Philippus | Krankenheilung | | |
| Alle | Zeichen und Wunder | 2,43, 5,12 | 2 Kor. 12,2 |
| | Vertreiben Dämonen | | Mk 6,13 |
| | Krankenheilung | | Mk 6,13 |
| | Zeichen | | Mk 6,14-20 |
| | Totenerweckung! | | Mt 10,8 |
| „die 70" | Krankenheilung | | Lk 10,9 |

**Abbildung 4: „Apostelwunder"**

„Aber die Menschen damals waren einfache Bauern und Fischer, weitgehend ungebildet und sie konnten nicht schreiben", sagen die Christen. Vielleicht, aber *irgendjemand* konnte damals schreiben, viele konnten es, und es und es wäre nicht unmöglich gewesen, ein Wunder einem bekannten und vertrauenswürdigen Schriftsteller zu erzählen. Aber auch das hat nicht einer getan.

Einige der Wunder hatten viele Zeugen, das beste Beispiel ist die Geschichte von den Fischen und Broten. Nicht viele Menschen wissen, dass es *zwei* solcher Ereignisse gab. Markus (6,30-44) erzählt uns zunächst, dass Jesus „fünftausend Menschen" mit „fünf Broten und zwei Fischen" speiste. Etwas später berichtet Markus (8,1-13), dass er „etwa viertausend Menschen" mit „sieben Broten ... und ein paar kleinen Fischen" speiste.[2] Wir haben also 9 000 Zeugen eines Wunders. Sicherlich haben einige dieser Menschen, vielleicht viele, das Ereignis irgendwie dokumentiert. Selbst wenn sie ungebildete Bauern waren, kannten sie doch Rabbiner oder andere Männer, die schreiben konnten. Und laut Johannes erzählten sie es solchen Männern auch. Er schreibt, dass die Pharisäer durch all die Wunder beunruhigt waren: „Was sollen wir tun? Denn dieser Mann vollbringt viele Zeichen. Wenn wir ihn so weitermachen lassen, werden alle an ihn glauben, und die Römer werden kommen und sowohl unser Heiligtum als auch unser Volk vernichten" (Joh 11,47-48).[3] Das ist aufschlussreich: Die Massen wussten von den Wundern, die jüdische Elite wusste davon, und sicherlich hatten die Römer vor Ort zumindest Gerüchte gehört. Und doch hat niemand etwas dokumentiert.

Dieser Punkt muss wiederholt werden. Während der gesamten Lebenszeit Jesu, etwa von 3 v. Chr. bis 30 n. Chr., hat kein einziger Mensch – kein Christ, kein Jude, kein Römer, kein Grieche – *irgendetwas* über die Wunder, die Worte Jesu oder die Taten seiner Anhänger geschrieben. *Niemand hat etwas geschrieben.* Es ist, als ob überhaupt nichts Außergewöhnliches geschehen wäre.

Das wäre nahezu unmöglich, wenn die Jesus-Geschichte wahr wäre. Denken Sie an die Situation von Pontius Pilatus. Er ist Statthalter von Palästina, etwa 1.400 Meilen Luftlinie von Rom entfernt. Er hat bereits alle Hände voll zu tun mit rebellischen Juden. Er kämpft darum, die Ordnung aufrechtzuerhalten, als ... *der Sohn Gottes*, ein Jude, auftaucht und alle möglichen Wunder vollbringt. Zweifellos würde er wütend nach Rom zurückschreiben und um Hilfe, Ratschläge, zusätzliche Zenturien und so weiter bitten. Die Römer waren ausgezeichnete Chronisten und

---

[2] Die beiden Begebenheiten werden in Matthäus (14,13 und 15,32) wiederholt. Lukas und Johannes berichten nur von der ersten Speisung.

[3] Dies geschah, nachdem Johannes alle acht von ihm aufgeführten Wunder dokumentiert hatte.

sicherlich wären alle diese erstaunlichen Briefe erhalten geblieben. Und doch haben wir keinen einzigen. Zumindest Pilatus wusste von nichts Außergewöhnlichem.

Zur gleichen Zeit lebte ein berühmter jüdischer Philosoph, Philo. Er wurde um 20 v. Chr. geboren, war also zur Zeit des Sterns von Bethlehem bereits erwachsen. Er lebte noch lange nach der Kreuzigung und starb um das Jahr 50 nach Christus. Er wäre der ideale Mann gewesen, um alles über einen jüdischen Wundertäter und Erlöser aufzuzeichnen.[4] Er schrieb etwa 40 einzelne Essays, die inzwischen sieben Bände füllen. Doch er verliert kein einziges Wort über Jesus oder die christliche Bewegung.

Es kommt noch schlimmer. Für die nächsten 20 Jahre nach der Kreuzigung haben wir *immer noch keine Beweise*. Aus den Jahren 30 bis 50 n. Chr. ist kein einziges Dokument überliefert, das Jesus oder seine Wunder belegt: kein Brief, kein Buch, kein Stich, nichts. Nichts von den Juden, nichts von den Christen, nichts von den Römern – nichts. Das ist völlig unerklärlich, wenn die Jesus-Geschichte wahr ist. Andererseits, wenn Jesus einfach ein kleiner Aufständischer war, der eines Tages hingerichtet wurde, ist es überhaupt nicht überraschend, dass nichts übrig bleibt. Tatsächlich ist es genau das, was wir erwarten würden.[5]

Und doch ist es noch schlimmer. Wir wissen, dass wir aus dem Jahr 50 einige Briefe von Paulus haben. Diese Briefe sind fertig, als Paulus um das Jahr 70 herum stirbt. Nun können seine Briefe natürlich nicht als Beweis gelten, denn es sind ja gerade seine Berichte über Jesus, die wir zu bestätigen versuchen. Abgesehen von den Briefen des Paulus aus den Jahren 50 bis 70 haben wir *noch immer keine Beweise*. Nichts von anderen Christen, nichts von Juden, nichts von Römern – nichts.

Und es kommt noch schlimmer. Die Evangelien erschienen zwischen 70 und Mitte der 90er Jahre. Aber auch sie können nicht als Beweis gelten, weil gerade diese Dokumente der Bestätigung bedürfen. Abgesehen von den vier Evangelien, die zwischen 70 und Mitte der 90er Jahre erschienen sind, haben wir *immer noch keine Beweise*.

---

[4] Er lebte in Alexandria, nicht in Palästina. Aber nach seinen eigenen Angaben besuchte er Jerusalem mindestens einmal und hatte sicher Verbindungen und Kontakte in dieser berühmten Stadt.

[5] Tatsächlich könnten wir einige physischen Überreste von Jesus haben! See Diskussion unten.

Zusammenfassend lässt sich sagen, dass wir für den gesamten Zeitraum der frühchristlichen Ära – also etwa von 3 v. Chr. bis Mitte der 90er Jahre n. Chr. – keine bestätigenden Beweise von irgendjemandem haben, der nicht an der neuen Religion beteiligt war. Es gibt nicht das Geringste: Dokumente, Briefe, Steinmetzarbeiten... gar nichts. Man kann die Bedeutung dieses Problems gar nicht hoch genug einschätzen. Allein diese Tatsache spricht für eine große Unstimmigkeit mit dem biblischen Bericht.

Wenn sie mit dieser Situation konfrontiert werden, haben christliche Apologeten normalerweise zwei Ausreden. Erstens: „Alle Beweise sind verloren gegangen." Natürlich ist dies theoretisch möglich, aber es ist äußerst schwer zu glauben. Ein Materialbestand, der sicherlich aus Hunderten oder Tausenden (einschließlich Kopien) von zeitgenössischen Dokumenten besteht, in denen die Wunder Jesu zitiert werden, einige von Freunden, einige von Feinden, einige von neutralen Beobachtern, die alle für die Geschichte verloren sind. Und dass, obwohl zahllose Historiker, Forscher, Journalisten und andere seit zweitausend Jahren hartnäckig danach suchen. Das ist so gut wie unmöglich.

Die zweite Ausrede: „Alle Dokumente der damaligen Zeit wurden unterdrückt oder vernichtet, entweder von den Juden oder den Römern." Ist es möglich, dass sowohl die Juden als auch die Römer – und zwar alle – von der Erscheinung des Gottessohnes so schockiert waren, dass sie es für eine Art unaussprechliches Geheimnis hielten, über das niemals geschrieben oder gesprochen werden durfte? Und dass alle verbliebenen Beweise vollständig vernichtet werden sollten? Die Juden hatten vielleicht Angst vor diesem Jesus, aber sie waren nicht so verängstigt, dass sie nicht auf seine Hinrichtung drängen konnten. Und als er auferstanden war, erkannten sie dann das Ausmaß ihres Verbrechens und gelobten, nichts zu sagen oder zu schreiben? Vielleicht.

Aber die Römer, vor allem die in der kaiserlichen Hauptstadt, wären nicht so verängstigt gewesen. Sie glaubten nicht an den Aberglauben der Juden und hätten den angeblichen Wundern oder der Auferstehung sicher keine Bedeutung beigemessen. Auf panische Briefe von Pilatus hätte man ruhig und pragmatisch geantwortet. Selbst Pilatus wäre nicht übermäßig beeindruckt gewesen. Sobald Jesus von Nazareth hingerichtet wurde, war er für immer verschwunden. Allein die Tatsache seiner Kreuzigung bewies allen Römern, dass er kein Wundermann, kein Sohn

Gottes war. Wahrscheinlich hätte es ein paar abschließende Briefe an Rom gegeben, in denen der Fall abgeschlossen wurde, und das war's. Sicherlich keine massenhafte Unterdrückung oder Vernichtung von Beweisen. Die Römer hatten keinen Grund dazu.

Und es wären nicht nur Regierungsbeamte gewesen, die das geschrieben hätten. Viele bedeutende Intellektuelle der damaligen Zeit wären sicherlich in der Lage gewesen, das Kommen Gottes zu dokumentieren. Männer wie Petronius, Seneca, Martial und Quintillian lebten alle in der unmittelbaren Zeit nach der Kreuzigung und wären ideal geeignet gewesen, um über das außergewöhnliche Leben Jesu zu schreiben. Das gilt auch für Philo, den jüdischen Philosophen, wie ich bereits erwähnt habe. Und doch hat keiner dieser Männer ein einziges Wort über ihn geschrieben.

Und abgesehen von Römern und Juden gab es viele neutrale Parteien, die sich dazu hätten äußern können: Phönizier, Perser, Ägypter, Griechen – sie alle hatten kein persönliches Interesse an der christlichen Geschichte und hätten daher leicht über die angeblichen Wunder schreiben können. Aber nicht einer von ihnen tat es.

Ich muss also zu dem Schluss kommen, dass weder die Ausrede „verloren" noch die Ausrede „Verdrängung" stichhaltig ist. Es ist einfach nicht möglich, dass ein solch monumentales Ereignis stattgefunden hat und nicht ein Fitzelchen an Unterlagen aus dieser Zeit übriggeblieben ist. Die einzige vernünftige Schlussfolgerung ist, dass keine derartigen Wunder je geschehen sind.

**(2) Das Problem der Chronologie**

In Anbetracht der obigen Ausführungen könnte man meinen, dass es überhaupt keine stichhaltigen Beweise für eine frühchristliche Bewegung gibt. Aber das ist natürlich nicht wahr. Es gibt Beweise, zusammen mit ziemlich gut akzeptierten Daten. Das Problem für die Christen besteht darin, dass sie ganz und gar nicht so sind, wie wir es erwarten würden. Die Beweise, die wir haben, sind nicht hilfreich, sondern sogar schädlich für ihre Sache. Die tatsächlichen Beweise deuten eher auf eine auf eine „Schwindel"-Erklärung hin.

Wir erinnern uns, die allerersten dokumentierten Beweisstücke sind die Briefe des Paulus. Sie stammen aus der Zeit um 50 n. Chr. bis zu

seinem Tod in den späten 60er Jahren. Dann folgen die Evangelien:
Markus (ca. 70 n. Chr.), Matthäus und Lukas (ca. 85) und Johannes (ca.
95). Die Daten von Paulus sind zu erwarten, da er der Gründer der
Bewegung war. Es erscheint jedoch seltsam, dass die ersten 20 Jahre
seines Wirkens ohne Briefe oder andere Dokumente verloren sind.
Vielleicht war die meiste seiner frühen Arbeit lokal und erforderte keine
Briefe. Oder vielleicht war er so unbekannt, dass niemand den Drang
verspürte, seine Korrespondenz aufzubewahren. Aber als seine neue
Kirche um das Jahr 50 begann, sich weltweit zu verbreiten, sollten wir zu
Recht erwarten, dass wir einige Dokumente finden – und das tun wir
auch. Die paulinische Chronologie wirft für uns keine wirklichen
Probleme auf, außer dass die Briefe zwei oder drei Dekaden nach der
Kreuzigung auftauchen.

Die Evangelien sind jedoch für Christen sehr problematisch.
Betrachten Sie diese offensichtliche Frage: Warum brauchte jemand fast
40 Jahre, um aufzuschreiben, was Jesus gesagt hatte? Wäre das nicht das
*Erste* gewesen, was jemand getan hätte, sobald klar war, dass er in den
Himmel aufgefahren war? Was ist mit seinen 11 überlebenden Jüngern
(Judas natürlich nicht mitgerechnet)? Jeder von ihnen hätte jedes Wort,
jeden Laut, an den er sich von den Lippen seines Erlösers erinnern
konnte, aufschreiben müssen. Innerhalb eines Jahres nach Jesu Tod hätte
es 11 gut geschriebene, vollständige und konsistente Evangelien geben
müssen. Stattdessen haben wir – nichts. Die 11 Männer, jetzt Apostel,
verschwinden mehr oder weniger vom Erdboden. Keine Briefe, keine
Bücher, keine Gravuren, keine Grabsteine, keine Lebensgeschichten –
nichts.[6]

Dann kommt Paulus, und auch er gibt uns nichts über das Leben
Jesu. Nein – wir müssen 40 Jahre nach Jesu Tod warten, bis Markus
seine Lebensgeschichte und seine Lehren dokumentiert; vierzig Jahre
nach seinem Tod und 70 Jahre nach seiner Geburt. Nach allem, was man
hört, hat Markus Jesus nie gekannt oder getroffen. Daher erhielt er alle
Informationen aus zweiter, dritter oder vierter Hand. Wenn die
Informationen aufgeschrieben wurden, sind sie verloren. Wenn sie nicht
aufgeschrieben wurden, dann wurden sie mündlich weitergegeben, und

---

[6] Die Apostelgeschichte enthält einige Hinweise auf Petrus und Johannes, aber
wenig nachprüfbaren Inhalt.

das ist eine notorisch unzuverlässige Methode der Überlieferung. Man kann sich leicht vorstellen, dass die Geschichten von einem charismatischen Rabbi nach seinem Tod zu einem göttlichen Rabbi werden, dann zu einem „von Gott geliebten", dann zu einem gottähnlichen, dann sogar zu Gott selbst, wenn die Geschichten weitergegeben werden. Im Grunde genommen haben wir keine Möglichkeit festzustellen, wie genau Markus ist, und wir haben guten Grund zu der Annahme, dass er stark verändert ist und sich vielleicht auf einen Kern von eher gewöhnlichen Informationen über einen eher gewöhnlichen Jesus von Nazareth konzentriert. Die anderen Evangelien, die zeitlich später entstanden sind, sind noch weniger zuverlässig.

Aber es kommt noch schlimmer. Die Daten, die wir für die vier oben zitierten Evangelien haben, sind Vermutungen, die auf viel späteren Handschriften und Fragmenten beruhen. Es ist nicht so, dass wir ein „Original Markus" aus dem Jahr 70 haben. Nicht einmal annähernd. Der älteste existierende Teil von Markus ist das Fragment von Chester Beatty P[45], das etwa die Hälfte des Evangeliums enthält. Es stammt etwa aus dem Jahr 250. Wir wissen nicht, wie viele Änderungen, Übertragungsfehler oder andere Modifikationen in den dazwischen liegenden 180 Jahren stattgefunden haben könnten. Die älteste vollständige Abschrift des Markus-Evangeliums befindet sich im Vatikanischen Codex, der noch später, nämlich um das Jahr 350, entstanden ist. Die Hälfte des Markustextes wurde also 180 Jahre lang auf unbekannte Weise verändert, die andere Hälfte 280 Jahre lang. Und dennoch wird von uns erwartet, dass wir diesem Dokument als dem wörtlichen Wort Gottes volles Vertrauen entgegenbringen.

Das älteste Fragment eines Evangeliums ist Rylands P[52], ein Papyrusfetzen, der ein paar Worte aus dem Johannesevangelium enthält. Angeblich wird es auf das Jahr 125 datiert, aber dies basiert ausschließlich auf einer Handschriftenanalyse und nicht auf einer Kohlenstoffdatierung oder anderen physikalischen Techniken. Das früheste Matthäus-Fragment, P[104], das ebenfalls nur wenige Worte enthält, stammt aus dem Jahr 175. Das älteste Lukas-Fragment, P[75], auf etwa 200. Wir sehen, dass wir keinen Zugang zu einem der ursprünglichen Evangelien haben und dass alle über Jahrzehnte oder Jahrhunderte hinweg unbekannte Änderungen erfahren haben.

## Auftritt Josephus

Die Datierung der Evangelien stellt eine Art „internes" chronologisches Problem dar. Es gibt aber auch ein externes Problem. Es bezieht sich auf die Frage nach bestätigenden Beweisen von außerhalb des kirchlichen Bereichs. Oben habe ich gezeigt, dass wir für fast das gesamte erste Jahrhundert nur die Briefe des Paulus und die vier Evangelien haben. Und da es sich bei diesen Dokumenten um die fraglichen handelt, können sie nicht als eigene Bestätigung dienen. Wir brauchen etwas Unabhängiges, und genau das haben wir nicht.

Doch dann kam Josephus. Er wurde um das Jahr 37 geboren und war, wie alle jüdischen Eliten, Mitglied des Widerstands gegen Rom. Er kämpfte im ersten jüdisch-römischen Krieg und wurde im Jahr 67 gefangen genommen. Kaiser Vespasian beschloss, ihn im Jahr 69 freizulassen, um ihn als hochrangigen Sklaven und Übersetzer einzusetzen. Als Gegenleistung für seine bescheidene Freiheit stellte sich Josephus bereitwillig auf die Seite der Römer und änderte seinen Namen in Flavius Josephus. Im Laufe der Zeit schrieb er zwei wichtige Bücher: *Der Jüdische Krieg* (ca. 75) und *Altertümer der Juden* (ca. 93).[7] Der erste Teil erzählte die Geschichte des ersten jüdischen Krieges, der zweite Teil die Geschichte des jüdischen Volkes.

Als elitärer, gebildeter Jude, der kurz nach der Kreuzigung in Palästina lebte, war Josephus bestens geeignet, sich zu Jesus zu äußern. Er kannte alle Geschichten und Legenden in- und auswendig. Als Schriftsteller hätte er diese Ereignisse sicherlich in seinen Büchern festgehalten.

Was hat er also geschrieben? Sein erstes Buch, *Der Jüdische Krieg*, enthält nichts über Jesus oder die Christen. Zugegeben, das Thema war der Krieg und nicht die Religion, aber selbst dann wäre es schwierig gewesen, eine Erwähnung zu vermeiden, wenn er von Jesus gehört hätte. Die vernünftigste Schlussfolgerung ist, dass er ab dem Jahr 75 nichts mehr gehört hatte. Sein Schweigen zum Christentum ist unerklärlich, wenn die Jesus-Geschichte wahr ist, aber es ist genau so, wie man es

---

[7] Ein drittes wichtiges Werk, *Contra Apion*, wurde gegen Ende seines Lebens, um 100, verfasst.

erwartet, wenn die frühchristliche Bewegung, nun nach Paulus, kaum begonnen hatte.

Im Jahr 93 ändern sich die Dinge jedoch. Jetzt finden wir zum ersten Mal in der Geschichte eine unabhängige, nicht-christliche Bestätigung für eine tatsächlich existierende christliche Bewegung. In *Altertümer* schreibt Josephus einen Absatz und dann einen zusätzlichen Satz über die Christen. Hier ist die erste Passage, bekannt als das „Testimonium Flavium":

> Um diese Zeit lebte Jesus, ein weiser Mann, wenn man ihn überhaupt einen Mann nennen sollte. Denn er war einer, der erstaunliche Taten vollbrachte, und er war ein Lehrer solcher Menschen, die die Wahrheit gerne annehmen. Er gewann viele Juden und viele Griechen für sich. Er war der Christus. Und als Pilatus ihn auf die Anklage der wichtigsten Männer unter uns hin zum Kreuz verurteilt hatte, hörten die, die ihn zuerst liebgewonnen hatten, nicht auf. Er erschien ihnen am dritten Tag wieder lebendig, denn die Propheten Gottes hatten dies und tausend andere Wunder über ihn vorausgesagt. Und der Stamm der Christen, der nach ihm benannt wurde, ist bis zum heutigen Tag nicht verschwunden. (Buch 18, Kap. 3, 3)

Ein faszinierender Abschnitt, gewiss. Hier haben wir alle Grundlagen der christlichen Geschichte auf den Punkt gebracht. Und doch gibt es auch hier Probleme. Fast niemand akzeptiert, dass dieser Abschnitt ursprünglich von Josephus geschrieben wurde. Vielmehr haben die Literaturwissenschaftler festgestellt, dass die Worte zu einem späteren Zeitpunkt hinzugefügt oder geändert wurden. Aber die Experten sind sich nicht einig, was, wann und von wem geändert wurde. „Er war der Christus" scheint eine offensichtliche Interpolation (Einfügung) zu sein, aber es ist sehr wahrscheinlich, dass auch noch andere Änderungen vorgenommen wurden.

Leider haben wir, wie bei den meisten antiken Dokumenten, kein „Original". Was wir haben, sind Kopien von Kopien aus viel späterer Zeit. In diesem Fall stammt die älteste Abschrift dieser kritischen Passage von dem christlichen Apologeten Eusebius, etwa aus dem Jahr

324. Wir können uns nur vorstellen, was sich in den dazwischen liegenden 230 Jahren geändert hat.[8]

Der zweite Abschnitt bei Josephus enthält diese Zeile: „Albinus ... versammelte den Sanhedrin der Richter und brachte den Bruder Jesu, der Christus genannt wurde und Jakobus hieß, und einige andere vor sie" (Buch 20, Kap. 9, 1). Aber hier steht nichts mehr über Jesus. Der Hinweis auf einen Bruder Jakobus stimmt mit dem Brief des Paulus an die Galater überein: „Ich habe aber keinen der anderen Apostel gesehen außer Jakobus, den Bruder des Herrn" (Gal 1,19).[9]

Ich werde hier nicht über die Authentizität dieser Passagen diskutieren. Für meine Zwecke ist das nicht wirklich wichtig. Es ist keineswegs überraschend, dass es in den 90er Jahren nach Christus eine sichtbare christliche Bewegung geben würde. Aber nach allem, was man hört, war sie klein und unbedeutend, wenn man bedenkt, wie wenig Raum Josephus diesem Thema einräumt (unter der Annahme, dass das wenigsten einige dieser Worte tatsächlich von ihm stammen. Allerdings gibt ist recht wahrscheinlich, dass keines davon authentisch ist). Natürlich ist damit nicht bewiesen, dass irgendetwas von dem, worüber berichtet wird, tatsächlich passiert ist; es zeigt nur, dass jemand daran *geglaubt* hat, dass es passiert ist.

**Die Römische Sichtweise**

Josephus ist wichtig, weil er der erste Nichtchrist ist, der die Existenz einer christlichen Bewegung bestätigt, zumindest im späten ersten Jahrhundert nach Christus. Aber was ist mit den Römern? Ich habe bereits darauf hingewiesen, dass Pontius Pilatus offensichtlich nichts über Jesus geschrieben hat, und auch kein anderer früher römischer Kommentator. Schließlich kamen die Römer aber doch dazu, die neue Religion zu erwähnen, darunter drei wichtige Schriftsteller: Tacitus, Plinius der Jüngere und Sueton. Alle drei kommentierten kurz die Christen, etwa zur selben Zeit.

Tacitus wurde im Jahr 58 in einer aristokratischen Familie geboren. Zwischen 98 und 105 n. Chr. schrieb er vier Bücher, darunter das äußerst

---

[8] Das früheste vollständige Exemplar des Buches stammt aus den 1000er Jahren.
[9] Markus (6,3) erwähnt auch einen Bruder Jakobus, sowie die Brüder Joses, Judas und Simon.

wichtige Werk *Historien*. Zufälligerweise werden Jesus oder die Christen in keinem dieser Bücher auch nur erwähnt.

In seinem letzten Werk, den *Annalen*, die um 115 n. Chr. entstanden sind, finden sich jedoch zwei Sätze über sie. In Abschnitt 44 von Buch 15 lesen wir Folgendes:

> Um den Bericht loszuwerden, legte Nero die Schuld fest und fügte einer wegen ihrer Abscheulichkeiten verhassten Klasse, die von der Bevölkerung Christen genannt wurde, die köstlichsten Folterungen zu. Christus, von dem der Name stammt, erlitt während der Herrschaft des Tiberius durch einen unserer Prokuratoren, Pontius Pilatus, die äußerste Strafe, und ein höchst bösartiger Aberglaube, der so für den Augenblick eingedämmt wurde, brach nicht nur in Judäa, der ersten Quelle des Übels, sondern sogar in Rom wieder aus, wo alle abscheulichen und schändlichen Dinge aus allen Teilen der Welt ihren Mittelpunkt finden und populär werden.

Nero war offenbar bestrebt, jemandem die Schuld für den Großen Römischen Brand von 64 n. Chr. zu geben. Offenbar schob er die Schuld auf eine „verhasste" Gruppe, die Christen, „ein höchst bösartiger Aberglaube". Die Passage ist wahrscheinlich authentisch, aber dennoch seltsam, denn wir haben keinen anderen Hinweis auf Christen in Rom zur Zeit Neros oder darauf, dass Nero sie tatsächlich für irgendetwas verantwortlich machte. Vielleicht schreibt Tacitus auf, was er anderswo gehört oder gelesen hat und nicht in der Lage war, es selbst zu bestätigen.

Aber das ist hier nicht relevant. Was zählt, ist die verblüffende Tatsache, dass es bis zum Jahr 115 – 80 Jahre nach der Kreuzigung, fast 120 Jahre nach dem Geburtswunder – dauerte, bis der erste Römer die Christen dokumentierte. Und selbst dann gesteht er ihnen nur zwei Sätze zu.

Ein zweiter römischer Hinweis – und der dritte nicht-christliche – stammt von Plinius. Wie Tacitus war auch Plinius ein gebildeter und hochgebildeter Aristokrat. Im Jahr 110, im Alter von etwa 50 Jahren, hatte er das Amt des kaiserlichen Statthalters einer Provinz im Norden der heutigen Türkei übernommen. In einem Brief an Kaiser Trajan, der etwa zur gleichen Zeit wie Tacitus' *Annalen* entstand, schreibt er eine ausführliche Kritik an der christlichen Bewegung. In etwa fünf Absätzen erklärt Plinius die Notwendigkeit, die Christen zu unterdrücken, einschließlich der Hinrichtung von Nichtbürgern und der Verbringung von Bürgern zur Bestrafung nach Rom. Das Christentum wird als „verdorbener, exzessiver Aberglaube" beschrieben, und Plinius ist besorgt, dass sich die „Ansteckung durch diesen Aberglauben" ausbreitet. Dennoch hält er es für „möglich, ihn zu kontrollieren und zu heilen". Der vollständige Text ist in Anhang C wiedergegeben.

Abgesehen von Plinius' Vorschlägen finden wir hier einen faszinierenden Bericht über eine wachsende, aber lästige neue Religion. Die Römer waren im Allgemeinen tolerant gegenüber anderen Religionen, und so müssen wir zu dem Schluss kommen, dass diese Gruppe etwas besonders Problematisches an sich hatte. Vielleicht war es ihre jüdische Herkunft oder die Tatsache, dass sie besonders abstoßende Werte vertraten. Uns fehlen hier die Details, um die Ursache der Feindschaft zu bestimmen.

Die dritte Erwähnung – bestehend aus nur zwei isolierten Sätzen in seinem Buch *Die Zwölf Cäsaren* (*The Twelve Caesars*) – stammt von dem Schriftsteller und Beamten Sueton, den ich beiläufig in einer Anmerkung in Kapitel 2 erwähnt habe. Der erste Satz lautet:

> Wegen kontinuierlicher Unruhen der Juden in Rom angestiftet von Chrestus, vertrieb er [Claudius] sie aus der Stadt. (V. 25)

Der Name „Chrestus" ist seit Jahrhunderten Quell mancher Spekulation. War es ein Schreibfehler von „Christus", wie allgemein angenommen? Oder eine ganz andere und unbekannte Person?

Der zweite Satz kommt später im Kapitel über Nero und erinnert an (oder kopiert?) Tacitus:

> Bestrafungen wurden den Christen auferlegt [während Neros Regentschaft], eine Sekte, die einen neuen und boshaften religiösen Glauben propagiert… (VI.16)

Man fragt sich, was genau der „neue und boshafte" Glaube der Christen war. Auf jeden Fall ist allen drei Kommentaren gemeinsam, dass (a) die frühen Christen Juden waren, (b) sie abergläubisch waren, (c) sie Unruhestifter waren und (d) sie bestraft werden mussten. Es scheint klar zu sein, dass die ersten Christen keine einfachen Apostel der Liebe waren. In dieser Gruppe ging noch etwas anderes vor sich, das die Römer als wirklich ärgerlich empfanden, ja als eine Art Bedrohung für die soziale oder moralische Ordnung.

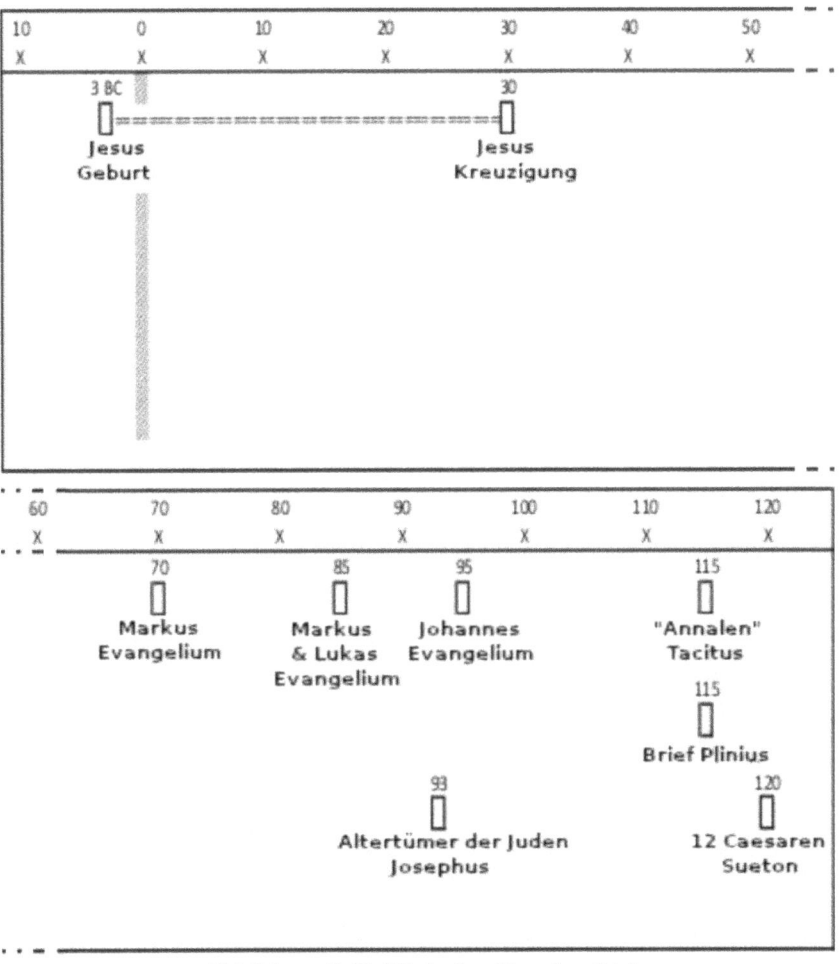

**Abbildung 5: Zeitlinie der Beweismittel**

Auch hier kann es hilfreich sein, eine einfache Zeitleiste dieser Ereignisse darzustellen. Siehe Abbildung 5. Wir sehen hier grafisch, wie weit entfernt die bestätigenden Quellen liegen: die eine (fragwürdige) Erwähnung bei Josephus im Jahr 93, und die römischen Zitate in 115 und 120. Ich betone, dass dies die einzigen unabhängigen und damit unvoreingenommenen Quellen sind, die uns vor dem Jahr 120 zur Verfügung stehen, die auch nur die Existenz einer christlichen Bewegung oder einer Person namens Jesus bestätigen.

## Das Talpiot-Grab

Eine interessante archäologische Entdeckung wurde 1980 im Stadtteil Talpiot von Jerusalem gemacht. Ein versiegeltes Grab, etwa so groß wie ein typischer moderner Sarg, wurde freigelegt, und darin befanden sich 10 Ossuarien – kleine Kästen, die menschliche Knochen enthielten. Sechs der Ossuarien trugen Inschriften die kaum lesbar, aber dennoch faszinierend waren. Eine schien zu lauten: *Jeschua bar Yehosef* („Jeshua [Jesus], Sohn von Josef"). Aber natürlich gab es viele mit den Namen Jesus und Josef, also beweist das allein nichts.

Aber es wurden noch fünf weitere Namen im Grab gefunden, darunter *Yoseh* (Joses), *Mariamene Mara* (Miriam 'die Frau'), *Yehuda bar Yeshua* (Judah, Sohn von Jesus[!]), *Maria* (Maria/Mary) und *Matya* (Matthew). Diese Angaben sind recht erstaunlich, denn sie legen nahe, dass wir vielleicht die Gebeine von Jesus und seiner Mutter Maria haben. Außerdem deutet dies darauf hin, dass Jesus einen Sohn, Juda, hatte, der ansonsten in der Geschichte völlig unbekannt ist. Und wenn Jesus einen Sohn hatte, dann hatte er auch eine Partnerin oder sogar Ehefrau, bei der es sich um die Mariamene handeln könnte, die einige mit der biblischen Maria Magdalena identifiziert haben. Es besteht also die Möglichkeit, dass wir hier die sterblichen Überreste nicht nur von Jesus, sondern von mehreren wichtigen Mitgliedern seiner Familie haben, einschließlich der Jungfrau Maria und Jesu eigenem, bisher unbekanntem Sohn! Dies ist zweifellos ein bemerkenswerter Fund.

Diese ganze Geschichte ist von James Tabor und Simca Jacobovici in ihrem 2012 erschienenen Buch *Die Jesus-Entdeckung* (*The Jesus Discovery*) gut dokumentiert. Als zusätzlichen Beweis dafür, dass es sich um den tatsächlichen Jesus von Nazareth handelt, merken die Autoren an, dass „Joses" ein seltener Spitzname für „Josef" ist und in der antiken Welt nur selten vorkam. Und doch lesen wir in Markus (6,3), dass einer der Brüder Jesu tatsächlich Joses hieß.

Und dann haben wir noch die 'Mariamene Mara'. Die normale antike Form von „Maria" ist „Mariame". Das hinzugefügte 'ne' ist höchst ungewöhnlich und stellt offenbar einen Ausdruck der Zuneigung oder besonderen Zärtlichkeit dar. Die Variante „Mariamene" ist in der antiken christlichen Literatur sehr selten, kommt aber zweimal vor (bei Hippolyt und in der Philipper-Akte), wobei sich beide Male bemerkenswerterweise ausdrücklich auf Maria Magdalena beziehen. Und das „Mara" ist nach Ansicht der Autoren ein Ehrentitel, so etwas wie „Herr" oder, in diesem Fall „Frau", bzw. „Dame".

Was ist von all dem zu halten? Möglicherweise handelt es sich um den größten archäologischen Fund der Geschichte. Aber es überrascht nicht, dass die christliche Orthodoxie davon unbeeindruckt ist. Sie lehnen die These vom „Grab Jesu" fast einheitlich ab. Tabor und Jacobovici erörtern fünf gängige Einwände der Experten: (1) Die Namen sind gebräuchlich und daher nichts Außergewöhnliches; (2) der echte Jesus hatte weder Frau noch Kinder; (3) Jesus war zu arm, um sich ein Beinhaus und ein Familiengrab leisten zu können; (4) Jesus wäre in Nazareth und nicht in Jerusalem begraben worden; und (5) Jesus ist leibhaftig auferstanden und kann daher keine physischen Überreste, wie etwa Knochen, hinterlassen haben.[10]

Ihre Antworten in Kürze: (1) Die einzelnen Namen sind ziemlich häufig, aber diese besondere Kombination, die so genau mit dem NT übereinstimmt, ist extrem unwahrscheinlich; (2) Paulus und die Evangelienschreiber wussten entweder nichts von der Frau und dem Kind, oder, was wahrscheinlicher ist, sie wussten es, unterdrückten aber die Tatsachen – mit anderen Worten, mehr Lügen! (3) ein wohlhabender Unterstützer, vielleicht Josef von Arimathäa, sorgte für das Grab; (4) das jüdische Gesetz verbot den Transport von Leichen, und so wurden die meisten Juden dort begraben, wo sie starben; und (5) die Auferstehung war spirituell, nicht physisch. Wichtig ist, dass all dies den Autoren erlaubt, eine Art Kompatibilität mit dem traditionellen Christentum aufrechtzuerhalten. Sie versuchen nicht, die orthodoxe Sichtweise umzustoßen, und sie decken keine Schwindler oder Lügner auf.

Mehr noch, dieser ganze Bericht passt perfekt zu meiner Schwindel-These. Meiner Ansicht nach hätte Jesus als gewöhnlicher sterblicher Rabbi im Alter von 33 Jahren wahrscheinlich schon eine Frau und ein Kind gehabt. Aber wenn Paulus und seine Freunde beschlossen hatten,

---

[10] Siehe Tabor and Jacobovici (2012: 123).

ihn als zölibatären göttlichen Erlöser darzustellen, um sowohl seine „Reinheit" zu demonstrieren als auch, was noch wichtiger ist, um seinen heidnischen Anhängern als Vorbild zu dienen – wie ich in Kapitel 6 ausführe –, dann wollten sie sicherlich keine Ehefrau und kein Kind von Jesus anerkennen. Und da sie sich die Dinge größtenteils selbst ausgedacht hatten, war es kein Problem, ein Kind zu streichen oder eine weibliche Partnerin wie Maria Magdalena in eine Nebenrolle zu drängen.

Vor allem aber zeigt die bloße Tatsache, dass wir (anscheinend) die Gebeine Jesu haben, dass er nicht körperlich auferstanden ist, sondern wie alle anderen Juden dieser Zeit gestorben und begraben wurde. Das ist genau das, was ich vorgeschlagen habe. Und nichts auf den Ossuarien deutet darauf hin, dass er ein Wundermann, ein Sohn Gottes oder etwas Ähnliches war – genau wie ich es vorgeschlagen habe. Natürlich wissen wir nicht, ob es sich tatsächlich um das wahre Jesus-Ossuarium handelt, und es scheint wenig Interesse daran zu geben, dies herauszufinden – natürlich, da alle Beteiligten wenig Grund haben, die traditionelle Geschichte zu verwerfen und somit Betrüger wie Paulus und die Verfasser der Evangelien zu beschuldigen. Die Frage bleibt offen. Aber es ist auffällig, dass alle archäologischen Beweise, die bisher ans Licht gekommen sind, eher für eine Jesus-Schwindel-Theorie sprechen als für eine Wundertäter-Gottessohn-Geschichte.

In diesem Kapitel hoffe ich gezeigt zu haben, dass der völlige Mangel an erwarteten Beweisen für den biblischen Jesus belastend ist, und dass das, was wir an Beweisen haben, auf seine eigene Weise ebenso belastend ist. So wie es aussieht, gibt es nichts, was für die christliche Auffassung der Geschichte spricht. Es ist eine Lose-Lose-Situation. Daher ist die einzige vernünftige Schlussfolgerung, dass die traditionelle Jesus-Geschichte falsch sein muss.

Und doch geschah *etwas*. Wir wissen mit Sicherheit, dass Mitte der 90er oder spätestens Anfang der 100er Jahre die Christen auf sich aufmerksam machten und dem Reich Schwierigkeiten bereiteten. Wir sind uns ziemlich sicher, dass Paulus zwischen Mitte der 30er und Ende der 60er Jahre lebte und schrieb, und dass die Evangelien erstmals zwischen 70 und 95 erschienen. Jetzt geht es darum, die Einzelheiten dessen zu rekonstruieren, was tatsächlich geschehen sein könnte.

Aber zunächst müssen wir noch ein wenig Vorarbeit leisten. Wir wissen, dass die ersten Christen alle Juden waren, von Jesus und Maria bis hin zu den Aposteln und Evangelisten. Wir wissen, dass die Juden seit Beginn der römischen Besatzung im Jahr 63 v. Chr. unter Druck standen. Was wir noch untersuchen müssen, ist, *warum* die Juden Rom so feindselig gegenüberstanden, wie tief ihr Hass war und wie weit zumindest einige von ihnen bereit waren zu gehen, um die Römer zu vertreiben. Die Haltung der Juden gegenüber anderen und die Haltung der anderen ihnen gegenüber muss geklärt werden, damit wir das Milieu besser verstehen können, in dem Paulus und seine Freunde einen solch monumentalen Jesus-Schwindel konstruieren konnten.

# KAPITEL 4

# EINER GEGEN ALLE

In den Anfangsjahren des Christentums stehen die Juden im Mittelpunkt. Wie ich bereits gezeigt habe, sind die gesamte frühchristliche Bewegung und die gesamte Bibel selbst durch und durch jüdisch. Wir haben gesehen, dass die traditionelle Jesus-Geschichte aufgrund des Mangels an zeitgenössischen Beweisen und der vielen internen und externen Chronologieprobleme nicht wahr sein kann.

Untersuchen wir nun zunächst, wie die Juden sich selbst und andere sahen. Dann werden wir einen Blick darauf werfen, wie andere – vor allem Griechen und Römer – sie sahen. Das Verständnis dieser Haltungen auf beiden Seiten ist entscheidend für eine richtige Sichtweise der Ursprünge des Christentums. Ohne dieses Wissen können wir niemals zu korrekten und rationalen Schlussfolgerungen über das Wesen dieser neuen „Religion der Liebe" kommen. Daher verdient dieses ganze Thema eine ausführliche Erörterung in diesem Kapitel.

Um den Kontext des Christentums richtig zu verstehen, müssen wir die jüdischen Einstellungen kennen. Zu unserem Glück sind die jüdischen Einstellungen in der Bibel klar dokumentiert. Wir können dort einfach durch das Lesen des alttestamentlichen Textes sehen, wie sie über sich selbst und die anderen Nationen – die Nicht-Juden, die Heiden – dachten.

In meiner Analyse stelle ich fest, dass zwei miteinander verbundene jüdische Merkmale für diese ganze Diskussion von zentraler Bedeutung sind: (1) das Streben nach „Herrschaft" oder Weltherrschaft und (2) Misanthropie – Abneigung oder Hass gegen die heidnische Menschheit. Beide sind im Alten Testament gut dokumentiert und sie sind ebenso auffällig wie folgenreich. Sie haben weitreichende Auswirkungen auf die heutige Zeit, weit jenseits der Grenzen des Christentums.

**Jüdische Einstellungen 1: Herrschaft**

Lassen Sie mich mit dem Aspekt der Herrschaft beginnen. Es ist bekannt, dass wir am Anfang der Bibel, im Buch Genesis, überraschende und aufschlussreiche Passagen über Herrschaft und Kontrolle über die Erde finden. Die erste einschlägige Passage findet sich sogar am Anfang des Buches Genesis, und zwar gleich auf der ersten Seite der Bibel. In Gen 1,26 lesen wir Folgendes:

> Und Gott sprach: „Lasset uns Menschen machen nach unserem Bilde, die da herrschen über die Fische im Meer und über die Vögel unter dem Himmel und über das Vieh, über die ganze Erde und über alles Gewürm, das auf Erden kriecht." ... Und Gott segnete sie [Adam und Eva] und sprach zu ihnen: „Seid fruchtbar und mehret euch; *füllet die Erde und machet sie euch untertan; herrschet* über die Fische im Meer und über die Vögel unter dem Himmel und über alles Getier, das auf Erden kriecht." (1,26-28)

Der Textabschnitt ist klar und eindeutig, aber trotzdem haben sich einige über die genaue Bedeutung dieser „Herrschaft" gestritten. Auf der positiven Seite sehen einige es als einen Aufruf an die Menschheit, Verwalter und Hüter der Erde zu sein; auf der negativen Seite, jedes Lebewesen für menschliche Zwecke zu enteignen und zu nutzen. Aber unabhängig davon, ob es sich um eine „gute" oder eine „schlechte" Herrschaft handelt, ist es eine Herrschaft. Gott hat die Menschen – oder zumindest die von ihm Auserwählten – angewiesen, die Erde zu beherrschen und sich untertan zu machen.

Ein paar Seiten später in der Genesis, nach der großen Flut, spricht Gott zu Noah:

> Und Gott segnete Noah und seine Söhne und sprach zu ihnen: „Seid fruchtbar und mehret euch, und füllet die Erde. Und alle Tiere auf Erden, alle Vögel unter dem Himmel, alles, was sich auf Erden regt, und alle Fische im Meer sollen sich *vor euch fürchten und sich vor euch ängstigen.* Sie sind in deine Hand gegeben. Alles, was sich bewegt und lebt, soll euch zur Nahrung dienen. Ich habe dir alles gegeben, auch das grüne Kraut." (9,1-3)

So viel zur „guten" Herrschaft. Alles ist für *uns,* alles ist unsere *Nahrung.* Gott hat *uns alles gegeben* – oder zumindest seinen Auserwählten.

Nur eine Seite später kommt Abram/Abraham ins Blickfeld. Er ist eindeutig Gottes Liebling. Gott sagt zu ihm: „Deinen Nachkommen will ich dieses Land [Kanaan/Palästina] geben" (1. Mose 12,7) – oder zumindest seinen *auserwählten* Nachkommen. In 1. Mose 17,5 benennt Gott Abram dann in Abraham um. Dann gibt Gott ihm ein Versprechen:

> Ich will meinen Bund zwischen mir und dir und deinen Nachkommen nach dir errichten, von Geschlecht zu Geschlecht, als einen ewigen Bund ... Und ich will dir und deinen Nachkommen nach dir das Land, in dem du wohnst, das ganze Land Kanaan, zum ewigen Besitz geben. (17,7-8)

Als Zeichen (Gott braucht einen Beweis?) unserer Verpflichtung verlangt er, dass Abrahams männliche Nachkommen beschnitten werden; wer nicht beschnitten ist, wird „von seinem Volk ausgemerzt" und wird sich Gottes Ungnade zuziehen. Gott führt das weiter aus:

> Am Fleisch eurer Vorhaut müsst ihr euch beschneiden lassen. Das soll geschehen zum Zeichen des Bundes zwischen mir und euch. Alle männlichen Kinder bei euch müssen, sobald sie acht Tage alt sind, beschnitten werden in jeder eurer Generationen… Beschnitten muss sein der in deinem Haus Geborene und der um Geld Erworbene. So soll mein Bund, dessen Zeichen ihr an eurem Fleisch tragt, ein ewiger Bund sein. Ein Unbeschnittener, eine männliche Person, die am Fleisch ihrer Vorhaut nicht beschnitten ist, soll aus ihrem Stammesverband ausgemerzt werden. Er hat meinen Bund gebrochen. (Gen 17,11-14)

Jetzt ist also klar, wer die Gesegneten und Auserwählten sind: die Beschnittenen. Sie sind diejenigen, denen Großes versprochen wurde; sie sind diejenigen, denen die Herrschaft über die Erde zugesprochen wurde.[1]

Einige Kapitel später wird das ganze Konzept der Herrschaft noch klarer. In Kapitel 27 spricht Isaak zu seinem Sohn Jakob/Israel:

---

[1] Anders als heute waren damals praktisch nur Juden beschnitten. Das war ein so eindeutiges Kennzeichen, dass es Berichte gibt, in denen die Römer jüdische Männer zwangen, sich nackt auszuziehen, um festzustellen, ob sie Juden waren.

> Gott gebe dir vom Tau des Himmels und von der Fülle der Erde ...
> Völker sollen dir dienen, und Nationen sollen sich vor dir
> niederwerfen. (Gen 27,28-28)

Mit den „Völkern" sind die Nicht-Juden gemeint, die Heiden oder,
weniger höflich ausgedrückt, die Gojim. Sie werden dir dienen,
Jakob/Israel und sie werden sich vor dir verneigen. Das ist das Wesen
deiner von Gott gegebenen Vorherrschaft.

**Moses betritt die Bühne**

Als Nächstes widmen wir uns dem Buch Exodus, wo wir von den vielen
Mühen des Mose lesen. Nachdem Mose und sein Volk Ägypten
verlassen und den Sinai erreicht haben, spricht Gott zu ihm und erklärt
ihm die besondere Natur der Israeliten:

> Ihr [Juden] sollt mein Eigentum sein unter allen Völkern. Denn
> die ganze Erde ist mein, und ihr sollt für mich ein Königreich von
> Priestern und ein heiliges Volk sein. (Ex 19,5-6)

Gott gehört die Erde, und die jüdischen Priester sind seine Vertreter, sein
„heiliges Volk" hier in dieser Welt. Einige Kapitel später spricht Mose
zu Gott und bestätigt den „besonderen Status" der Juden: „Wir
unterscheiden uns ... von allen anderen Völkern, die es auf der Erde gibt"
(Ex 33,16).

Im fünften und letzten „Buch Mose", dem Deuteronomium, erhalten wir schließlich sehr deutliche Erklärungen zur jüdischen Herrschaft. Dort erklärt Gott:

> Ich will die Völker unter dem ganzen Himmel vor dir in Furcht
> und Schrecken versetzen, und sie sollen vor dir zittern und in
> Angst und Schrecken geraten. (Dtn 2,25)

Die jüdische Herrschaft wird etwas Schreckliches sein, etwas Furcht-
bares. Die jüdische Herrschaft wird unter den Heiden große Angst
auslösen. Gott verspricht den Juden außerdem „Häuser voll guter Dinge,
die ihr nicht gefüllt habt, und ausgehobene Zisternen, die ihr nicht

gehauen habt, und Weinberge und Ölbäume, die ihr nicht gepflanzt habt" (Dtn 6,11). Diese „guten Dinge" kommen von den Heiden, den Gojim, die vor den furchterregenden jüdischen Herrschern niederknien werden.

Ein paar Kapitel später lesen wir dann die verhängnisvollen Worte:

> [Mose erinnert sich an die Worte Gottes]: „Denn du bist ein Volk, das dem Herrn, deinem Gott, heilig ist. Der Herr, dein Gott, hat dich aus allen Völkern, die auf der Erde sind, zu einem Volk erwählt, das ihm gehört." (Dtn 7,6, wiederholt in 14,2)

Wenn es irgendeinen Widerstand gibt, wird der Gott der Juden eingreifen und seinen göttlichen Zorn ausüben:

> Und der Herr, dein Gott, wird die Hornisse unter sie [die Heiden] schicken, bis auch die Überlebenden, die sich vor dir verstecken, umgekommen sind. Fürchte dich nicht vor ihnen. Denn der Herr, dein Gott, der unter dir ist, ist ein großer und furchtbarer Gott. Der Herr, dein Gott, wird diese [heidnischen] Völker vor dir vertreiben, Stück für Stück. Du wirst sie nicht alle auf einmal ausrotten können, sonst werden sich die wilden Tiere um dich herum vermehren. Aber der Herr, dein Gott, wird sie dir ausliefern und sie in große Verwirrung stürzen, bis sie vernichtet sind. Er wird ihre Könige in deine Hand geben, und du wirst ihre Namen unter dem Himmel auslöschen. Niemand wird sich gegen dich erheben können. Du wirst sie vernichten. Die Bilder ihrer Götter sollst du im Feuer verbrennen. (Dtn 7,20-25)

Zusammenfassend sagt Mose zu seinen Hebräern: „Du sollst über viele Völker herrschen" (Dtn 15,6).[2] Und tatsächlich: „Sie werden sich vor dir fürchten" (Dtn 28,10). Das ist das Wesen der jüdischen Herrschaft. Offensichtlich soll nicht „der Mensch" herrschen, sondern der „jüdische Mensch", der Hebräer, der Israelit.

Die Tora ist nicht die einzige Stelle im Alten Testament, wo wir die hässliche Wahrheit über die jüdische Herrschaft erfahren. Das Buch

---

[2] Vor allem die Herrschaft durch Leihzinsen: „Du sollst vielen Völkern leihen, aber du sollst nicht borgen." Dies hat faszinierende Auswirkungen auf die heutige Zeit.

Jesaja ist in dieser Hinsicht besonders unverblümt. Dort lesen wir solche Passagen wie die folgende:

- „Diejenigen, die gegen dich kämpfen, werden wie nichts sein und umkommen" (41,11).
- „Könige werden deine Pflegeväter sein... Mit dem Gesicht zur Erde werden sie sich vor dir verneigen und den Staub von deinen Füßen lecken" (49,23).
- „Der Reichtum der Völker wird zu dir kommen" (60,5).
- „Fremde werden deine Mauern errichten, und ihre Könige werden dir dienen, ... damit man dir den Reichtum der Völker bringt" (60,10-11).
- „Du sollst die Milch der Völker saugen" (60,16).
- „Heiden werden stehen und deine Herden weiden, Ausländer werden deine Pflüger und Weingärtner sein... du wirst den Reichtum der Völker essen" (61,5-6).

Eine schöne Zukunft, wenn man zufällig Jude ist, aber nicht so schön, wenn man zu den anderen 99,8 % der Menschheit gehört.

Abgesehen von diesen verschiedenen Stellen bei Jesaja gibt es im gesamten Alten Testament verstreute Hinweise auf die Weltherrschaft und -kontrolle. Zum Beispiel:

- „Was ist der Mensch, dass Du seiner gedenkst, und der Menschensohn, dass Du ihn besuchst? Denn du hast ihn ein wenig niedriger gemacht als die Engel, und du hast ihn mit Herrlichkeit und Ehre gekrönt. Du hast ihn zum Herrscher über die Werke deiner Hände gemacht; du hast ihm alles unter die Füße gelegt, alle Schafe und Rinder, auch die Tiere des Feldes, die Vögel des Himmels und die Fische des Meeres, die durch die Meere ziehen." (Psalmen 8,4-8)
- Der Herr spricht zu meinem Herrn: „Setze dich zu meiner Rechten, bis ich deine Feinde zum Schemel für deine Füße mache." Der Herr wird dein mächtiges Zepter vom Zion aus ausstrecken und sagen: „Herrsche inmitten deiner Feinde!" (Psalmen 110,1-2)

- Das sagt der Herr, der Allmächtige: „In jenen Tagen werden zehn Völker aus allen Sprachen und Nationen einen Juden am Saum seines Gewandes festhalten und sagen: 'Lasst uns mit euch ziehen, denn wir haben gehört, dass Gott mit euch ist'". (Sacharja 8,23)

Ich habe dieses Kapitel mit einer Erörterung der Herrschaftsfrage begonnen, und nun ist die jüdische Absicht klar: Juden hoffen und glauben, dass sie „die Welt beherrschen" werden und dass Gott ihnen den Auftrag dazu gegeben hat. Dies wird in den wesentlichen Büchern des Pentateuch, in Jesaja und an anderen Stellen des Alten Testaments wiederholt zum Ausdruck gebracht. Aber wir sehen schon, dass dies automatisch zu einem Überlegenheitskomplex und damit zu einer notwendigen Herabsetzung der Nicht-Juden führt. Wenn die Juden besonders und anders sind, wenn sie auserwählt und gesegnet sind, dann sind alle anderen zwangsläufig nicht auserwählt und nicht gesegnet. Wenn Juden in den Augen Gottes Menschen erster Klasse sind, dann sind alle anderen bestenfalls Menschen zweiter Klasse. Es ist eine Sache, ein Herrscher über andere zu sein, aber es ist etwas ganz anderes, wenn man mit eiserner Faust regiert. Und wenn eines klar ist, dann ist es, dass Juden mit eiserner Faust regieren sollen. Die Nichtjuden werden in „Furcht", „Schrecken" und „Angst" leben. Die Juden werden sich der Produkte der harten Arbeit der Nichtjuden bemächtigen. Und wenn die heidnischen Könige „den Juden die Füße lecken" werden, was haben wir dann noch zu erwarten? Es ist schonungslos, brutal durchschaubar: Nach alttestamentlicher Auffassung sind die Nichtjuden niedrige, verachtens- werte Geschöpfe, die nur dazu geeignet sind, ihren jüdischen Oberherren zu dienen.

**Jüdische Einstellungen 2: Menschenhass**

Eine solche Sichtweise hat einen Namen: *Misanthropie*, oder Hass auf die (nicht-jüdische) Menschheit. Sie war in der antiken Welt beispiellos, und tatsächlich scheinen die Hebräer das Konzept geradezu erfunden zu haben. Misanthropie zieht sich wie ein roter Faden durch das Alte Testament: Die Juden sind etwas Besonderes, etwas Besseres, etwas anderes, etwas „Auserwähltes", und die Heiden sind etwas weit weniger

Gutes. Man könnte es jüdischen Vormachtanspruch nennen – die Vorstellung, dass Juden allen anderen Menschen überlegen sind und sein sollten. Dies würde bei jeder anderen Ethnie – insbesondere bei den Weißen – als verwerflich gelten, aber hier, da es in der [jüdischen] Bibel steht, geht es ohne Kommentar durch. Und praktischerweise haben die Juden eine Ausrede parat: *Es ist nicht unsere Idee, es wurde von Gott bestimmt. Was können wir dagegen tun?* Jeder, der das als gültige Erklärung akzeptiert, hat keine Hoffnung mehr.

Natürlich müssen wir uns darüber im Klaren sein, dass all dies wirklich die eigene jüdische Sichtweise ist. Niemand glaubt, dass Gott buchstäblich zu Abraham oder Mose kam und diese Dinge sagte. Diese religiösen Dokumente spiegeln wider, wie die Juden sich selbst sahen und immer noch sehen. Sie sahen sich selbst als etwas Besonderes, etwas anderes, etwas „Auserwähltes", und so legten sie diese Ideen in den Mund ihres Gottes, Jahwe. Sicherlich würde niemand einem Volk den Stolz auf sich selbst absprechen. Aber diese extremen Aussagen gehen weit über das normale Maß hinaus. Sie deuten auf eine Art Selbstverliebtheit, eine Selbstverherrlichung, vielleicht einen Narzissmus, vielleicht eine Einbildung hin. Vom Schöpfer des Universums auserwählt zu sein und das Recht zu haben, rücksichtslos über alle anderen Völker zu herrschen, zeugt von einer Art Größenwahn, der in der Geschichte beispiellos ist.

„Aber was ist mit den Zehn Geboten?", fragt der Apologet als Verteidiger.[3] „Du sollst Vater und Mutter ehren? Du sollst nicht töten? Du sollst nicht stehlen? Du sollst nicht lügen? Du sollst nicht begehren deines Nächsten Weib? Wo ist der Vormachtanspruch in all dem? Wo ist die Misanthropie?" Derjenige, der dieses Argument vorbringt, vergisst die erste Regel des Alten Testaments: Es wurde von Juden, über Juden und für Juden geschrieben. „Du sollst nicht töten" bedeutet „töte keinen Mitjuden"; Nichtjuden sind von dieser Regel ausgenommen. „Du sollst nicht stehlen" bedeutet „...von einem jüdischen Mitbürger". „Du sollst nicht lügen" bedeutet „...gegenüber einem jüdischen Mitbürger". Die Gebote 9 und 10 sind insofern eindeutig, als sie sagen: „Du sollst kein falsches Zeugnis gegen deinen Nächsten ablegen" und „Du sollst nicht begehren deines Nächsten Haus, Frau usw." Der „Nächste" des Juden ist

---

[3] Siehe Exodus 20,1-17.

natürlich sein jüdischer Mitbürger. Nietzsche hat dies klar verstanden: „»der Nächste« eigentlich der Glaubensgenosse, der Jude".[4]

Die 10 Gebote sind nicht für Nichtjuden gedacht, sondern sind *Regeln für Juden*. Das gesamte Alte Testament war nicht für Heiden gedacht, sondern *nur für Juden*. Einmal in diesem Licht betrachtet, ändert das alles.

## Misanthropie: Das Zeugnis

Ganz klar, sobald andere Menschen mit diesen Ideen und den daraus abgeleiteten Haltungen in Berührung kamen, musste man mit einer Gegenreaktion rechnen. Und die gab es. Daher finden wir seit Jahrhunderten immer wieder Meinungen von nichtjüdischen Beobachtern, die sich abgestoßen fühlen von solch Arroganz und Menschenhass.

Das erste Anzeichen für Schwierigkeiten ist die allererste Erwähnung eines Volkes namens „Israel". Wie ich zuvor erwähnt habe, gibt es einen großen eingemeißelten Stein, die Merneptah-Stele, aus der Zeit um 1200 v. Chr., der auf dieses Volk hinweist. Die eine relevante Zeile ist diese: „Israel ist verwüstet, und sein Same ist nicht." Offensichtlich gab es zu dieser Zeit ein Volk namens Israel, das in einen Konflikt mit den Leuten geriet, die den Stein gemeißelt hatten, und Israel wurde schwer besiegt. Es ist schwer, mehr daraus zu schließen, aber dies ist eindeutig ein ungünstiger Anfang für das jüdische Volk.

Ein zweiter antiker, ebenfalls negativer Hinweis stammt von einem anderen Stein, der Stele von Tel Dan. Diese um 850 v. Chr. geschnitzte Gravur zeigt einen König Hasael, der sich seines Sieges über die Könige von Israel und das „Haus David" rühmt. Offenbar hatte Israel in der Vergangenheit das Land seines Vaters überfallen, und Hasael wollte sich nun rächen. Die Einzelheiten sind unklar, aber es ist klar, dass Israel wieder einmal ein kriegerisches Volk war und einen hohen Preis dafür zahlte.

Als nächstes wenden wir uns der Bibel selbst und der Geschichte des Exodus zu. Zu Beginn des Buches lesen wir, dass die Juden immer noch in Ägypten sind, nachdem sie am Ende der Genesis dorthin gereist

---

[4] *Der Antichrist*, Abs. 33.

sind. Ein namenloser neuer Pharao taucht auf, und er hat ein Problem mit den Juden. „Seht", sagt er, „das Volk Israel ist zu zahlreich und zu mächtig für uns. Kommt, lasst uns klug mit ihnen umgehen, damit sie sich nicht vermehren und sich im Falle eines Krieges unseren Feinden anschließen und gegen uns kämpfen" (Ex 1,10). Überhaupt „fürchteten die Ägypter das Volk Israel" (1,12). Schließlich vertreibt der Pharao Mose und die Juden aus Ägypten nach Palästina, wo sie um 1000 v. Chr. das Königreich Davids errichten.

Es sollte klar sein, dass Massenvertreibungen schon damals ein außergewöhnliches Ereignis waren, das nicht leichtfertig unternommen werden durfte. Offensichtlich gab es etwas an den Juden – vielleicht ihre Arroganz, vielleicht ihr Betrug, vielleicht, wie der Pharao sagte, ihre Untreue gegenüber ihrem Gastland -, das diese Aktion verursachte. Im Folgenden werde ich einige spätere und erhellende Kommentare zu diesem besonderen Ereignis zitieren.

Ein weiterer aufschlussreicher Vorfall ereignete sich im Jahr 410 v. Chr. in der Stadt Elephantine im Süden Ägyptens. Dort gab es seit etwa 650 v. Chr. eine jüdische Gemeinde und einen Tempel. 525 v. Chr. fiel der persische König Kambyses ein und gliederte das Gebiet in sein Reich ein. Als pragmatische Menschen verbündeten sich die Juden schnell mit dem neuen Herrscher, was jedoch den negativen Effekt hatte, dass sie sich auf die Seite der fremden Eindringlinge und gegen die einheimischen Ägypter stellten. Peter Schafer schreibt: „Die Juden sind die Unterstützer der verhassten Fremdherrschaft und beteiligen sich nicht am Kampf gegen die Unterdrücker".[5] Darüber hinaus waren *nur* die Juden das Ziel: „[O]bwohl in Elephantine Angehörige verschiedener Ethnien stationiert waren, richtete sich die Feindseligkeit der ägyptischen Priester ausschließlich gegen die Juden".[6] Trotz der offiziellen An-weisung, die jüdische Gemeinde zu unterstützen, fand der örtliche persische Befehlshaber Vidranga sie anstößig und in der Tat unerträglich; er stellte sich bald *auf die Seite der ägyptischen Rebellen* gegen die Juden. Vidranga plünderte und zerstörte den jüdischen Tempel im Jahr 410 v. Chr. Wieder einmal scheinen sich die Juden dort, wo sie sich unter anderen Völkern niederließen, Feinde gemacht zu haben.

---

[5] (1997: 134).
[6] (ibid: 135).

Die ersten Außenstehenden, die sich ausdrücklich zu den Juden äußerten, waren die Griechen. Durch den Seehandel und die kaiserliche Expansion kamen sie mit vielen Gruppen des östlichen Mittelmeerraums in Kontakt, darunter Ägypter, Phönizier, Syrer und Juden. Die frühesten direkten Hinweise stammen von Aristoteles' Starschüler Theophrastus. Er war besorgt über einen ihrer Bräuche: „Die Syrer, zu denen die Juden (*Ioudaioi*) gehören, opfern jetzt auch lebende Opfer... Sie waren die ersten, die Opfer sowohl für andere Lebewesen als auch für sich selbst einführten".[7] Die Griechen, fügte er hinzu, hätten „vor der ganzen Sache zurückgeschreckt". Die Opfer – Tiere und Menschen – wurden nicht gegessen, sondern als „ganze Opfer" für ihren Gott verbrannt und „schnell vernichtet". Der Philosoph war von dieser jüdischen Tradition eindeutig abgestoßen.[8]

Hekateus von Abdera, der etwa zeitgleich mit Theophrastus arbeitete, schrieb einen Text: *Über die Juden*. Zwei Fragmente sind erhalten, eines von Josephus und das andere von Diodorus. Im Allgemeinen sind beide Fragmente wohlwollend, und so fällt auf, dass das letztere diese Bemerkung über die Geschichte des Exodus enthält: „Als Folge der Vertreibung [aus Ägypten] führte Moses eine Lebensweise ein, die in gewissem Maße menschenfeindlich und feindselig gegenüber Fremden war".[9] Hier ist eine bemerkenswerte frühe Passage, von eines sympathisierenden Autors, der den jüdischen Menschenhass ausdrücklich kritisiert. Oben habe ich dies als eines von zwei zentralen Merkmalen der Juden genannt, und wir sehen es hier, in bereits 300 v. Chr. schriftlich. Es ist unwahrscheinlich, dass Hekateus das AT kannte, aber er kannte eindeutig den Ruf der Juden, sich menschenfeindlich zu verhalten.

Zu dieser Zeit übernahm der makedonische General Ptolemaios I. die Herrschaft über Ägypten. Sein Militär konnte aus verschiedenen Gründen keine ägyptischen Bürger rekrutieren, so dass eine Söldnerarmee erforderlich war. Ptolemaios hatte mit den Juden einen

---

[7] In Stern (1974: 10).

[8] Einige haben argumentiert, dass Theophrastus mit seiner Aussage über Menschenopfer nicht richtig lag. Vielleicht ist das so; aber das war eindeutig seine Überzeugung, ob richtig oder falsch. Vielleicht hatten einige Griechen falsche negative Wahrnehmungen, aber dennoch waren sie negativ.

[9] In Gabba (1984: 629).

zuverlässigen Lieferanten. Emilio Gabba berichtet, dass der König 30 000 Juden anstellte, die er aus seinen zahlreichen Kriegsgefangenen ausgewählt hatte. „Gut bezahlt und sehr vertrauenswürdig, dienten sie dazu, die einheimische Bevölkerung in Schach zu halten, und die Eingeborenen übten offenbar von Zeit zu Zeit Vergeltung an ihnen" – eine Situation, die an die früheren Ereignisse in Elephantine erinnert.[10] Dies war, neben den kulturellen und religiösen Eigenheiten, ein weiterer Grund für die Feindseligkeit der Einheimischen gegenüber den Juden. Aber auch dieser Vorfall ist aufschlussreich. Es ist verständlich, dass man sich aus dem Gefängnis befreien will, aber man muss sich über die offensichtliche Bereitschaft der Juden wundern, sich gegen Bezahlung auf die Seite ihrer Feinde zu stellen, und zwar mit Begeisterung und ohne Gewissensbisse.

Aber es bleibt eine Frage offen, die noch nicht geklärt ist: Warum wurden die Juden aus Ägypten vertrieben? Der ägyptische Hohepriester Manetho (ca. 250 v. Chr.) berichtet von einer Gruppe von „Aussätzigen und anderen Verunreinigten", 80 000 an der Zahl, die aus Ägypten vertrieben wurden und in Judäa eine Bleibe fanden. Dort gründeten sie Jerusalem und bauten einen großen Tempel. Manetho bemerkt, dass die Juden unter sich blieben, da es ihr Gesetz war, „mit niemandem zu verkehren außer mit denen ihres eigenen Bundes". Im weiteren Verlauf der Geschichte sammelten die Juden („Solymiter") Verbündete aus anderen „verunreinigten" Personen, kehrten nach Ägypten zurück und eroberten vorübergehend ein großes Gebiet. Als sie an der Macht waren, behandelten sie die Einheimischen „pietätlos und wild", „setzten Städte und Dörfer in Brand, plünderten die Tempel und verstümmelten hemmungslos Götterbilder" und rösteten die Tiere, die den Einheimischen heilig waren.[11] Dies ist eine ganz andere Version als die, die wir in der jüdischen Bibel lesen.

### Beginn der Römischen Ära

Der Seleukidenkönig Antiochos IV. Epiphanes herrschte im frühen zweiten Jahrhundert v. Chr. über das Gebiet von Judäa. Interne jüdische

---

[10] (1984: 635).
[11] In Stern (1974: 82-83).

Streitigkeiten weiteten sich zu einem allgemeinen Aufstand aus, der ihn verärgerte. Seine Armee fiel 168 v. Chr. in Jerusalem ein, tötete viele Juden und plünderte ihren großen (zweiten) Tempel. Der griechische Philosoph Posidonius fügt hinzu, dass Epiphanes nach der Eroberung des Tempels einen griechischen Bürger befreite, der nur gefangen gehalten wurde, um ihn für die Opferung zu mästen und zu essen. Angeblich war dies ein alljährliches Ritual. Er bemerkt weiter, dass die Juden den Kopf eines Esels verehrten, da sie einen solchen aus massivem Gold in ihrem Tempel aufgestellt hatten.

Der Niedergang der Seleukiden fiel mit dem Aufstieg Roms zusammen. Rom war im zweiten Jahrhundert v. Chr. technisch gesehen immer noch eine Republik, aber seine Macht und sein Einfluss wuchsen rasch. Die Juden wurden vom Sitz der Macht angezogen und reisten in großer Zahl nach Rom. Wie zuvor wurden sie zunehmend gehasst. Im Jahr 139 v. Chr. hielt es der römische Prätor Hispalus für notwendig, sie aus der Stadt zu vertreiben: „Derselbe Hispalus verbannte die Juden aus Rom, die versuchten, den Römern ihre eigenen Riten zu überlassen, und er verbannte ihre privaten Altäre von den öffentlichen Plätzen".[12] Selbst in dieser kurzen Passage spürt man, dass das römische Judentum unverhältnismäßig auffällig, aufdringlich, ja sogar „aggressiv" war.

Vielleicht wurde dem seleukidischen König Antiochos VII. Sidetes 134 v. Chr. aufgrund dieses Vorfalls und angesichts des Makkabäeraufstands etwa 30 Jahre zuvor geraten, die Juden auszurotten. Unter Bezugnahme auf den Bericht von Posidonius erklärt Gabba, dass der König aufgefordert wurde,

> die Juden zu vernichten, da sie als einzige unter allen Völkern jegliche Beziehungen zu anderen Rassen ablehnten und jeden als ihren Feind ansahen; ihre Vorfahren waren als Gottlose und von den Göttern verflucht aus Ägypten vertrieben worden. Die Ratgeber [beriefen sich] auf den Hass der Juden gegen alle Menschen, der durch ihre eigenen Gesetze bestätigt wurde, die es ihnen verboten, ihren Tisch mit einem Nichtjuden zu teilen oder irgendein Zeichen von Wohlwollen zu geben.[13]

---

[12] Valerius Maximus, *Facta et Dicta* (1.3.3).
[13] (1984: 645).

Natürlich befolgte Sidetes den Rat seiner Berater nicht. Dennoch ist es bemerkenswert, dass Gabba zugeben kann, dass „sie allein unter allen Völkern" jeden als Feind ansahen. Jüdischer Menschenhass war eine einzigartige Ausnahme.

Zwei oder drei Jahrzehnte nach Posidonius, um das Jahr 75 v. Chr., schrieb der prominente Redner und Lehrer Apollonius Molon das erste Buch, das sich ausdrücklich mit dem hebräischen Stamm auseinandersetzte: *Gegen die Juden*. In seinen frühen Jahren in Karien und Rhodos hatte er wahrscheinlich direkten Kontakt mit ihnen und konnte daher aus persönlicher Erfahrung schreiben. Molon bezeichnete Moses als „Scharlatan" und „Hochstapler" und betrachtete die Juden als „die niederträchtigsten aller Menschen".[14] Josephus fügt das Folgende hinzu:

> [Molon] hat [seine Anschuldigungen] hier und da über sein ganzes Werk verstreut, indem er uns an einer Stelle als Atheisten und Misanthropen, an einer anderen als Feiglinge beschimpft, während er uns an anderer Stelle, im Gegenteil, der Kühnheit und des rücksichtslosen Wahnsinns bezichtigt. Er fügt hinzu, dass wir die geistlosesten aller Barbaren sind und folglich das einzige Volk, das keine nützliche Erfindung zur Zivilisation beigetragen hat.[15]

Die Juden sind „Atheisten" in dem Sinne, dass sie die römischen Götter ablehnen. Der Vorwurf des „Misanthropen" (Menschenfeind) taucht wieder auf, nachdem er etwa zwei Jahrhunderte zuvor bei Hekataios zum ersten Mal auftauchte. Aber die Klagen über Feigheit, Schurkerei und Rücksichtslosigkeit sind neu, ebenso wie die Behauptung, die Juden hätten nichts Wertvolles zur Zivilisation beigetragen. Die Rhetorik ist eindeutig aufgeheizt.

Im Jahr 63 v. Chr. eroberte der römische General Pompeius Palästina, wie wir wissen. Daher ist es nicht überraschend, dass wir eine rasche Abfolge antijüdischer Kommentare von namhaften Römern finden. Vier davon sind von Interesse, beginnend mit Cicero. Im Jahr 59 v. Chr. hielt Cicero eine Rede mit dem Titel *Pro Flacco*, in der er L. V. Flaccus, einen römischen Statthalter in Asien, verteidigte. Flaccus war

---

[14] In Stern (1974: 155-156).
[15] In Stern (1974: 155). Siehe auch *Contra Apionem*, II.148.

angeklagt, jüdisches Gold, das für Jerusalem bestimmt war, veruntreut zu haben. Bemerkenswerterweise beginnt Cicero mit der Feststellung der Macht und des Einflusses der Juden:

> Ihr wisst, was das für eine große Menge ist, wie sie zusammen-halten, wie einflussreich sie in informellen Versamm-lungen sind. Ich werde also mit leiser Stimme sprechen, damit nur die Geschworenen es hören; denn es fehlt nicht an solchen, die sie gegen mich und gegen jeden ehrbaren Mann aufhetzen würden.[16]

Es ist reichlich schockierend, dass Cicero nahe dem Höhepunkt der römischen Macht solche Bedenken äußert—selbst als spöttische Bemerkung.

Er fährt fort und stellt fest, dass der Senat seit langem eine Politik der Beschränkung von Goldexporten verfolgte und dass Flaccus nur diese Regel durchsetzte und das Gold nicht für sich selbst zurückhielt. Dies war sein Verhängnis: „Aber diesem barbarischen Aberglauben (*barbarae superstitioni*) zu widerstehen, war ein Akt der Entschlossenheit, der Menge der Juden (*Iudaeorum*) zu trotzen, wenn sie manchmal in unseren Versammlungen vor Leidenschaft glühten..." Cicero beeilt sich, hinzuzufügen, dass das ganze Gold verbucht wird. Der ganze Prozess „ist nur ein Versuch, ihn in Verruf zu bringen" (was an die heutigen Versuche erinnert, „Antisemiten" zu verleumden). Die jüdische Religion stehe „im Widerspruch zum Ruhm unseres Reiches, zur Würde unseres Namens, zu den Sitten unserer Vorfahren". Dass sich die Götter gegen diesen Stamm stellen, „zeigt sich daran, dass er erobert, mit Steuern belegt, versklavt wurde".

Zehn Jahre später schrieb Diodorus Siculus seine *Historische Bibliothek*. Darin wird unter anderem wieder der Exodus erzählt:

> [D]ie Vorfahren der Juden waren als gottlose und von den Göttern verabscheute Menschen aus ganz Ägypten vertrieben worden. Denn um das Land von allen Menschen zu säubern, die weiße oder aussätzige Flecken am Körper hatten, waren sie versammelt und über die Grenze getrieben worden, als stünden sie unter einem

---

[16] In Stern (1974: 197).

Fluch; die Flüchtlinge hatten das Gebiet um Jerusalem herum besetzt und, nachdem sie das Volk der Juden organisiert hatten, ihren Hass auf die Menschen zur Tradition gemacht... (34, 1)

Die *Bibliothek* enthält dann eine Nacherzählung der Übernahme des jüdischen Tempels durch Antiochos Epiphanes im Jahr 168 – dasselbe Ereignis, das sich in dem früheren Werk von Posidonius findet. Es handelt sich jedoch nicht um eine bloße Wiederholung, sondern um eine Akzeptanz und Bestätigung dieses Berichts. Hier ist es jedoch Antiochos Epiphanes, nicht sein Nachfolger Sidetes, der dazu gedrängt wurde, „die Rasse der Juden vollständig auszurotten, da sie als einzige aller Nationen den Umgang mit anderen Völkern vermieden und alle Menschen als ihre Feinde ansahen".[17] Auch hier sehen wir die Vorstellung, dass die Juden, „allein unter allen Völkern", ein menschenfeindliches Verhalten an den Tag legen – und das in einer Originalquelle aus dem Jahr 50 v. Chr.

Beim Betreten des Tempels findet Antiochos die Statue eines bärtigen Mannes auf einem Esel – Moses, der „den Juden ihre menschenverachtenden und gesetzlosen Sitten verordnet hatte". Antiochos' Berater waren „schockiert über diesen gegen die gesamte Menschheit gerichteten Hass" und „drängten [ihn] daher, der Rasse ein Ende zu bereiten". In seiner Großherzigkeit lehnte er ab.

Der große Lyriker Horaz schrieb 35 v. Chr. seine *Satiren*, in denen er sich mit der epikureischen Philosophie und der Bedeutung des Glücks auseinandersetzt. An einer Stelle macht er jedoch eine beiläufige Bemerkung über die offenbar berüchtigte Bekehrungsfähigkeit der römischen Juden – insbesondere ihre Hartnäckigkeit, andere für sich zu gewinnen. Horaz ist gerade dabei, den Leser von seinem Standpunkt zu überzeugen: „Und wenn ihr nicht nachgeben wollt, dann wird mir eine große Schar von Dichtern zu Hilfe kommen...und wie die Juden werden wir euch zwingen, euch unserer Menge zu fügen" (I.4.143). Ihre Macht muss legendär gewesen sein, sonst hätte er eine solche Anspielung nicht gemacht.

Der letzte Kommentator der vorchristlichen Zeit war Lysimachus. Er schrieb um 20 v. Chr. und bietet eine weitere Variante der Exodus-Geschichte an, indem er sie in die Regierungszeit des Pharaos Bocchoris

---

[17] HL 34, 1. Siehe auch Stern (1974: 183).

(oder Bakenranef) um 720 v. Chr. verlegt. Nach seiner Version suchten die Juden, die von Lepra, Skorbut und anderen Krankheiten geplagt waren, Zuflucht in ägyptischen Tempeln. Die Orakel rieten Bocchoris, die Tempel zu reinigen, die Unzüchtigen und Unreinen zu verbannen und „die Aussätzigen in Bleiplatten zu packen und im Meer zu versenken" – was er auch tat. Die Verbannten, angeführt von Mose, wurden angewiesen, „niemandem Wohlwollen entgegenzubringen", anderen „die schlechtesten Ratschläge" zu erteilen und alle Tempel und Heiligtümer, auf die sie stießen, zu zerstören. Als sie in Judäa ankamen, „misshandelten sie die Bevölkerung, plünderten und zündeten die [örtlichen] Tempel an". Sie errichteten dann eine Stadt namens Hierosolyma (Jerusalem) und nannten sich selbst Hierosolymiten.[18] Wenn sie tatsächlich die einheimische Bevölkerung verfolgten, kann man darin einen fernen Vorläufer der heutigen israelischen Gräueltaten in Palästina sehen.

Aber ich muss hier den außergewöhnlichen Charakter des Vorwurfs der Misanthropie hervorheben, insbesondere im Hinblick auf die christliche Geschichte. Er ist bereits mehrfach aufgetreten – bei Hekateus, Posidonius, Molon, Diodorus und nun bei Lysimachus. Dies ist insofern bemerkenswert, als die Römer gegenüber anderen Sekten und Religionen ausgesprochen tolerant waren, was zum Teil auf ihre polytheistische Weltanschauung zurückzuführen ist. Eine Gesellschaft mit vielen Göttern erkennt implizit die religiöse Vielfalt an; wenn es viele solcher Wesen gibt, wer kann dann eine vollständige Kenntnis der göttlichen Welt beanspruchen? Der Monotheismus hingegen erhebt den Anspruch auf ausschließliches und absolutes Wissen; es gibt nur einen Gott und nur eine Wahrheit. Daher sind andere Religionen mit anderen Göttern notwendigerweise falsch. Es ist daher vernünftig anzunehmen, dass die Juden als die ersten Monotheisten des Nahen Ostens die römische Toleranz nicht erwidert haben.

In der Tat scheint dies eine allgemeine Regel in der Geschichte gewesen zu sein: Religiöse Intoleranz geht von den monotheistischen Fundamentalisten (Juden, Christen, Muslime) aus, nicht von den Polytheisten oder religiösen Pluralisten. Im Falle der Juden jedoch wurde die monotheistische Arroganz mit rassischen Besonderheiten und

---

[18] In Stern (1974: 384-385).

anderen kulturellen Merkmalen kombiniert, was zu einer tief verwurzelten misanthropischen Ader führte. Dies rechtfertigte wahrscheinlich die missbräuchliche und brutale Behandlung von Nichtjuden.

Und damit wir nicht glauben, es handle sich dabei lediglich um einen uralten Brauch, der längst überwunden ist, brauchen wir nur auf die Worte der heutigen orthodoxen Juden zu hören. So in einer neueren Erklärung des führenden orthodoxen Rabbiners Yosef, der sagte: „Gojim [Nichtjuden] wurden nur geboren, um uns zu dienen. Ohne das haben sie keinen Platz in der Welt – nur um dem Volk Israel zu dienen. Sie werden arbeiten, sie werden pflügen, sie werden ernten. Wir werden wie ein Effendi sitzen und essen" (*Jerusalem Post*, 18. Oktober 2010). Es wäre schwierig, eine gröbere Aussage über jüdische Menschenfeindlichkeit zu finden. Sie ist hartnäckig, sie ist tief verwurzelt und sie ist weit verbreitet.

### Die Römer der Christlichen Ära

Das bringt uns direkt zu dem Zeitraum, der uns interessiert: die christliche Ära. Wir sind fast so weit, dass wir auf der Grundlage aller verfügbaren Beweise ein Bild davon entwerfen können, was damals wirklich geschah. Doch zuvor möchte ich diesen Faden noch ein wenig weiterverfolgen, bis weit in das christliche Zeitalter hinein, zur Vervollständigung dieser Skizze der antiken Ansichten über Juden und (jetzt) Christen.

Die Jahrtausendwende war in mehrfacher Hinsicht von Bedeutung. Rom war ab 27 v. Chr. unter Augustus formell zu einem Imperium geworden. Jesus von Nazareth wurde (angeblich) 3 v. Chr. geboren. Der jüdische Philosoph Philo war zu dieser Zeit aktiv, ebenso wie der vielleicht berüchtigtste „Antisemit" jener Zeit, Apion. Apion ist nicht so sehr wegen seiner Anschuldigungen berüchtigt – die größtenteils bereits existierten – sondern vielmehr wegen seines Ansehens in der Oberschicht der alexandrinischen Gesellschaft und weil Josephus eines seiner eigenen Bücher „*Gegen Apion*" nannte. Zu den Kritikpunkten, die Apion in seinem Buch *Gegen die Juden* vorbringt, gehören unter anderem:

- die von Lepra geprägte Geschichte des Exodus
- eine Etymologie des jüdischen Begriffs „Sabbat", die sich von „Tumor der Leiste" ableitet

- zahlreiche Erzählungen über jüdische Dummheit oder Naivität
- wohlverdiente Misshandlungen durch Kleopatra (Vorenthaltung von Getreide während einer regionalen Hungersnot und verschiedene Konflikte mit dem jüdischen König Herodes)
- das Versäumnis der Juden, Statuen der Kaiser zu errichten
- Tendenz, „keinem einzigen Fremden, vor allem nicht den Griechen, Wohlwollen entgegenzubringen"
- ungerechte Gesetze
- Aufruhr
- „irrige" religiöse Praktiken
- das Fehlen von Genies in Kunst und Handwerk
- kein Schweinefleisch zu essen
- Beschneidung.

Auch hier gibt es kaum originelle Kritikpunkte, aber offenbar ist sie einflussreich genug, um eine Widerlegung zu rechtfertigen.

Außerdem gab es für die römische Öffentlichkeit in jenem ersten Jahrhundert handfeste, objektive Gründe, vorsichtig zu sein. Mit der Einverleibung Judäas durch die Römer im Jahr 63 v. Chr. strömten die Juden in immer größerer Zahl in die Reichshauptstadt. Erneut wurden die Behörden aktiv. Kaiser Tiberius vertrieb sie im Jahr 19 n. Chr.:

> Er schaffte fremde Kulte ab, insbesondere die ägyptischen und jüdischen Riten, und zwang alle, die einem solchen Aberglauben anhingen, ihre religiösen Gewänder zu verbrennen... [Andere Juden] wurden aus der Stadt verbannt, unter Androhung lebenslanger Sklaverei, wenn sie nicht gehorchten.[19]

Die Ausweisung war nicht erfolgreich. Elf Jahre später fand Seianus, wie wir uns aus Kapitel zwei erinnern, einen Grund, sich ihnen erneut zu widersetzen.

Zurück in Rom gingen die antijüdischen Aktionen weiter. Im Jahr 49 musste Claudius sie erneut vertreiben. In einer faszinierenden Zeile von Sueton um das Jahr 120 wird ein „Chrestus" (lateinisch: *Chresto*) als

---

[19] Aufgeschrieben von Sueton, *Die Zwölf Cäsaren*. Siehe auch Stern (1980: 112-113).

Anführer des Pöbels erwähnt; dies ist vielleicht der vierte nichtjüdische Hinweis auf Jesus. „Da die Juden auf Betreiben von Chrestus ständig Unruhen veranstalteten, vertrieb sie [Claudius] aus Rom".[20] Dies ist eine wichtige Feststellung, dass die Römer selbst zu diesem späten Zeitpunkt das Christentum noch mit den Juden identifizierten.

Trotz alledem erntete der bedrängte Stamm keine Sympathie. Der große Philosoph Seneca kommentierte sie in seinem Werk *Über den Aberglauben* (um 60). Er war nicht nur über ihren „abergläubischen" religiösen Glauben entsetzt, sondern auch über ihren erstaunlichen Einfluss in Rom und in der ganzen bekannten Welt, trotz wiederholter Pogrome und Verbannungen. Seneca verspottet die Juden zunächst als faul, weil sie jeden siebten Tag Gott widmen: „Ihre Praxis [des Sabbats] ist unzweckmäßig, weil sie durch die Einführung eines Ruhetags unter sieben Tagen fast ein Siebtel ihres Lebens durch Müßiggang verlieren...“[21] „Inzwischen", so fügt er hinzu,

> haben die Sitten dieser verfluchten Rasse (*sceleratissima gens*) einen solchen Einfluss gewonnen, dass sie nun in der ganzen Welt aufgenommen werden. Die Besiegten haben ihren Siegern Gesetze gegeben.

Seneca ist eindeutig empört über ihre Reichweite.

Dann kam der historische jüdische Aufstand in Judäa, in den Jahren 66 bis 70 der in einem fulminanten römischen Sieg endete. Die Römer waren sicherlich zufrieden und ihrer Meinung nach hatten die Juden das bekommen, was sie verdient hatten.

## Tacitus und das Zweite Jahrhundert AD

Im zweiten Jahrhundert der christlichen Ära setzte sich eine Reihe kritischer Kommentare fort, die größtenteils frühere Beschwerden wiederholten, die offensichtlich immer noch gültig waren. Quintillian (um 100) stellte fest, dass, so wie Städte das Problem sozialer Unerwünschter zusammenbringen und verschärfen können, auch Moses

---

[20] *Zwölf Cäsaren*, V. 25. Siehe auch Stern (1980: 113).
[21] In Stern (1974: 431).

verstreute Individuen zu einem einzigen jüdischen Stamm zusammenschweißte: „Stadtgründer werden verabscheut, wenn sie eine Rasse zusammenfassen, die für andere ein Fluch (*perniciosam*) ist, wie zum Beispiel der Gründer des jüdischen Aberglaubens".[22] Außerdem heißt es in Demokrits Buch *Peri Ioudaion* (Über die Juden), dass „sie einen dummen goldenen Kopf verehrten und jedes siebte Jahr einen Fremden fingen und ihn opferten".[23] — im Gegensatz zu der Geschichte von Posidonius, in der das Opfer ein jährliches Ereignis war.

Dies bringt uns erneut zu Tacitus. Im vorigen Kapitel habe ich seine frühen Bemerkungen über das Christentum zitiert – die ersten überhaupt, die von einem römischen Kommentator stammen. Dort habe ich sein Spätwerk *Annalen* zitiert, aber hier ist sein anderes Hauptwerk, die *Historien*, von Bedeutung. Im fünften Buch schildert Tacitus historische Ereignisse aus dem Jahr 70 n. Chr. Der römische General Titus war ausgesandt worden, um Judäa ein für alle Mal zu unterwerfen. Verbündete fand er in den einheimischen Palästinensern, „die die Juden mit all dem Hass hassten, der unter Nachbarn üblich ist" (5.1). Die Feindschaft in dieser Region ist tief verwurzelt.

Tacitus unterbricht dann die Erzählung, um den Ursprung der Juden zu schildern, dieser „den Göttern verhassten Rasse von Menschen" (*genus hominum invisium deis*). Er bietet zwei oder drei Varianten an, wobei er sich offenbar auf die Seite von Manetho stellt. Die Religion des Moses, so fügt er hinzu, stehe derjenigen der Römer diametral entgegen: „Die Juden betrachten alles, was uns heilig ist, als profan; andererseits erlauben sie alles, was wir verabscheuen". Er fährt fort:

> Die anderen Bräuche der Juden sind niederträchtig und abscheulich (*sinistra foeda*) und verdanken ihr Fortbestehen ihrer Verderbtheit. Denn die schlimmsten Schurken unter den anderen Völkern ... schickten immer wieder Tribute und Abgaben nach Jerusalem und vermehrten so den Reichtum der Juden; auch sind die Juden untereinander äußerst loyal und immer bereit, Mitleid zu zeigen, aber gegenüber jedem anderen Volk empfinden sie nur Hass und Feindschaft (*hostile odium*).

---

[22] In Stern (1974: 513).
[23] In Stern (1974: 531).

„Als Rasse", fügt er hinzu, „neigen sie zur Wollust" und haben „die Beschneidung angenommen, um sich von anderen Völkern zu unterscheiden" (5.5). Tacitus verweist auf ihren abstrakten Monotheismus und deutet an, dass dies ein weiterer Grund für Reibereien ist. Er schließt den Abschnitt mit der Bemerkung, dass „die Wege der Juden absurd (*absurdus*) und gemein (*sordidus*) sind".

Bei der Belagerung Jerusalems und damit auch des mächtigen jüdischen Tempels hatte Titus die Juden in die Falle gelockt. Es gab Überlegungen, den Tempel zu verschonen, aber Titus lehnte diese Option ab. Für ihn war „die Zerstörung dieses Tempels [eine] vorrangige Notwendigkeit, um die Religion der Juden und der Christen noch vollständiger auszurotten". Diese beiden Religionen, „obwohl sie einander feindlich gesinnt waren, entsprangen doch denselben Quellen; die Christen waren aus den Juden hervorgegangen: wenn die Wurzel zerstört würde, würde der Stamm leicht untergehen".[24] Der Text schließt mit der Feststellung, dass 600 000 Juden im Krieg getötet wurden.

So kommentiert er die „widerwärtige und abergläubische Rasse" (*gens superstitioni obnoxia*; 5.13) – eine Gruppe, die die „am meisten verachteten" (*despectissima*) Untertanen und „das niederträchtigste Volk" (*taeterrimam gentum*; 5.8) sind.

Der zweite jüdische Krieg im Jahr 115 gab weiteren Anlass zur Kritik. Cassius Dio beschreibt die jüdische Brutalität in seiner *Römischen Geschichte* anschaulich:

> Inzwischen hatten die Juden in der Gegend von Kyrene einen gewissen Andreas an ihre Spitze gestellt und vernichteten sowohl die Römer als auch die Griechen. Sie aßen das Fleisch ihrer Opfer, machten sich Gürtel aus ihren Eingeweiden, salbten sich mit ihrem Blut und trugen ihre Häute als Kleidung; viele zersägten sie vom Kopf abwärts; andere warfen sie wilden Tieren vor, und wieder andere zwangen sie, als Gladiatoren zu kämpfen. (Bk 68.32)

---

[24] Diese beiden letzten Zitate stammen aus einem ergänzenden Werk, das heute *Fragmente der Historien* heißt. Das Datum ist ungewiss.

Der dritte und letzte jüdische Aufstand fand nur wenige Jahre später, im Jahr 132, statt. Die Gründe dafür waren vielfältig, aber zwei sind besonders hervorzuheben: der Bau einer römischen Stadt auf den Ruinen Jerusalems und das Verbot der Beschneidung durch Kaiser Hadrian: „Zu dieser Zeit begannen die Juden einen Krieg, weil ihnen die Genitalverstümmelung (*mutilare genitalia*) verboten wurde".[25]

Dio beschreibt den Konflikt im Detail. „Überall zeigten die Juden Anzeichen von Feindseligkeit gegenüber den Römern, teils durch heimliche, teils durch offene Handlungen".[26] Es gelang ihnen, andere zu bestechen, sich dem Aufstand anzuschließen: „Auch viele auswärtige Völker schlossen sich ihnen aus Gewinnsucht an, und die ganze Erde, so könnte man fast sagen, wurde durch die Angelegenheit aufgewühlt." Für diejenigen, die heute behaupten, die Juden seien immer wieder die Ursache von Kriegen, wäre dies ein früher Beweis. Hadrian schickte einen seiner besten Generäle, Severus, um den Aufstand niederzuschlagen. In einem langsamen Zermürbungskrieg gelang es ihm, „sie zu zerschlagen, zu erschöpfen und auszurotten. Tatsächlich überlebten nur sehr wenige von ihnen".

Zwei weitere Persönlichkeiten schließen das zweite Jahrhundert ab. Der berühmte Astronom Ptolemäus war auch eine Art Astrologe und nutzte die Sterne, um irdische Gegebenheiten zu erklären. In seiner *Apotelesmatica* von 150 n. Chr. stellt Ptolemäus fest, dass die Stämme Palästinas, einschließlich Idumäa, Syrien, Judäa und Phönizien, einige gemeinsame Merkmale aufweisen.

> Diese Menschen ... sind begabter im Handel und Tausch; sie sind skrupelloser, verachtenswerte Feiglinge, verräterisch, unterwürfig und im Allgemeinen wankelmütig, wegen der genannten Sterne. [Die Judäer im Besonderen] sind im Allgemeinen kühn, gottlos und intrigant. (II, 3)[27]

Angesichts der vier Jahrhunderte andauernden Konflikte mit den Bewohnern dieser Region kann man Ptolemäus kaum vorwerfen, dass er sie als vom Himmel verflucht ansah.

---

[25] *Historiae Augustae*, 14. Siehe auch Stern (1980: 619).
[26] *Roman History* 69.13.
[27] Siehe auch Stern (1980: 165).

Schließlich haben wir Celsus, einen griechischen Philosophen, der um 178 einen Text mit dem Titel *Das wahre Wort* verfasste. Das Werk ist eine ausführliche und vernichtende Kritik an der immer stärker werdenden christlichen Sekte. Das Hauptziel von Celsus ist eindeutig das Christentum, aber er macht auch eine Reihe von Bemerkungen über die Juden – alle negativ. Beginnend mit Moses wurden die Juden „durch plumpe Täuschungen dazu verleitet zu glauben, es gäbe nur einen Gott" (I.23). Sie waren „der Zauberei verfallen" und so „durch Unwissenheit dem Irrtum verfallen und getäuscht worden". Celsus spottet über „die Rasse der Juden und Christen" und vergleicht sie alle „mit einem Haufen Fledermäuse oder Ameisen, die aus einem Nest kommen, oder Fröschen, die in einem Sumpf Rat halten, oder Würmern, die sich in einer schmutzigen Ecke versammeln und darüber streiten, wer von ihnen der schlimmere Sünder ist" (IV.23). „Die Juden", fügt er hinzu, „waren entlaufene Sklaven, die aus Ägypten geflohen sind; sie haben nie etwas Wichtiges getan, noch waren sie jemals von Bedeutung oder Bedeutung." Das Schicksal war zu Recht hart zu ihnen, und sie „leiden unter der Strafe ihres Hochmuts" (V.41).

Die jüdisch-christliche Theologie, sagt Celsus, ist ein Mischmasch aus Mythologie und Absurdität. „Der Gott der Juden ist verflucht", weil er das Böse in der Welt geschaffen oder zugelassen hat – eine klassische Aussage über das Problem des Bösen.[28] Die Kosmogonie der Genesis ist lächerlich, ebenso wie die Schöpfungsgeschichte der Menschheit; „Moses schrieb diese Geschichten, weil er nichts verstand ... [Er] stellte völligen Schund zusammen" (VI.49). Auf lange Sicht ist das Judentum dem Untergang geweiht – „sie werden in Kürze untergehen" (VI.80).

**Rosinenpickerei? Die Suche nach Gegenbeweisen**

Was können wir also aus diesem kurzen Überblick über etwa 600 Jahre der antiken Welt schließen? Zu sagen, dass die Juden nicht gemocht wurden, ist eine Untertreibung. Die Kritiken kommen aus dem gesamten Mittelmeerraum und aus den unterschiedlichsten kulturellen Perspektiven. Und sie sind durchweg negativ. Ich möchte hier anmerken, dass es nicht darum geht, die schlechtesten Kommentare herauszupicken und die

---

[28] Sie meine kurze Erörterung im ersten Kapitel.

guten zu ignorieren. Die Äußerungen sind durchweg negativ; positiven Meinungen über die Juden oder die frühen Christen sind selten und rar.[29]

Eine vernünftige Schlussfolgerung ist, dass etwas an der jüdischen Kultur Abscheu und Hass hervorruft. Wie das Sprichwort sagt: „Wenn dich eine Person hasst, liegt es wahrscheinlich an ihr; wenn dich alle hassen, liegt es wahrscheinlich an dir." Arroganz, Insellage, Aberglaube, Selbstverliebtheit und Menschenfeindlichkeit spielen sicherlich eine Rolle. Auch der Monotheismus trägt wahrscheinlich dazu bei, wenn auch indirekt.

Die zahlreichen negativen Kommentare über Juden in der gesamten antiken Welt werden von fast allen Forschern, sowohl von jüdischen als auch von nichtjüdischen, als Tatsache akzeptiert. Jüdische Gelehrte neigen dazu, dies als Ergebnis der weit verbreiteten Ansteckung mit einem antisemitischen „Virus" oder als Zeichen einer unerklärlichen Form von Geisteskrankheit zu betrachten; niemals führen sie solche Ansichten auf jüdische Handlungen oder jüdisches Verhalten zurück. Nichtjüdische Gelehrte neigen dazu, diese Geschichte mit einer leicht verlegenen Handbewegung und einem schnellen Unter-den-Teppich-Kehren abzutun; John Crossan (1991: 418) geht beispielsweise kurz darauf ein, „was Juden über Nichtjuden und Nichtjuden über Juden" in der Antike sagten, und er stellt fest, „es ist nicht immer eine schöne Lektüre – in beiden Richtungen". Damit ist für Herrn Crossan genug gesagt; es ist nicht nötig, sich auf dieses heikle Thema einzulassen.

Dennoch bleibt die Frage bestehen: Sind alle antiken Kommentare negativ, oder gibt es einige – oder vielleicht genauso viele, oder vielleicht sogar mehr – positive? Bei meinen Nachforschungen habe ich nur einen einzigen akademischen Gelehrten gefunden, der auch nur versucht hat, die Behauptung aufzustellen, dass die antiken Kommentatoren etwas Nettes über Juden zu sagen hatten: Louis Feldman, ein inzwischen verstorbener orthodoxer jüdischer Wissenschaftler, der an der Yeshiva University in New York lehrte. Seine lebenslange Arbeit ist in seinem Buch *Juden und Heiden in der Antiken Welt* (*Jew and Gentile in the Ancient World*) (1993) zusammengefasst, in dem er versucht, die Idee zu

---

[29] Man braucht nur das dreibändige Werk von M. Stern, *Griechische und lateinische Autoren über Juden und Judentum*, zu lesen, um eine vollständige Liste aller antiken Kommentare zu sehen und dann den Prozentsatz der positiven und negativen Bemerkungen zu bestimmen.

verteidigen, dass „das Judentum bei der nichtjüdischen Bevölkerung" der Antike „stark positive und nicht nur ungünstige Reaktionen hervorrief".[30] Aber hat er Erfolg? Ein Blick in sein Buch zeigt eine beträchtliche Menge an einleitenden und peripheren Diskussionen, so dass nur ein Kapitel – Kapitel 7: „Jüdische Vorbildfunktionen: Die Kardinaltugenden" – relevante und konkrete Zitate enthält. Lassen Sie mich daher kurz seine stärksten Behauptungen aus diesem Kapitel durchgehen, um festzustellen, ob meine obigen Zitate durch philosemitische Ansichten ausgeglichen werden müssen.

Im Mittelpunkt von Feldmans Kapitel stehen die vier klassischen Tugenden der Antike: Weisheit, Mut, Mäßigung und Gerechtigkeit. Diese finden sich explizit in Platons *Republik*, etwa 375 v. Chr. Dann fügt er noch eine fünfte Tugend hinzu, die Frömmigkeit. Anschließend geht er eine Liste antiker Zitate durch, die die fünf Tugenden im Judentum verteidigen. Die Hälfte des Kapitels ist der „Weisheit" gewidmet, die andere Hälfte den übrigen vier. Noch wichtiger ist jedoch, dass Feldman sowohl Zitate antiker Juden (vor allem Josephus) als auch von Nicht-Juden aufführt – aber gerade die nicht-jüdische Sichtweise wird hier in Frage gestellt. Jüdische Meinungen sind so gut wie wertlos. Es überrascht nicht, dass die antiken Juden gute Dinge über ihre jüdischen Mitbürger zu sagen hatten. Und doch behandelt Feldman diese genauso wie die anderen. Daher können wir die Hälfte seines Kapitels im Wesentlichen als uninteressant und irrelevant abtun.[31]

Schauen wir uns also die Hälfte an, die übrig bleibt, und ziehen die stärksten positiven Behauptungen heraus, beginnend mit „Weisheit". Feldman beginnt mit der Behauptung, dass der große Philosoph Pythagoras ein „Bewunderer" (S. 201) der Juden war. Seine einzigen Beweise stammen jedoch aus den Schriften des Juden Josephus, der etwa 600 Jahre später arbeitete. Josephus zitiert einen obskuren, aber echten Philosophen, Hermippus von Smyrna, der angeblich sagte, dass Pythagoras „viele Punkte des jüdischen Gesetzes in seine Philosophie einführte". Dieses Zitat findet sich nirgendwo sonst, und wir wissen mit Sicherheit, dass Josephus sich große Mühe gibt – und sogar fabriziert –,

---

[30] Für seine früheren Arbeiten, siehe Feldman (1958; 1988; 1991)
[31] Sieben der 14 Abschnitte in dem Kapitel beziehen sich auf Zitate von Juden.

um eine rosige Geschichte seines jüdischen Volkes zu konstruieren.[32] Daher kann man dieser Passage, die nur implizit positiv ist, nicht trauen. Dies ist typisch für Feldmans „Beweise" für jüdische Tugenden.

Das nächste Kompliment, wenn es denn eines ist, stammt von Theophrastus – demselben Mann, der oben in seiner Kritik an jüdischen Menschenopfern zitiert wurde. In derselben Passage bezeichnet Theophrastus die Juden als „Philosophen von Rasse" (oder „von Geburt"), was Feldman als positive Bemerkung auffasst. Dann zitiert er einen christlichen Kirchenvater, Clemens von Alexandria (um 200 n. Chr.), der behauptete, dass die Weisheit der griechischen Philosophie auch bei den Hindus und den Juden zu finden sei.[33] Aber auch dies ist zweifelhaft, denn die christlichen Kirchenväter hatten ein starkes Interesse daran, die „Weisheit" im jüdischen Alten Testament zu finden und die „heidnische" Weisheit der Griechen abzuwerten. Ganz zu schweigen davon, dass die griechische Philosophie in den 400er und 500er Jahren v. Chr. zu Papier gebracht wurde, während das Alte Testament bekanntermaßen nicht vor 270 v. Chr. dokumentiert wurde; wenn überhaupt, ist es weitaus wahrscheinlicher, dass die Juden von den Griechen schöpften als umgekehrt.[34] Zusammenfassend lässt sich sagen, dass man weder jüdischen noch christlichen Quellen trauen kann, wenn es darum geht, genaue und unvoreingenommene Aussagen über Juden zu machen.

Zu Hekateus – ebenfalls oben zitiert – zitiert Feldman eine Passage, in der Hekateus den jüdischen Priester Ezechias als „fähigen Redner" bezeichnet; dies sieht Feldman als „ein großes Kompliment". Wohl kaum; und selbst wenn, bietet dies wirklich irgendeinen Einblick in das jüdische Volk?

Andere von Feldmans „Süßholzrasplern" sind völlig obskure und wahrscheinlich fiktive Personen. Er zitiert Pseudo-Lucanus, Pseudo-Longinus und Pseudo-Ecphantus (S. 204), die alle in ihren Schriften angeblich die Genesis „paraphrasieren"; auch dies ist das, was als

---

[32] In seinem Gegen Apion (I.176-183), erfindet Josephus ein völlig fiktives Treffen zwischen Aristoteles und einem „gelehrten Juden", nur um einen jüdischen Einfluss auf den großen Philosophen zu unterstellen.
[33] *Stromata*, Buch I, Kapitel 15.
[34] Das ist genau der Streitpunkt von Russel Gmirkin; siehe sein Buch *Berossus and Genesis, Manetho and Exodus.*

lobende Bemerkungen über Juden durchgeht. Als Nächstes haben wir den (echten) römischen Historiker Pompeius Trogus, der dem biblischen Josef „enormen Tribut zollt" und ihn als „außerordentliches Talent" und „scharfsinnig" bezeichnet. Josef, wir erinnern uns vielleicht an den Sohn Jakobs, hat sich angeblich in Ägypten an die Macht gemogelt, die Massen ausgebeutet und dabei enormen Reichtum angehäuft; wir können das „Talent" und „Gerissenheit" nennen, wenn wir wollen, aber es ist sicher kein Kompliment.

Eine weitere Kritik an den Juden, die bereits oben zitiert wurde, lautet, dass sie nichts Nützliches zur Gesellschaft beigetragen haben – mit der Implikation, dass sie bloße Blutsauger sind, die die kreativen Kräfte der Nicht-Juden abziehen. Aber selbst hier findet Feldman einen Silberstreif am Horizont. Anstatt zu leugnen, dass die Juden nichts von Bedeutung getan haben, macht er daraus eine Tugend: „mangelnder Erfindungsreichtum" ist „ein lobenswerter Charakterzug bei Herodot" – dem griechischen Historiker, der angeblich über die alten Ägypter sagte, dass (laut Feldman) „keine Veränderung in ihrer Natur, ihren Sitten oder Gebräuchen stattgefunden hat".[35] Er verdreht also die Worte von Herodot, um den Juden zu nutzen. Feldman fügt dann hinzu, dass Plutarch über die Einstellung der Spartaner schrieb: „Ausländer bringen unweigerlich fremde Vorstellungen mit in ein Land, neue Ideen führen zu neuen Entscheidungen, und diese wiederum führen zwangsläufig zur Entwicklung einer Reihe von Gefühlen und Neigungen, die sozusagen mit der Euphonie [Harmonie] des bestehenden politischen Systems kollidieren".[36] Ein interessantes Zitat, aber wieder nichts, was die jüdische Nichterfindungsgabe in eine Tugend verwandeln könnte. Feldman, so scheint es, ist ein Meister darin, historische Zitronen in philosemitische Limonade zu verwandeln.

Feldman fährt in ähnlicher Weise mehrere Seiten lang fort:

---

[35] In Wirklichkeit sagte Herodot, dass „nichts in Ägypten in diesen Zeiten [der letzten 11 000 Jahre] verändert wurde vergangenen 11 000 Jahren] – nichts, was in der Erde wuchs oder im Fluss lebte, war anders anders, und es gab keine Veränderung im Verlauf der Krankheiten oder in der Art und Weise Menschen starben" (II.142). Wie sich dies auf eine jüdische Tugend übertragen lässt, ist ein Rätsel.

[36] *Griechisches Leben*, Lycurgus, 27.

- Die Bemerkung von Kaiser Hadrian, dass alle Synagogenvorsteher auch Astrologen seien, „könnte durchaus als Kompliment betrachtet werden" (S. 214).
- Ein Vettius Valens bezeichnete „den ersten Juden, Abraham" [?] als „höchst wunderbar" – obwohl Abraham natürlich der Vorläufer mehrerer Völker war, nicht nur der Juden, wie wir gesehen haben.
- Pausanias bezog sich auf „eine hebräische Sibylle namens Sabbe, die Orakel gegeben haben soll", und sie einfach als Hebräerin zu bezeichnen, sagt Feldman, „steigert ihr Lob".
- Der griechische Philosoph Numenius (um 200 n. Chr.) behauptete eine Verbindung zwischen Platon und Moses und schrieb: „Was ist Platon anderes als Moses, der in attischem Griechisch spricht?" Dies, so Feldman, sei „eine große Huldigung an die Juden" (S. 215). Aber er geht fälschlicherweise davon aus, dass (a) Moses eine reale Person war, (b) eine tatsächliche Verbindung zwischen den beiden besteht und (c) Moses' Ideen den Ideen Platons vorausgingen. Und die Quelle dafür sind nach wie vor die höchst zweifelhaften Stromata des christlichen Vaters Clemens.
- Diogenes Laertius sagt, dass „einige nicht näher bezeichnete Autoren die Juden auf dieselben Ursprünge [d.h. die Heiligen Drei Könige] zurückführen. Das ist eine große Ehre, denn die Heiligen Drei Könige wurden als weise Männer par excellence verehrt" (S. 215-216). Nicht näher bezeichnete Autoren?
- Der Antisemit Apion kritisierte die Juden zunächst als blind, lahm und krank, und doch räumt er an anderer Stelle ein, dass sie bei ihrem Exodus die beschwerliche Reise nach Judäa in nur sechs Tagen zurückgelegt haben. Daher, so Feldman, „lobt Apion eigentlich die Stärke und den Mut der Israeliten" (S. 221). Wieder werden Zitronen in Limonade verwandelt; kann jemand dies wirklich als Kompliment ansehen?
- Mit einer ähnlich verzerrten Logik verwandelt Feldman den großen Kritiker der Juden, Tacitus, in einen Bewunderer: Über die Belagerung Jerusalems sagte Tacitus, die Juden seien fanatische Kämpfer gewesen, die „bei Männern und Frauen gleichermaßen hartnäckig waren ... Sie fürchteten das Leben

mehr als den Tod." Diese „Todesverachtung" (Feldman) wird in
eine Tugend umgewandelt, weil bestimmte Stoiker argumentiert
hatten, dass der Tod nicht zu fürchten sei.

- Aber „den größten Tribut... an die hohen ethischen Standards
  der Juden", so Feldman, „zollt Kaiser Severus", etwa 230 n.
  Chr., der sich gelegentlich auf Sprüche „von bestimmten Juden
  oder Christen" berief. Severus äußerte angeblich eine Version
  der Goldenen Regel: „Was du nicht willst, dass man dir tu', das
  füg' auch keinem andern zu" (S. 227). Feldman schreibt diese
  Regel Hillel dem Älteren zu, einem jüdischen Gelehrten, der um
  die Zeit Jesu herum lebte; und deshalb ist sie ein weiteres
  „Kompliment". Aber Feldman vergisst (oder ignoriert), dass die
  „Goldene Regel" eigentlich auf Platon zurückgeht; wenn
  überhaupt, dann lobte Severus Platon, nicht die Juden.[37]

„Insgesamt", so Feldman optimistisch, „hätten intelligente Beobachter in
der Antike viel Bewundernswertes am Judentum gefunden – und
insbesondere an den großen Gestalten der Bibel als Vorbildern der den
Alten so wichtigen Kardinaltugenden" (S. 232). Hätte, hätte, hätte... aber
tat es nicht. Natürlich findet man eine Handvoll geringfügig lobende
Bemerkungen, aber das wiegt in keiner Weise die überwältigend
negative Beurteilung durch eine große Anzahl von Hauptkritikern auf
oder gleicht sie aus. Der Leser ist eingeladen, Feldmans Kapitel 7, ja sein
ganzes Buch durchzulesen; man findet fast ausschließlich solche „weit
hergeholten", angedeutete oder unterstellte Bemerkungen, wie ich sie
oben gezeigt habe. Und dies ist, wie ich betone, der *einzige* Forscher, mit
der Behauptung positiver Bemerkungen in der Antike.[38]

Daher ist es meiner Meinung nach klar, dass die Juden in der antiken
Welt nur wenige oder gar keine Freunde hatten. Ihre Religion lehrte sie,
andere (die Heiden) zu verachten, und andere wiederum verachteten sie.
Aber der Ursprung war bei den Juden selbst zu suchen: ihre Religion,

---

[37] Platon: „Niemand soll mein Eigentum anrühren oder sich daran zu schaffen
machen ...; und wenn ich vernünftig bin, soll ich Wenn ich vernünftig bin, werde
ich das Eigentum anderer mit demselben Respekt behandeln" (*Gesetze*, XI,
913a).
[38] Das komplette Buch findet sich hier: https://library.mibckerala.org/lms_frame/
eBook/Jew and Gentile, in the Ancient – Louis H. Feldman.pdf

ihre Weltanschauung, ihre Werte. Sie glaubten, dass Gott ihnen die Herrschaft über die Erde versprochen hatte. Sie waren bereit, Nicht-Juden für ihre eigenen Zwecke zu benutzen und auszubeuten. Und sie waren bereit, zu töten und zu sterben, um ihre Ziele zu erreichen.

Diese Situation steht in direktem Zusammenhang mit den Umständen der römischen Besatzung und der Reaktion des Paulus. Die vorangegangene Analyse legt nahe, dass Paulus an nichts anderem interessiert war als an der Rettung „Israels", des jüdischen Volkes. Wir haben einige textliche Hinweise gesehen, die darauf hindeuten, dass er sogar bereit war, einen Mord zu begehen, um seine Ziele zu erreichen. Sicherlich hasste er die Römer abgrundtief, und doch sah er auch die Sinnlosigkeit einer direkten Konfrontation mit ihnen. Die gewalttätige Bewegung der Zeloten würde mit Sicherheit niedergeschlagen werden, ebenso wie jeder jüdische Aufstand. Es bedurfte etwas viel Subtileres und Klügeres, etwas Intellektuelleres, vielleicht sogar Spirituelles, um ihre Machtposition zu untergraben.

Im nächsten Kapitel werde ich meine Vorstellung von der Wahrheit darlegen – von dem, was meiner Meinung nach in jenen düsteren Tagen des alten Nahen Ostens tatsächlich geschah.

# KAPITEL 5
# REKONSTRUKTION DER WAHRHEIT

„Sie sagen, sie wären Juden, aber sie
sind Lügner."

Offenbarung (3,9)

„Beachte die jüdischen Mythen nicht..."
Titus (1,14)

Wir haben nun den Hintergrund, um die wahrscheinliche Wahrheit über
die Geschehnisse in den Anfangsjahren des Christentums zu rekonstruieren. Auch hier erhebe ich keinen Anspruch auf Gewissheit; das kann
niemand tun. Aber ich denke, die Gesamtheit der Fakten deutet auf ein
klares Szenario hin, in dem Paulus und seine jüdischen Mitstreiter einen
Jesus-Schwindel konstruierten, um die römische Herrschaft zu schwäch-
en und schließlich zu ihrem Untergang zu führen. Es hat ein paar Jahrhunderte gedauert, aber am Ende hat es erstaunlicherweise funktioniert.

Als Invasionsmacht in Palästina waren die Römer zahlenmäßig eine
kleine Minderheit, aber sie hatten Zugang zu unbegrenzter Macht. Die
Juden waren ebenfalls eine kleine Minderheit, konnten aber vor den
Römern die Macht über die Palästinenser übernehmen und behalten. (Die
Hasmonäer-Dynastie besaß ein Gebiet, das in etwa dem heutigen Israel
entsprach, obwohl es das gesamte Westjordanland und einen kleinen Teil
des heutigen Syriens umfasste). Für ihre Macht brauchte Rom zumindest
die stillschweigende Zustimmung der Massen – und die bekamen sie im
Großen und Ganzen auch. Die Römer kamen nicht als blutrünstige
Schlächter, sondern als Überbringer der Zivilisation. Sie kämpften nur,
wenn sie auf Widerstand stießen. Ihr Ziel war es nicht, Massen von
Menschen zu töten, sondern das Reich zu vergrößern. Als Beweis dafür
gewährten sie allen qualifizierten Personen, die in das neu expandierte
Reich aufgenommen wurden, sofort die Staatsbürgerschaft. Die breite
Öffentlichkeit hegte keine vorgefasste Abneigung gegen das Imperium
und mag es sogar begrüßt haben, wenn sie ihre frühere Herrschaft nicht

mochte – wie es in Palästina vor Rom wahrscheinlich der Fall war.[1] Rom brachte viele Vorteile und nur wenige Nachteile. Steuern mussten immer gezahlt werden, egal wer das Sagen hatte. Und in jedem Fall war man mehr Annehmlichkeiten, als ein Bürger der größten Macht der Welt.

Paulus war, wie wir gesehen haben, wahrscheinlich ein Mitglied der gewalttätigen Bewegung der Zeloten, welche die Römer und alle, die mit ihnen kollaborierten, militant bekämpfte. Paulus billigte sogar Mord, um seine Ziele zu erreichen. Als Jugendlicher erinnerte er sich wahrscheinlich an die Vertreibung der Juden aus Rom durch Tiberius im Jahr 19 n. Chr., und er kannte sicher auch den Versuch des Seianus, die Juden im Jahr 30 zu „vernichten". Wahrscheinlich kannte er auch das antijüdische Traktat des Apion, das in der gebildeten Gesellschaft kursierte. Die ganze Zeit über kämpften die Juden aktiv und passiv gegen die römische Herrschaft. Er musste mit ansehen, wie seine Mitstreiter zusammengetrieben und hingerichtet wurden, einige davon durch die unübersehbare Form der Kreuzigung, eine Strafe, die für Rebellen, Aufständische und andere Staatsverbrecher vorgesehen war. Alles in allem wäre dies eine äußerst bedrückende Situation gewesen.

Viele Juden waren entschlossen, mit den Römern zu leben und leben zu lassen. Herodes Antipatros („Antipas"), der nominelle „König" der Juden, war ein solcher Kollaborateur. Er fürchtete, den Zorn des Reiches auf sich zu ziehen, und forderte seine Mitstreiter auf, jegliche aufständischen Aktivitäten zu unterdrücken. Die meisten von ihnen befolgten offensichtlich seinen Rat. Es bedurfte wohl keiner großen Argumente; jeder nüchtern denkende Mensch konnte erkennen, dass militanter Widerstand zwecklos war.

So kam es, dass Paulus in den frühen 30er Jahren als (sagen wir) 28-jähriger junger Mann über seine Möglichkeiten nachdachte. Er hasste die Römer und verabscheute die gewöhnlichen Palästinenser, die sich freudig mit der Fremdherrschaft abfanden. Wie alle Juden fühlte er sich berufen, die Welt zu beherrschen. Die Römer in dieser Rolle zu sehen, muss sehr bitter gewesen sein.

Paulus muss daher auch das gesamte römische Projekt verachtet haben – eine zivilisatorische Kraft, die mit den Innovationen des antiken

---

[1] Siehe auch die Bemerkungen von Tacitus im vierten Kapitel, in dem er die Feindseligkeit zwischen Palästinensern und Juden beobachtet.

Griechenlands begann. Die Griechen begründeten die westliche Weltan-schauung, eine Weltanschauung, die Vernunft und Rationalität, empirisches Naturstudium und Logik in den Vordergrund stellte. Die Griechen schätzten das Leben und versuchten, es in vollen Zügen zu genießen. Ein Leben nach dem Tod war für sie reine Spekulation, und so legten sie allen Wert auf dieses Leben, ihr *wirkliches* Leben, anstatt für eine unbekannte Zukunft zu leben. Wie die Juden betrachteten sich auch die Griechen als ihren „barbarischen" Nachbarn überlegen, doch geschah dies aufgrund ihrer Leistungen im Leben und nicht aufgrund eines göttlichen Segens. Das griechische Wertesystem, das nun im mächtigen Römischen Reich aufgegangen war, war für die ganze Welt sichtbar. Sein Erfolg war für alle sichtbar.

Wie konnte Paulus sich so etwas widersetzen? Eine militante Aktion war praktisch selbstmörderisch. Politische Intrigen, die vielleicht bei einer regionalen Macht funktioniert hätten, waren hier hoffnungslos. Das Reich war zu groß und Rom zu weit entfernt, als dass jemand, der in Palästina lebte, direkten Einfluss hätte nehmen können. Die Juden selbst waren gespalten; einige waren bereit zu kämpfen, aber die meisten hatten sich damit abgefunden, die Sache auszusitzen, egal wie lange es dauern würde. Schließlich waren die Juden dafür bekannt, dass sie die Dinge immer langfristig betrachteten.

Dann, eines Tages, vielleicht auf dem Weg nach Damaskus, hatte der junge Paulus eine Idee: Was wäre, wenn er auf die Massen einwirken könnte – die armen, fehlgeleiteten, abergläubischen Massen –, um sie von Rom weg und auf die jüdische Seite zu lenken? Die örtliche Macht Roms ruhte auf ihnen, als Fundament, aber sie waren wie eine schwankende Sandbank; wenn sie „ausgehöhlt" werden könnten, dann könnte der mächtige römische Überbau vielleicht ins Wanken geraten und Risse bekommen – zumindest in Palästina. Wenn es gelänge, die Massen auf subtile Weise zu den Juden hin zu bewegen oder auch nur irgendwie moralisch zu degradieren – oder am besten *beides auf einmal* –, dann wären sie für Rom von geringem Nutzen. Die Römer könnten dann schließlich einfach aufgeben und verschwinden. Und unter den gegebenen Umständen würde das sicherlich als Sieg gewertet werden.

Aber wie? Das muss eine unmögliche Aufgabe gewesen sein. Nur ein Gott, nur eine neue Religion konnte ein solches Kunststück vollbringen. Und dann kam es, wie ein Blitz aus heiterem Himmel, „ein

Licht, heller als die Sonne" (Apg. 26,13) – eine Offenbarung, eine
wundersame Idee, die große Innovation des Paulus.

Wir können uns vorstellen, wie er bei sich denkt...

*Jesus! Er war der beliebte junge Rabbi aus Nazareth, der so viele
einfache Juden anlockte. Sie liebten und bewunderten ihn. Aber er
konnte seinen Mund nicht halten! Ständig sprach er davon, dass
sich das jüdische Volk gegen die Römer „erheben" müsse.
Schließlich – vor etwa drei Jahren – wurde er von den Römern
verhaftet und zusammen mit zwei seiner Freunde gekreuzigt.*

*Wenn ich mich recht erinnere, hatte er auch eine Vorliebe
dafür, in esoterischen Begriffen zu sprechen, über ein neues Reich
Gottes, das bald kommen würde, und über die böse, sündhafte
Natur dieser Teufel, der heidnischen Römer. „Bekämpft die
Teufel", sagte er, und dann ist eure Rettung nahe.*

*Die Leute sagten, dass dieser Jesus absolut göttlich war.
Was wäre, wenn ... er tatsächlich Gott war? Ein Gott in
Menschengestalt, wie Homer und andere es beschrieben haben?
Oder vielleicht, wie die ägyptischen Pharaonen, ein „Sohn"
Gottes? Wenn das der Fall war, dann haben die Römer Gott
gekreuzigt! Dann wären sie ja der leibhaftige Teufel.*

*Was für eine tolle Geschichte. Aber welche Beweise könnten
wir dafür anführen? Moment – sagten seine Anhänger nicht, er
sei von den Toten auferstanden, um seinen Dienst fortzusetzen? Es
gab einige Geschichten darüber, wie sie seinen Leichnam aus dem
Grab stahlen, nur um eine wundersame Auferstehung zu
behaupten. Niemand hat das wirklich geglaubt. Aber... was wäre,
wenn es wahr wäre? Oder zumindest wahr genug? Das könnte
unser Beweis sein.*

*Und wer soll das schon wissen? Das war vor drei Jahren,
und die meisten Menschen haben ihn inzwischen schon vergessen.
Aber noch wichtiger ist, dass die heidnischen Massen überhaupt
nichts von ihm gehört haben. Für sie wäre seine Geschichte
brandneu. Und sie sind diejenigen, die wir erreichen müssen.*

*Aber welche Botschaft könnte unser „Jesus" den Massen
vermitteln? Wir müssen natürlich Sympathien für unsere Seite gewinnen und der römischen Ideologie entgegenwirken. Wir müssen sie*

*für das Judentum gewinnen, aber sie nicht zu Juden machen – nein, das würde niemals funktionieren. Wir brauchen etwas Neues, einen „dritten Weg" zwischen Judentum und Heidentum.*

*Vielleicht könnten wir sie für den Anfang dazu bringen, unseren Gott, Jehova, anzubeten und nicht dieses lächerliche römische Pantheon. Wir müssen sie davon überzeugen, dass Gott sie liebt und dass er seinen Sohn auf die Erde geschickt hat, um sie zu „retten". Natürlich ist das lächerlich, aber diese abergläubischen, unwissenden Bauern werden fast alles schlucken. Ich denke, es könnte funktionieren...*

So oder so ähnlich könnten wir uns das vorstellen.

Die Geschichte ist nicht sonderlich weit hergeholt oder kompliziert. Ein Gottmensch kommt auf die Erde, predigt Liebe für die Massen und verspricht, sie zu „retten". Er wird zu Unrecht von den Bösen getötet. Dann erhebt er sich von den Toten und beweist seinen Anhängern, dass auch sie auferstehen und sich im ewigen Leben sonnen werden, wenn sie ihm und seinem Gott folgen. Diejenigen, die nicht glauben oder sich auf die Seite des Teufels schlagen, werden Gottes ewige Verdammnis erleiden – wohlgemerkt, Paulus verwendet nie direkt das Wort „Hölle", aber die Idee ist da. Paulus weiß, dass dieser Ansatz mit Zuckerbrot und Peitsche perfekt ist, um die abergläubischen Massen zu manipulieren.

Das ist in der Tat alles, was wir in den Briefen des Paulus lesen. Keine komplizierte Theologie, keine Lebensgeschichte Jesu, nicht einmal irgendwelche Wundergeschichten – nur ein Gott in Menschengestalt, der Liebe für alle predigt und nach dem Tod wieder auferstanden ist. Außerdem ist der Menschengott ein Jude – das ist perfekt. Sein „Vater" ist Jehova, der jüdische Gott – auch das ist perfekt. Die Geschichte konzentriert sich auf das Leben nach dem Tod und ist daher in der Lage, die Massen in ständiger Schwebe zu halten, in einem Zustand der „Hoffnung", für den sie ihr ganzes Leben aufwenden. Die Geschichte lädt auch zum Leiden ein, ja begrüßt es sogar; umso besser, wenn es an der Zeit ist, sich für die Sache zu opfern. Die ganze Perspektive ist also gleichzeitig pro-jüdisch und anti-römisch – eine ideale Situation.

Aber Paulus brauchte noch etwas: eine Botschaft des Widerstands. Sie konnte nicht explizit sein; das wäre zu offensichtlich, würde niemals die Massen anziehen und würde ihn wahrscheinlich hinrichten lassen. Sie musste subtiler sein. Keine ausdrückliche Erwähnung von Rom, nur „das Böse", „Satan", „die weltlichen Mächte". Das würde genügen.

Mit diesen Konzepten in der Hand machte sich Paulus an den Aufbau seiner Kirche.

## Von Menschen und Mythen

Bevor ich fortfahre, möchte ich auf einige der oben genannten Punkte näher eingehen. Einige Christusmythiker haben die mythologischen Ähnlichkeiten zwischen dem traditionellen Jesus und anderen, älteren Göttergeschichten hervorgehoben. Doherty, Price und Thompson haben unter anderem argumentiert, dass die vielen Parallelen zu älteren Mythologien darauf hindeuten, dass Paulus oder die Verfasser der Evangelien (oder andere) einfach aus älteren Traditionen gestohlen haben, als sie das Leben Jesu konstruierten. Ich glaube, dass das stimmt, obwohl es wahrscheinlich weniger kompliziert ist, als die Christus-Mythos-Forscher annehmen. Für den gegenwärtigen Zweck ist nur die Tatsache von Bedeutung, dass über Jahrhunderte hinweg bereits Ideen im Umlauf waren, die es Paulus leicht gemacht hätten, seine begrenzte Jesusgeschichte zu konstruieren.

Lassen Sie mich hier nur zwei Quellen nennen. Erstens, der Pharao Echnaton aus dem 14. Jahrhundert vor Christus. Berühmt als Ehemann von Nofretete und Vater von König Tut, war Echnaton mit ziemlicher Sicherheit der erste echte Philosophen-König der Welt. Als junger Mann und absoluter Herrscher Ägyptens bewies er eine bemerkenswerte Fähigkeit zu tiefem metaphysischem Denken. Seine wichtigste Errungenschaft war die Verdrängung des altägyptischen Pantheons durch einen einzigen Gott, *Aton* – die Sonne. Damit schuf er den ersten Monotheismus der Weltgeschichte. Möglicherweise war er die Wurzel der Ideen, aus denen schließlich das Judentum und das Christentum hervorgingen.

Von Echnatons Schriften ist nur sehr wenig erhalten, und ein Großteil seiner Philosophie ist unklar, aber das Wenige, das wir haben, zeigt einige verblüffende Parallelen zur Jesusgeschichte und zur christlichen Theologie im Allgemeinen. Vor allem Echnaton selbst scheint einen Christus ähnlichen Nimbus anzunehmen. Im Großen

Sonnengesang des Echnaton spricht dieser im Gebet direkt zum Aton. Er nennt sich seinen „geliebten Sohn" und fügt hinzu, dass „es keinen gibt, der dich [Aton] kennt, außer deinem Sohn [Echnaton]". Und weiter: „[Echnaton] dem du dich offenbart hast."

*Aton* bringt als Sonne Licht und Leben in die Welt: „Du bist das Licht der Erde." In der Tat: „Du bist das Leben selbst, alles lebt durch dich." Gegen Ende des Gedichts sagt Echnaton in einer sehr Christus ähnlichen Weise: „Du erhebst das Volk für den Sohn deines Leibes." Zum Schluss spricht Echnaton von seiner geliebten Königin Nofretete und erklärt, dass sie „lebt und verjüngt ist für immer und ewig".

Ähnliche Themen finden wir im Kleinen Sonnengesang. Wiederum direkt an Aton gerichtet, sagt Echnaton: „Deine Liebe ist groß, unermesslich. ... [Du] erfüllst die Zwei Länder mit deiner Liebe." Bemerkenswert ist, dass dieser „aufsteigende" Gott tatsächlich buchstäblich aufsteigt! „Jedes Herz bejubelt deinen Anblick, wenn du als ihr Herr auferstanden bist". Echnaton nennt sich selbst „deinen heiligen Sohn", der „dein Lob vorträgt". In der letzten Strophe lesen wir: „Ich bin dein Sohn, der dir dient, der deinen Namen verherrlicht. Deine Macht, deine Stärke, sind fest in meinem Herzen." Dann bekräftigt er erneut den Monotheismus: „Du bist eins." Die Parallelen sind wirklich faszinierend.[2]

Eine zweite wahrscheinliche Quelle ist viel bekannter: Homer. Nehmen wir nur die *Ilias*, die um 700 v. Chr. verfasst wurde. Hier gibt es zahlreiche Götter, die sich aktiv in menschliche Angelegenheiten einmischen, ähnlich wie im Alten Testament. Als Erzgottheit spielt Zeus die Rolle Jehovas. In Homers Universum gab es nicht wirklich einen Satan, aber er hatte Hades, den Herrn der Unterwelt. Und es gab auch keine wirkliche Hölle, aber es gab den Tartarus, die dunkelste Tiefe des Hauses des Todes.

Von besonderem Interesse sind die vielen Halbgötter Homers – diejenigen, die halb Mensch, halb Gott sind. Technisch gesehen war Jesus Christus ein Halbgott. Christen sprechen gerne vom „Wunder" der unbefleckten Empfängnis, von der Schwängerung Marias durch Gott, aber das war eine sehr alte und abgedroschene Idee. Die *Ilias* ist voll von

---

[2] Für einen ausführlicheren Bericht über Echnaton und seine Philosophie siehe *Son of God, Son of the Sun* von Savitri Devi (2015).

solchen Halbgöttern, der berühmteste ist Achilles (Sohn der Meeresgöttin Thetis und des sterblichen Peleus). Zeus war besonders produktiv und zeugte fast ein Dutzend „Söhne" von sterblichen Frauen: Aeacus, Amphion, Dardanus, Herakles/Hercules, Iasus, Minos, Perseus, Pirithous, Polydeuces, Rhadamanthys und Sarpedon. Auch andere Götter hatten Söhne: Aphrodite war die Mutter von Aeneas, Poseidon zeugte Theseus, und Hermes zeugte Eudoros, um nur drei zu nennen. Manchmal hatten sie Halbgöttertöchter. Helena von Troja war eine solche Person (Tochter des Zeus). Man hat den Eindruck, dass Halbgötter in der antiken Welt allgegenwärtig waren und an einer Stelle ruft Hera aus: „Viele, die um König Priamos mächtige Mauern kämpfen, sind Söhne der unsterblichen Götter" (16.533). Selbst als ein Halbgott war Jesus nichts Neues.

Es gibt noch andere wichtige Themen. Bei Homer kommen die Götter häufig in Menschengestalt auf die Erde. In Buch 5 erscheint der Kriegsgott Ares auf dem Schlachtfeld „in Gestalt des Läufers Acamas" (5.532), um die Truppen anzufeuern. Später, in Buch 13, erscheint der Gott Poseidon „in der Gestalt eines Propheten" (13.84), um zwei Krieger zu ermutigen; insbesondere „nimmt er die Gestalt und die unermüdliche Stimme von Calchas an" (13.57). Außerdem erfahren wir, dass die Toten gelegentlich von den Göttern „auferweckt" werden; als der Halbgott Sarpedon getötet wurde, „hob Apollon den Fürsten Sarpedon aus den Waffen, trug ihn weit weg von den Kämpfen, fort und fort..." (16.792). Wir sehen auch christusähnliche Beschreibungen; zum Beispiel „leuchten" die Halbgötter und sind ein „Licht" für die Welt: „die [sterbliche] Frau gebar dem Gott [Hermes] einen strahlenden Sohn, Eudorus..." (16.220). Auch hier finden wir eine Reihe bemerkenswerter Parallelen. Paulus und seine Kabale hatten reichlich Material, aus dem sie schöpfen konnten.

### Jesus wiedergeboren, als Rebell

Paulus hat diese mythologischen Vorläufer wahrscheinlich in seine Konstruktion von Jesus einbezogen. Aber wie ich schon sagte, brauchte er keine komplizierte Geschichte. Für seine Zwecke genügte es, dass Jesus Gott in menschlicher Gestalt war und nach dem Tod auferstanden war – das war's. Die Lebensgeschichte und die Lehren sind weitgehend irrelevant. Wir sehen das alles direkt in den Schriften. Nehmen wir Jesus als Gott. Im Brief an die Philipper spricht Paulus von „Christus Jesus, der, obwohl er in der Gestalt Gottes war, ..." (2,6). An anderer Stelle heißt es, Jesus sei „das Ebenbild des unsichtbaren Gottes, der Erstgeborene der ganzen Schöpfung" (Kol 15,1). Erst im letzten Evangelium, dem Johannes-Evangelium, ist wieder davon die Rede.

Noch wichtiger ist für Paulus die Betonung der Auferstehung. Das zeigt sich schon in den frühesten Briefen, den Galatern und den 1 Thessalonichern. In ersterem verweist er gleich zu Beginn auf „Jesus Christus und Gott, den Vater, der ihn von den Toten auferweckt hat" (1,1). Im zweiten schreibt er: „Denn da wir glauben, dass Jesus gestorben und auferstanden ist..." (4,14). Im Römerbrief lesen wir von „Jesus Christus..., der durch seine Auferstehung von den Toten zum Sohn Gottes in Kraft nach dem Geist der Heiligkeit bestimmt wurde" (1,4). Später im selben Brief sagt Paulus: „Wir sind also mit ihm begraben worden durch die Taufe in den Tod, damit, wie Christus durch die Herrlichkeit des Vaters von den Toten auferweckt wurde, auch wir in einem neuen Leben wandeln" (6,4). Und weiter: „Christus Jesus, der gestorben, ja, der auferweckt worden ist..." (8,34). Im 1. Korintherbrief bietet Paulus eine ausführlichere und erweiterte Diskussion an: „Christus ist für unsere Sünden gestorben..., er ist begraben worden, damit er am dritten Tag auferweckt werde, wie es in der Schrift steht" (15,3). Die Bedeutung dieses Ereignisses wird dann näher erläutert:

Wenn nun Christus als von den Toten auferweckt gepredigt wird, wie können dann einige von euch sagen, dass es keine Auferstehung der Toten gibt? Wenn es aber keine Auferstehung der Toten gibt, dann ist Christus nicht auferweckt worden; wenn Christus nicht auferweckt worden ist, dann ist unsere Verkündigung vergeblich und euer Glaube ist vergeblich. Man findet sogar, dass wir Gott falsch darstellen, weil wir von Gott bezeugt haben, dass er Christus auferweckt hat, den er nicht auferweckt hat, wenn es wahr ist, dass die Toten nicht auferweckt werden. Denn wenn die Toten nicht auferweckt werden, dann ist Christus nicht auferweckt worden. Ist Christus nicht auferweckt worden, so ist euer Glaube vergeblich, und ihr seid noch in euren Sünden. Dann sind auch die, die in Christus entschlafen sind, zugrunde gegangen. Wenn wir nur für dieses Leben auf Christus gehofft haben, sind wir von allen Menschen am meisten zu bedauern. Aber Christus ist von den Toten auferweckt worden, der Erstling der Entschlafenen. (15,12-20)

Ohne Auferstehung sind alle großen Pläne des Paulus „vergeblich". Niemand wird von der Göttlichkeit Jesu überzeugt sein, und deshalb werden sie ihm nicht folgen. Noch einmal: Selbst das Leben und die Reden Jesu waren für Paulus irrelevant. Die göttliche Auferstehung war alles. Nietzsche brachte es wie immer auf den Punkt:

> [Paulus] *erfand seine eigene Geschichte des frühesten Christentums.* ... Der Typus des Erlösers, die Lehre, die Praxis, der Tod, die Bedeutung des Todes, sogar das, was nach dem Tod kam – nichts blieb unangetastet, nichts blieb auch nur annähernd so wie in der Realität. Paulus hat einfach den Schwerpunkt der ganzen Existenz nach dieser Existenz verlegt – in die Lüge vom „auferstandenen" Jesus. Im Grunde brauchte er das Leben des Erlösers gar nicht – er brauchte den Tod am Kreuz und noch ein bisschen mehr.[3]

Und das ist der Kern des Schwindels. Alles andere ergibt sich ganz natürlich.

## Die Botschaft der Rebellion

Mit dieser einfachen Theologie im Gepäck war Paulus in einer guten Position, um seine Botschaft des Widerstands den Römern unterzujubeln. In all seinen Briefen finden wir zahlreiche Hinweise auf Versklavung, Revolution, Aufstand, Krieg, die Bedeutung der entmachteten Massen und so weiter. Im anfänglich verfassten Galaterbrief lesen wir von der Notwendigkeit, dass Jesus „uns errette von dieser gegenwärtigen, bösen Welt" (Gal 1,4). Später scheinen die „Elementarmächte" eine Anspielung auf das römische Pantheon zu sein:

---

[3] *Der Antichrist*, Abs. 42.

Einst, als ihr Gott noch nicht kanntet, wart ihr Sklaven der Götter, die in Wirklichkeit keine sind. Wie aber könnt ihr jetzt, da ihr Gott erkannt habt, vielmehr von Gott erkannt worden seid, wieder zu den schwachen und armseligen Elementarmächten zurückkehren? (4,8-9)

„Lasst euch nicht von den römischen Göttern versklaven", scheint er zu sagen. Und weiter: „Zur Freiheit hat uns Christus befreit. Bleibt daher fest und lasst euch nicht von neuem das Joch der Knechtschaft auflegen!" (5,1). Derselbe Gedanke der Abkehr von den römischen „Götzen" taucht in 1 Thessalonicher auf: „Denn sie selbst berichten ... wie ihr euch von den Götzen zu Gott bekehrt habt" (1 Thess 1,9). Unter den Römern wird es nur noch schlimmer werden, aber zum Glück ist da „Jesus, der uns errettet vor dem zukünftigen Zorn" (1 Thess 1,10).

Jesus wird allerdings erst kommen, wenn es vorher eine *Revolution* gibt. Paulus ist eindeutig: „Lasst euch von niemandem täuschen! Zuerst muss der Aufruhr gegen Gott kommen und der ‚Mensch der Gesetzlosigkeit' [d. h. der Kaiser] der zur Vernichtung bestimmt ist, muss auftreten. Er wird sich auflehnen und über alles hinwegsetzen, was Gott oder Heiligtum genannt wird, bis er sich schließlich im Tempel Gottes niederlässt und für Gott ausgibt." (1 Thess 2,3-4). Dies bezieht sich wahrscheinlich auf die Tatsache, dass der Kaiser zum Entsetzen der Juden darauf bestand, seine eigene Statue in ihrem Tempel aufzustellen. Oder es könnte eine Anspielung auf das jüdische Streben nach Weltdominanz sein – auf Paulus konsequente Ablehnung der Römer, die den Plan Gottes durchkreuzten, dass die Juden herrschen sollten.

Der Brief an die Römer enthält einige aufschlussreiche Passagen. Zunächst einmal erfahren wir, wer in diesem Schema die eigentliche Priorität hat: „Denn ich schäme mich des Evangeliums nicht; denn es ist eine Kraft Gottes, die selig macht alle, die glauben, die Juden zuerst und ebenso die Griechen" (Röm 1,16). Um gerettet zu werden, müssen die Griechen und Heiden Jehova anbeten: „Oder ist Gott allein der Gott der Juden? Ist er nicht auch der Gott der Heiden? Ja gewiss, auch der Heiden." (Röm 3,29). Und in der Tat, die Heiden werden gebraucht – um Israel zu retten: „Verstockung ist einem Teil Israels widerfahren, bis die volle Zahl der Heiden hinzugekommen ist. Und so wird ganz Israel gerettet werden, wie geschrieben steht" (Röm 11,25-26). „Denn ich wage nicht, von etwas anderem zu reden als von dem, was Christus durch mich gewirkt hat, um durch Wort und Tat den Gehorsam der Heiden zu gewinnen" (Röm 15,18). Wenn alles nach Plan läuft, „dann wird der Gott des Friedens bald Satan unter euren Füßen zertreten" (Röm 16,20).

Die interessantesten Passagen finden sich jedoch in 1 Korinther. Paulus spricht in vagen Worten von einem kommenden „Ende", das aber als Ende aller irdischen Macht verstanden wird – was natürlich Rom war. Wenn Christus wiederkommt, „dann kommt das Ende, wenn er Gott, dem Vater [d. h. Jehova], das Reich übergibt, nachdem er jede Herrschaft und jede Macht und Gewalt vernichtet hat" (1 Kor 15,24). Und weiter: [Die] „Herrscher dieser Welt, die vergehen" (1 Kor 2,6). Mit „Reich Gottes" meint Paulus ausdrücklich eine konkrete Herrschaftsmacht: „Denn das Reich Gottes steht nicht in Worten, sondern in Kraft" (1 Kor 4,20). Um seine Ziele zu erreichen, ist Paulus bereit, alles zu tun oder zu sagen: den Juden wird er wie ein Jude sein, den Nicht-Juden, wie ein Nicht-Jude, den Schwachen, wie ein Schwacher. Und tatsächlich sagt er „Allen bin ich alles geworden" (1 Kor 9,19-22).

Seine Betonung der „Schwachen" ist interessant. Paulus musste die niederen heidnischen Massen erreichen und sie daher als von Gott auserwählt darstellen. Wie in der Gesellschaft, so auch im menschlichen Körper: „Im Gegenteil, gerade die scheinbar schwächeren Glieder des Körpers sind unentbehrlich" (1 Kor 12,22). Gott selbst gibt „dem geringeren Glied höhere Ehre gegeben" (1 Kor 12,24). Noch deutlicher wird dies im anonymen Jakobusbrief: „Hat nicht Gott die Armen in der Welt auserwählt, reich im Glauben und Erben des Reiches zu sein?" (Jak 2,5). Natürlich finden wir diesen Gedanken später in der berühmten Verkündigung Jesu wieder, die „[Sanftmütigen] werden das Erdreich besitzen" (Mat 5,5).

Aber bei Paulus wird das Konzept mit verblüffender Klarheit zu Beginn von 1 Korinther vorgestellt. Er zielt direkt darauf ab, die Mächtigen, die Weisen, die Gelehrten – die Römer – zugunsten der Schwachen, Unwissenden und Besitzlosen zu untergraben. In (1 Kor 1,19) paraphrasiert Paulus Jesaja: „Ich will zunichtemachen die Weisheit der Weisen, und den Verstand der Verständigen will ich verwerfen." Dann kommt die entscheidende Stelle:

Seht doch, Brüder und Schwestern, auf eure Berufung. Nicht viele Weise nach dem Fleisch, nicht viele Mächtige, nicht viele Vornehme sind berufen.

Sondern was töricht ist vor der Welt, das hat Gott erwählt, damit er die Weisen zuschanden mache; und was schwach ist vor der Welt, das hat Gott erwählt, damit er zuschanden mache, was stark ist; und was gering ist vor der Welt und was verachtet ist, das hat Gott erwählt, *was nichts ist*, damit er zunichtemache, was etwas ist... (1,26-28; kursiv hinzugefügt)

Hier legt er den Kern des Plans dar. Die Römer sind die Mächtigen, die Edlen, die Weisen und Gelehrten, aber Gott hat sie nicht erwählt. Er hat euch erwählt, die schwachen und unwissenden Massen. Er wählte ausdrücklich „die Törichten", „die Niedrigen und Verachteten", er wählte sogar das, was nichts ist – um das, „was etwas ist" zu Fall zu bringen, nämlich das Römische Reich. Alles in allem eine bemerkenswerte Passage.

Genau dieser Gedanke, dass das Christentum sich an die Niedrigsten der Niedrigen in der Gesellschaft wendet, hat den griechischen Philosophen Celsus so irritiert. In seinem „Wahren Wort" (um 180 n. Chr.) schrieb er, die christliche Absurdität spreche nur „Wollarbeiter, Schuster, Wäscher und die ungebildetsten und Tölpel vom Land" an.[4] Das ist keine gute Gesellschaft – und entspricht doch ganz der Absicht des Paulus: die armen und ungebildeten Massen anzusprechen. Ist dies wirklich eine Religion, mit der ein denkender Mensch in Verbindung gebracht werden möchte?

Doch Paulus lässt sich nicht beirren. Die ungebildeten Massen sind sein eigentliches Zielpublikum. Immer wieder sehen wir, dass „die Schwachen" oder „die Sanftmütigen" der Schlüssel zum Erfolg sind. Christus selbst wird als sanftmütig dargestellt (2 Kor 10,1), und Jesus selbst soll zu Paulus gesagt haben: „Meine Kraft ist in der Schwachheit mächtig" (2 Kor 12,9). Paulus ist also mit seiner eigenen Schwäche „zufrieden": „Denn wenn ich schwach bin, dann bin ich stark."

Die Botschaft der Rebellion lässt sich vielleicht am besten im Epheserbrief zusammenfassen:

---

[4] Zitiert in Origens *Contra Celsus* (3.55).

Zieht an die Waffenrüstung Gottes, damit ihr bestehen könnt
gegen die listigen Anschläge des Teufels.

Denn wir haben nicht mit Fleisch und Blut zu kämpfen,
sondern mit Mächtigen und Gewaltigen, mit den Herren der Welt,
die über diese Finsternis herrschen, mit den bösen Geistern unter
dem Himmel. Deshalb ergreift die Waffenrüstung Gottes, damit
ihr an dem bösen Tag Widerstand leisten und alles überwinden
und das Feld behalten könnt. (Eph 6,11-13)

Paulus fährt fort, geschickt von „dem Schild des Glaubens", „dem Helm
des Heils" und „dem Schwert des Geistes" zu sprechen – nette
Tarnsprache. Kein Zweifel, die eigentliche Botschaft kam an.

Erinnern wir uns daran, dass all dies vor dem ersten jüdischen
Aufstand von 66-70 n. Chr. geschrieben wurde. Der Krieg lag in der
Luft, war aber noch nicht ausgebrochen. Die Juden waren bereit zu
kämpfen, aber die heidnischen Massen mussten psychologisch auf einen
kommenden esoterischen „Kampf mit Satan" vorbereitet werden. So
sehen wir immer wieder eine Botschaft des Konflikts, des Krieges, des
Aufruhrs. Und wo ist die berühmte „Botschaft der Liebe", die für das
Christentum so typisch ist? Die Liebe kommt später; jetzt ist die Zeit zu
kämpfen.

**Die Wahrheit der Evangelien**

Ich rekonstruiere also den wahrscheinlichen Ablauf der Ereignisse auf
der Grundlage eines Gesamtbildes und einer vollständigen Analyse der
Situation. Paulus, empört über die römische Herrschaft über Palästina,
ersann einen raffinierten Plan – eine neue Religion, die auf einem echten,
gekreuzigten Rabbi namens Jesus basierte, dessen Körper praktischerweise verschwunden war. Dieser seit drei Jahren tote Rabbi wird nun in
den Händen von Paulus zum Sohn Gottes, der hierher gesandt wurde, um
die Menschheit zu retten, und vor allem die niedrigen und verachteten
Massen. Ziel des Paulus ist es, die Massen dazu zu bringen, einen toten
Juden anzubeten, den unsichtbaren jüdischen Gott zu verehren und sich
die jüdischen Werte zu eigen zu machen. Lüdemann (2002: 99) hat dies
bereits vor zwei Jahrzehnten festgestellt: „Paulus lehrte seine heidnischen
Konvertiten zwei grundlegende Dinge: Den jüdischen Monotheismus

und die jüdische Ethik." Aber es gab noch eine weitere Komponente, die darin bestand, sie von der Macht und Majestät Roms abzuwenden. Oder besser: sich gegen die Macht Roms *aktiv zu wehren*, das nun als der leibhaftige Teufel angesehen wurde.

Gerade als das Leben des Paulus zu Ende ging, brach der Krieg aus und der große Tempel wurde zerstört. Wir können uns die Verzweiflung und Empörung der jüdischen Gemeinde nur vorstellen. Ihr Hass auf Rom muss atmosphärische Ausmaße angenommen haben. Falls die Juden noch Illusionen über eine friedliche Koexistenz hatten, so wurden diese zerschlagen. Militärische Antworten waren keine Option mehr. Vielleicht würde Paulus' „psychologischer" Trick, die Jesus-Schwindel, doch noch funktionieren. Aber sie müsste auf die nächste Stufe gehoben werden.

So kam es, dass die überlebenden Anhänger des Paulus – vielleicht Markus, Lukas, Petrus, Johannes und Matthäus – beschlossen, das Spiel fortzusetzen. Diese Gruppe von „kleinen Superlativ-Juden"[5] brauchte eine detailliertere Geschichte des Lebens Jesu; die vagen Anspielungen des Paulus auf einen realen Menschen reichten nicht mehr aus. Jemand – „Markus" – beschloss daher, Jesus ausführlich und direkt zu zitieren. Anders als die Paulusbriefe sollte dieses „Evangelium" (Paulus' Wort) für den Konsum der Massen (Heiden) bestimmt sein. Es musste beeindruckend sein – viele Wunder von ihrem Wundertäter. Am Ende waren es 19 Wunder Jesu, die in das kleinste der vier Evangelien gezwängt wurden.

Und es gab noch einige andere Premieren. Hier lesen wir zum ersten Mal von den 12 Aposteln, Jesus als Zimmermann und dem Konzept der Hölle. Auch hier macht Jesus eine kluge „Prophezeiung", dass der jüdische Tempel zerstört werden würde (13,1-2) – eine leicht zu treffende Aussage, wenn man bedenkt, dass der Tempel gerade tatsächlich zerstört wurde!

Hier erfahren wir auch erste Einzelheiten über den Prozess der Kreuzigung; interessanterweise werden sowohl die Juden als auch die Römer dafür verantwortlich gemacht. Jesus sagt voraus, dass „die Hohen [jüdischen] Priester und Schriftgelehrten" ihn „zum Tode verurteilen" und ihn dann „den Heiden [Römern] überliefern" werden, die ihn „töten"

---

[5] Nietzsche, *Antichrist* (Abs. 44).

werden (10,33-34). Dies ist aufschlussreich. Paulus, Markus und ihre Freunde hatten es natürlich mit zwei Gruppen von Gegnern zu tun: den Römern und ihren „ungläubigen" jüdischen Mitbürgern, vor allem den Pharisäern und Priestern, die niemals akzeptieren konnten, dass dieser „Jesus" der jüdische Messias war. Tatsächlich stießen sie bei ihren jüdischen Mitbürgern mit ziemlicher Sicherheit auf weitaus heftigeren Widerstand als bei allen anderen. Die Pharisäer wollten Jesus in Wahrheit „töten"; sie waren sein innerer Feind. Aber Markus musste die Römer als die eigentlichen Henker benennen, damit sich der Zorn gegen sie richtete. Es scheint jedoch, dass Markus' Wut auf seine jüdischen Mitbürger die Oberhand gewann. Noch Jahrhunderte danach gaben die Christen den Juden die Schuld an der Ermordung Jesu, ohne zu erkennen, dass die ganze Geschichte in erster Linie eine jüdische Konstruktion war. Vielleicht liegt am Ende doch eine Art von Gerechtigkeit in dieser Ironie.

Und schließlich musste Markus die Andeutungen von Rebellion herunterspielen. Wir müssen jetzt wie „Senfkörner" sein, klein und unauffällig, unsere Zeit anbieten und dabei das Reich Gottes verbreiten. Dennoch muss man, wenn es hart auf hart kommt, bereit sein, sein Leben für die Sache hinzugeben: „Denn wer sein Leben retten will, wird es verlieren; wer aber sein Leben verliert um [Jesu] und des Evangeliums willen, wird es retten" (8,35). Geben Sie die Hoffnung nicht auf, und vergessen Sie nie, dass „die Letzten die Ersten sein werden" (10,31). Das Chaos ist immer noch vorprogrammiert: „Denn es wird sich Nation gegen Nation erheben und Königreich gegen Königreich" (13,8). Der endgültige Sieg der Juden steht kurz bevor: „Es stehen einige hier, die den Tod nicht schmecken werden, bevor sie das Reich Gottes mit Macht kommen sehen" (9,1). Das Ende ist nahe.

Das Markusevangelium reichte offensichtlich für etwa 15 Jahre aus. Es muss wirksam gewesen sein, um Heiden anzuziehen und eine funktionierende Kirche aufzubauen. Aber dann gerieten die Dinge vielleicht ein wenig ins Stocken. Vielleicht wurde die kleine jüdische Gruppe ungeduldig. Vielleicht spaltete sie sich wegen taktischer Fragen ab. Was auch immer der Grund war, irgendwann um das Jahr 85 herum beschlossen zwei aus der Gruppe – „Lukas" und „Matthäus" –, dass sie einen noch detaillierteren Bericht über das Leben Jesu schreiben müssten. Aber offensichtlich konnten sich die beiden nicht auf einen einzigen Plan einigen, und so arbeiteten sie getrennt voneinander, wobei sie sich auf die Geschichte von Markus stützten und andere neue Ideen einflochten, die sie gemeinsam erfunden hatten. Jeder machte sich auf den Weg und entwarf sein eigenes neues Evangelium.

Die neuen Dokumente waren sehr viel ausführlicher als Markus. Tatsächlich waren beide fast doppelt so lang wie ihr Vorgänger. Sie mussten natürlich dieselbe Grundgeschichte beibehalten, aber jeder Mann fügte seine eigenen Ausschmückungen hinzu. Was war neu? Zum einen die Jungfrauengeburt in Bethlehem und die ganze Krippenszene. Diese tauchten nun, etwa 85 Jahre nach dem angeblichen Ereignis, zum ersten Mal überhaupt auf. Wir brauchen kaum zu fragen, wie viel Wahrheit in ihnen steckt. (Am Rande sei bemerkt, dass Matthäus die Sache mit dem Stern aufgenommen hat, während dies für Lukas offenbar ein unwichtiges Detail war, da er es ganz weggelassen hat.) Lukas hat eine Randnotiz über Jesus als 12-Jährigen eingefügt (2,41-51), etwas, das in den anderen drei Evangelien völlig fehlt. Die Bergpredigt erscheint zum ersten Mal, obwohl Matthäus eine viel längere Fassung als Lukas hat. In der Bergpredigt finden wir eine Reihe von berühmten Sprüchen, die wir alle noch nie zuvor gesehen haben: „Die Sanftmütigen werden das Erdreich besitzen" (Mt 5,5), „Ihr seid das Licht der Welt" (Mt 5,14), „Halte die andere Wange hin" (Mt 5,39; Lk 6,29), „Liebe deine Feinde" (Mt 5,44; Lk 6,27), „Du kannst nicht Gott und dem Mammon dienen" (Mt 6,24), „Richtet nicht" (Mt 7,1; Lk 6,37) – alle nun zum ersten Mal aufgezeichnet, etwa 50 Jahre nachdem sie angeblich auftauchten.

Andere Punkte waren einfach Ausarbeitungen von Themen aus Markus. Die antijüdische Rhetorik wird nun etwas schärfer. Die Juden werden als „Schlangenbrut" (Mt 3,7; 12,34; 23,33) und „geldgierig" (Lk 16,14) bezeichnet. Die Hölle wird stärker in den Vordergrund gerückt, nachdem offensichtlich vorangegangene Abschreckungstaktiken nicht ganz aufgegangen waren.[6] Und die Tugend des Leidens wird stärker betont.[7]

Schließlich nimmt auch das revolutionäre Gerede zu. Die Passagen von Markus werden in beide Evangelien übernommen, aber wir finden

---

[6] Siehe Mt 5,22, 5,30, 10,28, 25,46; Lk 10,15, 12,5.
[7] Siehe Mt 10,22; 24,9; Lk 6,22.

nun jeweils eine Reihe von auffallend expliziten Zeilen. Anhänger sollen nun praktisch ihre Familien für die Sache aufgeben:

- „Der Bruder wird seinen Bruder dem Tod überantworten und der Vater sein Kind, und die Kinder werden sich gegen die Eltern erheben und sie töten lassen; und ihr werdet von allen gehasst werden um meines Namens willen" (Mt 10,21).
- „Und jeder, der Häuser oder Brüder oder Schwestern oder Vater oder Mutter oder Kinder oder Äcker um meines Namens willen verlassen hat, wird das Hundertfache empfangen und das ewige Leben erben" (Mt 19,29).
- „Ich bin gekommen, um den Mann gegen seinen Vater und die Tochter gegen ihre Mutter aufzubringen... Wer Vater oder Mutter mehr liebt als mich, ist meiner nicht würdig" (Mt 10,35-37).
- „Wer nicht mit mir ist, der ist gegen mich" (Mt 12,30).
- „Von nun an werden sie in einem Haus entzweit sein, der Vater gegen den Sohn und der Sohn gegen den Vater, die Mutter gegen die Tochter und die Tochter gegen die Mutter, die Schwiegermutter gegen ihre Schwiegertochter und die Schwiegertochter gegen ihre Schwiegermutter" (Lk 12,52-53).
- „Wer zu mir kommt und nicht seinen eigenen Vater und seine Mutter und seine Frau und seine Kinder und seine Brüder und Schwestern, ja sogar sein eigenes Leben hasst, der kann nicht mein Jünger sein" (Lk 14,26).

Dies sind bemerkenswerte sektenähnliche Diktate, die aber vielleicht der von Juden geführten christlichen Bewegung angemessen sind, wo die verachteten Heiden ihre unterwürfige Rolle nach dem AT spielen sollen.

Dann gibt es Passagen mit offener Militanz. Bei Matthäus sagt Jesus: „Glaubt nicht, dass ich gekommen bin, um Frieden auf die Erde zu bringen; ich bin nicht gekommen, um Frieden zu bringen, sondern ein Schwert" (10,34) – wie unchristlich! Lukas lässt Jesus sagen: „Ich bin gekommen, um Feuer auf die Erde zu werfen... Meint ihr, dass ich gekommen bin, um Frieden auf Erden zu bringen? Nein, sage ich euch, sondern um Spaltung zu bringen" (12,49-51). Jeder Mensch muss seinen Teil beitragen: „Wer kein Schwert hat, verkaufe seinen Mantel und kaufe sich eins" (Lk 22,36). Jesus wird geradezu unbarmherzig: „Diese meine

Feinde, die nicht wollten, dass ich über sie herrsche, sollt ihr hierher bringen und vor meinen Augen umbringen" (Lk 19,27). All das ist notwendig, denn „der Teufel" beherrscht alle Reiche der Welt (Lk 4,5-6). Aber keine Sorge, wenn wir uns alle an den Plan halten und „dieses Evangelium des Reiches in der ganzen Welt gepredigt wird", dann „wird das Ende kommen" (Mt 24,14).

Und so wurden um das Jahr 85 herum zwei neue Evangelien in die Welt gesetzt.

Auch das reichte offenbar für ein gutes Jahrzehnt aus. Doch dann bricht ein weiteres Mitglied der Kabale, „Johannes", aus der Reihe und schlägt eine ganz andere Richtung ein. Er hat das Bedürfnis nach einer intellektuellen und esoterischen Jesus-Geschichte und konstruiert daher ein Evangelium mit abstrakten, fast philosophischen Begriffen und Konzepten. Es endet als mittellanger Essay, zwischen dem kurzen Markus und dem längeren Matthäus/Lukas. Wunder gibt es immer noch, aber sie werden jetzt heruntergespielt – nur acht erscheinen. Wir können uns vorstellen, dass Johannes verstanden hat, dass sein neues, eher intellektuelles Publikum wahrscheinlich nicht auf solchen Unsinn hereinfallen würde. Auch wird fast alles rebellische Gerede gestrichen. Offensichtlich würde die intellektuelle Zuhörerschaft nicht zu den Schwertern greifen.

Dieses vierte Evangelium beginnt mit einer bekanntlich kryptischen Passage: „Im Anfang war das Wort, und das Wort war bei Gott, und das Wort war Gott" (1,1). Ich habe diese Zeile an anderer Stelle ausführlich analysiert,[8] aber kurz gesagt, „Wort" im griechischen Originaltext ist „Logos", ein alter und komplexer philosophischer Begriff, der „Rede", „Wort", „Vernunft" oder „Logik" bedeutet. Die Vorstellung, dass „Logos Gott ist" oder „Logos bei Gott ist", stammt letztlich von Heraklit, etwa 450 v. Chr. Er glaubte an eine Art kosmischen Geist oder Intelligenz, den Logos, der alle Ereignisse im physischen Bereich lenkt. Für Johannes war dies ein durchaus „gewichtiges" Konzept, das er mit dem esoterischen Jesus gleichsetzen konnte. Und so übernahm er es ungestraft (vielleicht via Philo, der das Konzept in ähnlicher Weise vertrat).

Dementsprechend betont Johannes erneut den Gedanken, dass Jesus buchstäblich Gott ist. Jesus sagt: „Ich bin von Gott ausgegangen und

---

[8] Siehe Skrbina (2015: 19-20).

gekommen" (8,42), und weiter: „Bevor Abraham war, bin ich" (8,58). „Ich und der Vater sind eins", fügt er hinzu (10,30). Und weiter: „Wer mich gesehen hat, hat den Vater gesehen" (14,9). Offensichtlich war Jesus als Halbgott nicht länger ausreichend und musste ein vollwertiger Gott, oder gar Gott selbst werden.

Neu ist auch die Betonung der Massen als unmündige Herde und Jesus als ihr Hauptschaf oder Hirte. Jesus ist „das Lamm Gottes" (1,29), und später lesen wir einen längeren Abschnitt über Jesus als „die Tür der Schafe" (10,7), „der gute Hirte", der „sein Leben für die Schafe hingibt". Gegen Ende des Evangeliums weist der auferstandene Jesus seine Jünger an, „meine Lämmer zu weiden" und „meine Schafe zu hüten" (21,15-17). Dies alles steht im Einklang mit einer Abkehr von der Revolution und mit der Absicht die Intellektuellen zu besänftigen.

Das Evangelium endet abrupt mit einer angemessen empörenden Schlusszeile: „Aber es gibt noch viele andere Dinge, die Jesus getan hat; wenn man sie alle aufschreiben würde, könnte die Welt die Bücher nicht fassen, die geschrieben werden müssten" (21,25). Ein angemessen absurder Schluss für das letzte Evangelium.

So verstanden, ergibt der gesamte Ablauf der Ereignisse jetzt einen Sinn. Von der römischen Invasion bis zu Paulus' „Vision" in Damaskus, zu seinen Briefen, zum ersten jüdisch-römischen Krieg und zu den Evangelien – all das ist jetzt eine kohärente und konsistente Geschichte. Weitaus kohärenter sogar als die buchstäbliche Geschichte eines Halbgottes, der auf die Erde kommt, um die Menschheit zu retten. Aber meine alternative Darstellung hat zumindest eine wichtige Konsequenz: Der „heilige" Paulus und seine jüdische Kabale erweisen sich als eklatante Lügner. In der Tat sind sie die größten Lügner der gesamten aufgezeichneten Geschichte.

## Paul, Oberster Lügner

Erinnern Sie sich an meine obigen Ausführungen darüber, dass Paulus und die Verfasser der Evangelien zwei Arten von Feinden hatten: die Römer und ihre jüdischen Mitbürger, die zur Elite gehörten. In Wirklichkeit hatten sie noch einen dritten Feind: die *Wahrheit*. Paulus und seine Mitarbeiter wussten, dass sie die Massen belogen, aber das war ihnen egal. Die Heiden wurden von den Juden immer mit Verachtung behandelt, wie ich in Kapitel vier gezeigt habe. Sie konnten manipuliert, belästigt, angegriffen, geschlagen und sogar getötet werden, wenn es den jüdischen Zielen diente. Das war für sie kein Problem. Worüber sie sich jedoch Sorgen machen mussten, waren alle engagierten und hartnäckigen Wahrheitssucher in der Welt, die sich die Mühe machen könnten, ihren Schwindel zu entlarven. Die Kabale musste daher jede intellektuelle Methodik bekämpfen, die zur Wahrheit führen könnte: Empirie, Rationalität, Logik, gesunder Menschenverstand, „Wissenschaft". All diese Dinge würden von nun an zu Feinden der Kirche werden, verbündet mit dem Teufel.

Als Initiator des Schwindels gebührt Paulus ein Höchstmaß an Anerkennung oder, wenn man so will, an Schuld. Sein „Moment in Damaskus", wenn es denn einer war, setzte die ganze Serie von Ereignissen in Gang. Er konstruierte eine einfache und elementare Lüge, die sich auf gängige Vorstellungen in der Mythologie und einen Kern tatsächlicher Wahrheit stützte, um die heidnischen Massen zum Nutzen der Juden zu manipulieren. Es war, offen gestanden, ein brillanter Plan. Aber um ihn erfolgreich durchzuziehen, musste Paulus ein brillanter Lügner sein. Er musste reine Fiktion als absolute Wahrheit aufschreiben. Er musste den Leuten ins Gesicht lügen und so tun, als würde er es glauben. Er musste unschuldige und einfältige Bauern verführen und verängstigen, damit sie seinem ungeheuerlichen Machwerk Glauben schenkten. Und er tat es. Paulus – erfahrener Lügner, geschickter Lügner, Meister der Lüge.

Das ist keine neue Erkenntnis. In Kapitel vier habe ich zahlreiche antike Quellen zitiert, die die jüdische Misanthropie kritisierten, und die Bereitschaft zu lügen ist sicherlich mit dieser Klage vereinbar. Ptolemäus zum Beispiel nannte die Juden „skrupellos", „verräterisch", „dreist" und „intrigant". Leider wurden sie über Jahrhunderte hinweg als „Lügner" bezeichnet. In den frühen 1500er Jahren schrieb Martin Luther – der Gründer der lutherischen Kirche – ein ziemlich berüchtigtes Buch mit dem Titel *Von den Juden und ihren Lügen*. Darin erklärte er, dass „sie die Kunst des Lügens nicht vollkommen beherrschen; sie lügen so unbeholfen und ungeschickt, dass jeder, der nur ein wenig aufmerksam ist, es leicht erkennen kann"[9]—eine Aussage, die durchaus ein Motto für

---

[9] Luther (2020: 163).

das vorliegende Werk sein könnte. Ich bemerke auch die frappierende Ironie, dass ein Mann wie Luther, der sich so sehr gegen jüdische Lügen wandte, selbst auf die größte jüdische Lüge von allen hereinfiel.

1798 nannte der große deutsche Philosoph Immanuel Kant die Juden „ein Volk von Betrügern", und in einer späteren Vorlesung fügte er hinzu, dass „die Juden ... durch den Talmud die Erlaubnis haben, Betrug zu üben".[10] In seinem letzten Buch machte Arthur Schopenhauer einige ausführliche Beobachtungen über das jüdische Christentum. Er schrieb: „Wir sehen aus [Tacitus und Justinus], wie sehr die Juden zu allen Zeiten und von allen Völkern gehasst und verachtet wurden." Dies sei zum großen Teil darauf zurückzuführen, dass das jüdische Volk als „großer Meister im Lügen" galt.[11] In seiner gewohnt unverblümten, aber eleganten Terminologie sagte Nietzsche dies:

> Im Christentum, als der Kunst, heilig zu lügen, kommt das ganze Judentum, eine mehrhundertjährige jüdische aller ernsthafteste Vorübung und Technik zur letzten Meisterschaft. Der Christ, diese ultima ratio der Lüge, ist der Jude noch einmal – dreimal selbst... .[12]

Ähnliche Äußerungen kamen auch von ausdrücklichen Antisemiten. Hitler nannte die Juden „raffinierte Lügner" und eine „Rasse von dialektischen Lügnern" und fügte hinzu, dass „die Existenz den Juden zur Lüge zwingt, und zwar zur systematischen Lüge".[13] Und Joseph Goebbels schrieb in seinem persönlichen Tagebuch: „Der Jude war auch der erste, der die Lüge als Waffe in die Politik einführte. ... Er kann daher nicht nur als der Träger, sondern sogar als der Erfinder der Lüge unter den Menschen angesehen werden".[14]

Schließlich scheint eine Bemerkung von Voltaire hier von Bedeutung zu sein. Die Juden, sagte er, „sind alle mit einem rasenden Fanatismus im Herzen geboren... Es würde mich nicht im Geringsten über-

---

[10] Kant jeweils (1798/1978: 33) und (1997: 34). Für einen guten Überblick der Lügen im Talmud, siehe Bischoff (2023).
[11] Schopenhauer (1851/1974, vol 2: 357).
[12] *Der Antichrist*, Abs. 44.
[13] *Mein Kampf* (Band 1): Kap. 10.4, Kap. 2.25 und Kap. 11.12.
[14] Eintrag vom 13. Mai 1943.

raschen, wenn diese Menschen eines Tages tödlich für die Menschheit werden würden".[15] Wenn sich eine jüdische Lüge auf der ganzen Erde ausbreitet und schließlich mehr als 2 Milliarden Menschen anzieht, zum Feind der Wahrheit und der Vernunft wird und den Tod von Millionen von Menschen durch Inquisition, Hexenverbrennungen, Kreuzzüge und andere religiöse Gräueltaten verursacht – nun, ich denke, das könnte als tödliche Bedrohung angesehen werden.

Das entspricht dann meiner „Antagonismus-These": Paulus und seine Kabale[16] haben die Massen absichtlich belogen, ohne sich um ihr wahres Wohl zu kümmern, nur um die römische Herrschaft zu untergraben. Diese kleine Gruppe lockte unschuldige Menschen mit dem Versprechen des Himmels und verängstigte sie mit der Drohung der Hölle. Dieser psychologische Trick war Teil eines langfristigen Plans, mit dem Ziel, die Massen zu schwächen und in gewisser Weise moralisch zu korrumpieren, und der sie weglockte von der mächtigen und erfolgreichen griechisch-römischen Weltanschauung und mehr in Richtung einer orientalischen, jüdischen Sichtweise.

Wie wir wissen, dauerte es einige Zeit, aber die neue christliche Religion verbreitete sich und durchdrang schließlich die römische Welt. Im Jahr 315 trat Kaiser Konstantin selbst zum Christentum über. Im Jahr 380 erklärte Kaiser Theodosius das Christentum zur offiziellen Staatsreligion. Und nur 15 Jahre später, im Jahr 395, zerfiel das Reich und die klassische (westliche) Hälfte brach völlig zusammen. In dem daraufhin entstandenen Vakuum gewann das Christentum an Macht – ausgerechnet in Rom selbst. Der Sieg war vollbracht, rund 350 Jahre nachdem Paulus' große Vision ihm wie ein Blitz erschienen war, „heller als die Sonne".

---

[15] In Hertzberg (1968: 301).

[16] Ich habe in diesem Text durchgehend den Begriff „Kabale" verwendet, weil ich denke, dass das genau das richtige Wort ist. Eine Kabale ist „eine kleine Anzahl von Personen, die sich heimlich zusammenschließen, um einen Umsturz oder eine Usurpation herbeizuführen, insbesondere in öffentlichen Angelegenheiten". Das ist eine perfekte Beschreibung von Paulus und seiner Bande.

# KAPITEL 6
# PAULUS, ZERSTÖRER NICHT-JÜDISCHER FAMILIEN

Es gibt noch einen weiteren merkwürdigen Aspekt in Pauls Denken, der es wert ist, untersucht zu werden – etwas, das auf den ersten Blick bizarr erscheint, aber bei näherem Nachdenken recht gut zu meiner Schwindel-These passt. Es geht um Folgendes: Paulus ist gegen die Familie; oder genauer gesagt, gegen die nichtjüdische Familie. Bekanntlich ist er in Bezug auf sexuelle Beziehungen extrem prüde. Er ist gegen Sex, jeglichen Sex, überall, *selbst unter Verheirateten.* Die ideale Familie des Paulus für die Heiden ist eine sexlose Ehe, und damit eine freudlose Ehe, und schlimmer noch, eine *kinderlose* Ehe – in gewissem Sinne ist sie nicht einmal eine Familie im traditionellen Sinne. Und das alles im Namen Gottes und Jesu.

Indem Paulus zur „ewigen Keuschheit" aufruft, sogar unter den Verheirateten, kennzeichnet er sich selbst als Vertreter des Antinatalismus: jemand, der *das Kinderkriegen ablehnt.* Auch dies erscheint auf den ersten Blick verrückt. Aber es passt gut zu dem tief sitzenden jüdischen Hass auf Nichtjuden. Es geht nichts über die Ausrottung künftiger heidnischer Generationen durch „heilige Keuschheit". Und es passt auch gut zu der Vorstellung, dass Paulus buchstäblich geisteskrank ist – worauf ich im nächsten Kapitel eingehen werde. Aber es ist doppelt bizarr für einen bekennenden Christen, von dem man erwarten würde, dass er im wahrsten Sinne des Wortes „pro-life", für das Leben, ist. Katholiken sind schließlich für ihre großen Familien bekannt. Aber das ist seltsamerweise nicht der Fall. Paulus ist gegen Sex, gegen die Familie und damit gegen die Schöpfung. Die Geschichte ist faszinierend, schockierend und so gut wie unbekannt – oder zumindest unerkannt – unter christlichen Gelehrten.

Lassen Sie mich mit dem *Leiden* beginnen. Ein bekanntes Merkmal des Denkens von Paulus ist die Notwendigkeit des Leidens: Jesus wurde verurteilt und missbraucht, er hat gelitten und ist am Kreuz für unsere

Sünden gestorben, und deshalb müssen wir als gute Christen bereit sein, ebenfalls zu leiden. Daher wird Paulus im Extremfall masochistisch: wir begrüßen das Leiden, wir umarmen das Leiden, wir schwelgen im Leiden. (Anzeichen einer Geisteskrankheit?) Dies ermöglicht es uns, „wie Christus zu werden" und so – hoffentlich – das ewige Leben zu erlangen, wie er es tat. Die Passagen sind aufschlussreich; betrachten Sie die folgenden von Paulus, in grober chronologischer Reihenfolge:

Galater

- „Ich bin mit Christus gekreuzigt. Ich lebe, doch nun nicht ich, sondern Christus lebt in mir. Denn was ich jetzt lebe im Fleisch, das lebe ich im Glauben an den Sohn Gottes, der mich geliebt hat und sich selbst für mich dahingegeben. " (2,19–20). Durch das Leiden, sagt Paulus, hoffen wir auf eine Art Einheit mit Jesus.
- „Es sei aber fern von mir, mich zu rühmen als allein des Kreuzes unseres Herrn Jesus Christus, durch den mir die Welt gekreuzigt ist und ich der Welt.... Hinfort mache mir niemand weiter Mühe; denn ich trage die Malzeichen Jesu an meinem Leibe." (6,14.17). Wiederum behauptet Paulus, dass er „wie Jesus" geworden ist – körperlich!

2. Korinther

- „Denn wie die Leiden Christi reichlich über uns kommen, so werden wir auch reichlich getröstet durch Christus. Haben wir aber Trübsal, so geschieht es euch zu Trost und Heil. Haben wir Trost, so geschieht es zu eurem Trost, der sich wirksam erweist, wenn ihr mit Geduld dieselben Leiden ertragt, die auch wir leiden. Und unsre Hoffnung steht fest für euch, weil wir wissen: wie ihr an den Leiden teilhabt, so werdet ihr auch am Trost teilhaben." (1,5-7). Wiederum ein Aufruf, „am Leiden Jesu teilzuhaben".

Römer

- „Wir rühmen uns auch der Bedrängnisse, weil wir wissen, dass Bedrängnis Geduld bringt, Geduld aber Bewährung, Bewährung aber Hoffnung…" (5,3)

- „[Wir sind] Miterben Christi, wenn wir denn mit ihm leiden, damit wir auch mit zur Herrlichkeit erhoben werden." (8,17)

Philipper

- „Denn euch ist es gegeben um Christi willen, nicht allein an ihn zu glauben, sondern auch um seinetwillen zu leiden" (1,29).
- „Um seinetwillen ist mir [Paulus] das alles ein Schaden geworden, und ich erachte es für Dreck, damit ich Christus gewinne … Ihn möchte ich erkennen und die … Gemeinschaft seiner Leiden und so seinem Tode gleich gestaltet werden, damit ich gelange zur Auferstehung von den Toten." (3,8, 10-11)

Kolosser

- „Nun freue ich mich in den Leiden, die ich für euch leide, und erstatte an meinem Fleisch, was an den Leiden Christi noch fehlt, für seinen Leib, das ist die Kirche." (1,24) Wir sollen also für die Kirche – die Institution, das Dogma, das Paulus konstruiert – leiden.

Hebräer

- „[Jesus ist] »eine kleine Zeit niedriger gewesen als die Engel«, Jesus, sehen wir durch das Leiden des Todes »gekrönt mit Preis und Ehre«; denn durch Gottes Gnade sollte er für alle den Tod schmecken… dass er den, der viele Söhne zur Herrlichkeit geführt hat, den Anfänger ihres Heils, durch Leiden vollendete. " (2,9-10, 18).
- „So hat er, obwohl er der Sohn war, doch an dem, was er litt, Gehorsam gelernt." (5,8).

2. Timotheus

- „Und alle, die fromm leben wollen in Christus Jesus, müssen Verfolgung leiden." (3,12)

Es gibt zwei Formen des Leidens: tatsächlicher Schmerz (körperlich oder geistig) oder der Verzicht auf Vergnügen. Mit anderen Worten: Wenn wir auf Vergnügungen in dieser Welt verzichten – sinnliche Vergnügungen, körperliche Vergnügungen -, nehmen wir eine Art von Schmerz in Kauf: den Schmerz des Verlustes von etwas Vergnüglichem, das wir hätten erleben können, aber nicht haben. Es ist klar, dass das Schwelgen in weltlichen Vergnügungen zumindest das Gegenteil von dem ist, was Paulus im Sinn hat; und mehr noch, er erwartet von uns, dass wir hinausgehen und direkt leiden, unter Verfolgung, „Pfeil und Bogen", sogar unter körperlichem oder seelischem Missbrauch, alles um der „Kirche" willen und in der Hoffnung, „Christus gleich zu werden". Und wenn er einen Weg finden könnte, dies nicht tödlich zu tun, würde Paulus uns sicherlich dazu bringen, *uns selbst zu kreuzigen* – umso besser natürlich, um „Christus gleich zu werden".

Indem er auf Vergnügungen verzichtet, befürwortet Paulus eine Art Askese: einen freiwilligen Verzicht auf positive Erfahrungen für eine „höhere" Sache. Dementsprechend ist das sexuelle Verlangen das wichtigste Verlangen, auf das ein echter Asket verzichten muss. Das Zölibat, der Verzicht auf Sex, wird fast zu einem göttlichen Gebot. Und schließlich war Jesus selbst zölibatär – soweit wir wissen.[1]

Die seltsame Vorstellung vom ewigen christlichen Zölibat ist keine neue Offenbarung; sie wurde bereits vor 200 Jahren von dem großen deutschen Philosophen Arthur Schopenhauer erkannt. Er schrieb:

> Die asketische Tendenz ist im echten und ursprünglichen Christentum gewiss unverkennbar ... Wir finden als seine Hauptlehre die Empfehlung der echten und reinen Ehelosigkeit ... schon im Neuen Testament ausgedrückt.[2]

Mit dem „reinen und echten Zölibat" meint er, dass, gemäß ihrer eigenen Lehre, *gute Christen keinen Sex haben sollten – niemals*. Schopenhauer widmet dann die nächsten Seiten der Begründung dieser „ewigen Keuschheit", darunter diese Zeilen aus einem Buch des katholischen Schriftstellers Friedrich Carove von 1832:

---

[1] Vielleicht auch nicht: Das Talpiot-Grab (siehe Kapitel 3) enthält einen Knochenkasten mit der Inschrift „Judah, Sohn Jesu." Und über Mary Magdalena wurde schon lange spekuliert, eine Liebesbeziehung zu sein. Aber "offiziell" war Jesus zölibatär.
[2] Schopenhauer (1819/1966) Band 2, S. 616.

Kraft der kirchlichen Anschauung ... wird die ewige Keuschheit eine göttliche, himmlische, engelhafte Tugend genannt ... [Ich zitiere eine katholische Zeitschrift:] „Im Katholizismus erscheint die Beobachtung einer ewigen Keuschheit um Gottes willen an sich als das höchste Verdienst des Menschen." ... Sowohl für [Paulus als auch für den Autor des Hebräerbriefs] war die Jungfräulichkeit die Vollkommenheit, die Ehe nur ein Notbehelf für die Schwächeren... Das Ich sollte sich abwenden und von allem Abstand nehmen, was nur zu seinem Vergnügen beiträgt... Wir stimmen mit Abbe Zaccaria überein, der behauptet, dass der Zölibat... vor allem aus der Lehre Christi und des Apostels Paulus abgeleitet ist.[3]

Der Beweis für diese erstaunliche Behauptung muss letztlich aus unserer Hauptquelle, dem Neuen Testament, kommen. Schopenhauer zitiert zwei Passagen aus dem Paulusbrief. Die erste und älteste ist der 1. Thessalonicherbrief (4,3), eine seltsam kryptische Stelle. Paulus sagt: „Denn es ist der Wille Gottes, zu eurer Heiligung, dass ihr euch der Unzucht enthaltet". Ich zitiere hier das griechische Original – aber was ist porneias? In den verschiedenen englischen Übersetzungen finden wir eine Reihe von Begriffen wie „Unzucht" (RSV), „sexuelle Unmoral" (NKJV) und „Unzucht" (KJV), die alle auf unehelichen Sex, vielleicht unverheirateten Sex, vielleicht Ehebruch hindeuten. Aber wir finden auch weiter gefasste Begriffe wie „alle sexuellen Laster" (AMPC), „sexuelle Sünden" (ERV), „sexuelle Verunreinigung" (TPT) und sogar „Unkeuschheit" (RSV). Paulus fährt fort: „Ein jeder von euch weiß, wie man sich eine Frau nimmt in Heiligkeit und Ehre, nicht in der Leidenschaft der Lust wie ein Heide." Kann es sein, dass er damit andeuten will, dass Männer sich eine Frau als „Partnerin in Christus" nehmen und sich gleichzeitig der sexuellen Lust der Heiden enthalten?

Der zweite Abschnitt ist ein längerer Abschnitt aus 1. Auch hier ist der Text seltsam widersprüchlich. Zu Beginn des Kapitels sagt Paulus ganz unverblümt: „Es ist gut für einen Mann, keinen Geschlechtsverkehr mit einer Frau zu haben" (7,1). Aber wegen der „Versuchung zur Unzucht" – womit vermutlich der Geschlechtsverkehr gemeint ist – darf

---

[3] Ibid., S. 619-620.

sich ein Mann eine Frau nehmen. Paulus bekräftigt seinen eigenen unverheirateten Status und sagt dann: „Ich wünschte, dass alle so wären wie ich selbst. ... Den Unverheirateten und den Witwen sage ich, dass es gut für sie ist, ledig zu bleiben, wie ich es bin" (7,7-8). „Wenn sie sich aber nicht beherrschen können", d.h. wenn sie schwach sind, „dann sollen sie heiraten". Im weiteren Verlauf des Kapitels kommt Paulus auf das Thema zurück: „Seid ihr frei von einer Frau? Trachtet nicht nach der Ehe" (7,27). Zwei Zeilen später warnt er: „Diejenigen, die heiraten, werden weltliche Sorgen haben (!), und das möchte ich euch ersparen."

Paulus führt weiter aus, dass Verheiratete sich um weltliche Dinge und darum kümmern, sich gegenseitig zu gefallen, was von ihrer „ungeteilten Hingabe an den Herrn" ablenkt. Ein verheirateter Mann kann es gut haben, sagt Paulus, „aber wer sich von der Ehe fernhält, wird es besser haben" (7,38). Das sind markante Worte von unserem „Apostel der Heiden". Die Botschaft scheint klar zu sein – Paulus wird Sie akzeptieren, wenn Sie heiraten, aber er würde es viel lieber sehen, wenn Sie es nicht täten.

Und wir können weitere paulinische Stellen zitieren. Zum Beispiel, Kolosser (Kol 3,5): „So tötet nun alles, was zu eurer irdischen Natur gehört: die Unzucht, die Unreinheit, die Lust, die bösen Begierden und die Habsucht, die Götzendienst ist." Oder Galater (Gal 5,16-19): „Befriedigt nicht die Begierden des Fleisches. Denn die Begierden des Fleisches sind gegen den Geist... Die Taten des Fleisches sind offensichtlich: sexuelle Unzucht, Unreinheit und Ausschweifung..." Oder 1. Korinther (Kor 6,18): „Flieht die sexuelle Unmoral [gemeint ist der Geschlechtsverkehr]. Alle anderen Sünden, die ein Mensch begeht, sind außerhalb des Leibes; wer aber sexuell sündigt, sündigt gegen seinen eigenen Leib." Oder Römer (Röm 13,14): „Bekleidet euch vielmehr mit dem Herrn Jesus Christus und denkt nicht daran, wie ihr die Begierden des Fleisches befriedigen könnt." Wir könnten auch den pseudepigraphischen[4] Epheserbrief (Eph 5,3) einbeziehen: „Unter euch aber soll nicht der geringste Anflug von Unzucht, Unreinheit oder Habgier sein; denn das gehört sich nicht für das heilige Volk Gottes." Das ist puritanische Prüderie in Reinkultur. Paulus scheint es in der Tat

---

[4] Anm d. Ü: Pseudoepigraphie = Falschzuschreibung

sehr zu bevorzugen, dass seine Mitchristen überhaupt keine sexuellen Beziehungen haben.

Die Verfasser der Evangelien setzen dieses Thema fort. In Matthäus (Mat 19,10) schlagen die Jünger Jesus vor, „vielleicht ist es besser, nicht zu heiraten". Jesus gibt eine typisch kryptische Antwort, indem er vorschlägt, dass vielleicht Keuschheit das Beste sei:

> Nicht alle können dieses Wort annehmen, sondern nur die, denen es gegeben wurde. Denn es gibt Eunuchen, die so geboren wurden, und es gibt Eunuchen, die von anderen zu Eunuchen gemacht wurden – und es gibt solche, die um des Himmelreichs willen wie Eunuchen leben wollen. Diejenigen, die dies akzeptieren können, sollten es akzeptieren.

Offensichtlich wird hier vorgeschlagen, dass wir alle „wie ein Eunuch sein" und keinen Sex haben sollen. Im Lukasevangelium (Luk 20,34) spricht Jesus die zukünftige Auferstehung der Verheirateten an: „Die Menschen dieses Zeitalters heiraten und lassen sich verheiraten. Diejenigen aber, die für würdig erachtet werden, an dem kommenden Zeitalter und an der Auferstehung von den Toten teilzunehmen, werden weder heiraten noch sich verheiraten lassen..." In der Tat sind die Unverheirateten „den Engeln gleich und sind Söhne Gottes". Es ist klar, wer die bevorzugten Menschen sind.

Außerhalb der Evangelien und der Paulusbriefe haben wir 1 Johannes (Joh 2,15): „Liebt nicht die Welt oder die Dinge in der Welt. ... Denn alles, was in der Welt ist, die Lust des Fleisches und die Lust der Augen, ist nicht vom Vater, sondern ist von der Welt." Oder wir könnten 1 Petrus (2,11) zitieren: „Geliebte, ich ermahne euch, die ihr in der Fremde und im Exil lebt, euch von den Begierden des Fleisches zu enthalten, die Krieg gegen die Seele führen." Und in den späten Schriften der Offenbarung lesen wir, dass das Lamm Gottes nur mit denen auf die Erde zurückkehren wird, „die sich mit Frauen nicht befleckt haben, denn sie sind jungfräulich" (Off 14,4).

Was sollten wir aus all dem schließen? Es scheint, dass Schopenhauer Recht hat – dass ewige Keuschheit der vorgeschriebene Weg für alle guten Christen ist, ob alleinstehend oder verheiratet, jung oder alt. Jesus, Paulus und die Verfasser der Evangelien wollen alle, dass wir niemals Sex haben – niemals.

Aber warum? Warum ermutigt Paulus seine potenziellen Nachfolger, sich dauerhaft vom Sex fernzuhalten? Ist es nur wegen des „Leidens", das die ständige Frustration verursacht? Wohl kaum. Paulus hat diese Idee weder von „Jesus" noch von Gott erhalten; sie war eindeutig seine eigene Erfindung. Er hat sie ganz sicher nicht aus dem Alten Testament mit seinen zahlreichen Aufforderungen, „fruchtbar zu sein und sich zu vermehren", übernommen.[5] Die Idee einer zölibatären religiösen Gruppe war ihm nicht unbekannt, da sie im Laufe der Jahrhunderte für eine Reihe von esoterischen Kulten und geheimen Gruppen charakteristisch war. Aber Paulus wollte nicht irgendeine geheime Sekte gründen, sondern eine Massenbewegung von Nichtjuden. Er muss gewusst haben, dass es eine schlechte Organisationsstrategie war, von den Menschen zu verlangen, dass sie sich zur Keuschheit verpflichten. Offensichtlich hatte er einen zwingenden Grund, diese Komponente in seine neue Religion aufzunehmen.

Aber richtet sich „dauernde Keuschheit" gegen Nicht-Juden? Ja – weil sie durch das Verbot künftiger Kinder den nichtjüdischen Familien abträglich ist. Dies ist in der Tat die einzige praktische Folge von Paulus' Diktat: weniger nicht-jüdische Kinder. So gesehen, als Strategie für den jüdischen Vormachtanspruch, um die verhassten Nicht-Juden zu „besiegen", hat Paulus einen Weg gefunden, nichtjüdische Familien zu zerstören und das Wachstum ihrer Bevölkerung zu hemmen.

Und es war nicht nur Paulus, und es ging nicht nur um Sex. Oben habe ich zwei Keuschheitszitate aus dem Matthäus– und dem Lukas-Evangelium angeführt. Dieselben beiden Bücher enthalten, was nicht überrascht, auch eine Reihe von allgemeineren familienfeindlichen Passagen. In Matthäus 10,21 sagt Jesus: „Ein Bruder wird seinen Bruder zu Tode betrügen, und ein Vater sein Kind; Kinder werden sich gegen ihre Eltern auflehnen und sie töten lassen." In Matthäus 19,29 verkündet Jesus: „Und jeder, der Häuser oder Brüder oder Schwestern oder Vater oder Mutter oder Frau oder Kinder oder Äcker um meinetwillen verlassen hat, wird das Hundertfache empfangen und das ewige Leben

---

[5] Genesis 1,28, 9,1, 9,7, 17,20, 28,3, 35,11; Exodus 1,7; Leviticus 26,9; Jeremiah 23,3.

erben." Im Lukasevangelium (12,52) lesen wir: „Von nun an werden fünf in einer Familie gegeneinander sein, drei gegen zwei und zwei gegen drei." Und später (14,26) sagt Jesus: „Wer zu mir kommt und nicht Vater und Mutter, Frau und Kinder, Brüder und Schwestern hasst – ja, sogar sein eigenes Leben –, der kann nicht mein Jünger sein." Was ist das anderes als eine familien–zerstörende Botschaft, eine Ermahnung, die familiären Bande zu zerreißen und dabei keusch zu bleiben, einfach um „Jesus" willen? Dies ist eine klassische sektenähnliche Ermahnung, dank des Sektenführers Paulus.

Am Ende musste diese familienfeindliche Haltung natürlich aufgegeben werden, wie Schopenhauer selbst deutlich macht. Bereits Clemens von Alexandrien lehnte um 200 n. Chr. – vor allem in Buch 3 seiner Stromata – die ehe-, familien- und kinderfeindliche Haltung der frühen Judenchristen ab. Clemens wettert gegen frühere Väter wie Marcion und Tatian, die an der wörtlichen, antinatalistischen Lesart festhielten: „Sie lehren, dass man keine Ehe eingehen und keine Kinder zeugen soll, dass man keine weiteren unglücklichen Wesen in die Welt bringen und dem Tod neues Futter geben soll".[6] Auch Augustinus, der zwei Jahrhunderte später schrieb, erkannte dieses Dilemma bei den frühen Christenvätern: „Sie lehnen die Ehe ab und stellen sie auf eine Stufe mit Unzucht und anderen Lastern." Als bescheidene Verteidigung und vielleicht mit einem Hauch von komischer Ironie fügt er hinzu, dass bei massenhafter Enthaltsamkeit „das Reich Gottes viel schneller verwirklicht werden würde, da das Ende der Welt beschleunigt würde".[7]

Es war jedoch klar, dass die massenhafte ewige Keuschheit kein praktikabler Weg war, um eine weltweite Religion aufzubauen, und schließlich musste sie von Katholiken und Protestanten gleichermaßen aufgegeben oder „umgedeutet" werden. Sie mussten den zentralen Aspekt der christlichen Askese, die immerwährende Keuschheit, aufgeben; doch damit entzogen sie ihrer eigenen Religion ein Schlüsselelement. Schopenhauer resümiert: „Aus all dem scheint mir, dass der Katholizismus ein schändlich missbrauchtes und der Protestantismus ein entartetes Christentum ist".[8]

---

[6] Zitiert bei Schopenhauer (1819/1966), Vol. 2, S. 622 Notiz.
[7] Ibid., S. 618 Notiz.
[8] Ibid., S. 626.

*Der Jesus Schwindel*

# KAPITEL 7

# BILANZ, AUSBLICK

*Denn wir sind nicht ausgeklügelten Fabeln gefolgt, als wir euch kundgetan haben die Kraft und das Kommen unseres Herrn Jesus Christus...*
— 2 Petrus 1,16

*Gott weiß, dass ich nicht Lüge.*
— Paulus, Römer 11,31

*Ich sage die Wahrheit in Christus und lüge nicht…*
— Paulus, Römer 9,1

*Was ich euch aber schreibe – siehe, Gott weiß, Ich lüge nicht!*
— Paulus, Galater 1,20

Ich gehe davon aus, dass dem Leser an dieser Stelle viele Gedanken durch den Kopf gehen, vor allem aber viele mögliche Beschwerden, Kritikpunkte und Gegenbeweise. Das ist auch gut so. Ich werde zu gegebener Zeit auf so viele dieser Punkte eingehen, wie ich kann.

Doch zunächst ziehen wir an dieser Stelle Bilanz und fassen wir die zentralen Fakten kurz zusammen. Die älteste existierende Bibel stammt aus dem Jahr 350 n. Chr. Je weiter wir uns in der Zeit zurückbewegen, desto mehr schwindet unser Vertrauen in den tatsächlichen Text – einige Teile sind viel unsicherer als andere. Die Experten sind sich einig, dass die vier Evangelien auf die Jahre 70 bis 95 n. Chr. und die Paulusbriefe auf 50 bis 70 n. Chr. datiert werden. Das Neue Testament ist ebenso, wie das Alte Testament, durch und durch ein jüdisches Dokument. Paulus, die Verfasser der Evangelien, Jesus, Josef, die Jungfrau Maria und alle zwölf Apostel waren Juden. Viele Juden leisteten praktisch seit Beginn der Eroberung Roms im Jahr 63 v. Chr. aktiven und passiven Widerstand gegen Rom. Zwischen den Jahren Null und 93 n. Chr. haben wir absolut keine unabhängigen, bestätigenden Beweise für Dinge wie den Stern von Bethlehem, eines der 36 Wunder Jesu, eines der Wunder der Apostel oder eines der christlich-spezifischen Ereignisse, die im Neuen Testament beschrieben werden. Josephus' kurze Erwähnung im Jahr 93 ist die erste unabhängige Bestätigung für die bloße Existenz einer christlichen Bewegung, gefolgt von Tacitus und Plinius um das Jahr 115.

Wir wissen außerdem mit Sicherheit, dass die Juden von Anfang an, etwa 1200 v. Chr., in einer konfrontativen und feindseligen Beziehung zu ihren Nachbarn standen. Wir wissen, dass sie sich selbst als etwas Besonderes, Andersartiges und dem Rest der Menschheit Überlegenes ansahen. Wir wissen, dass sie glaubten, sie hätten ein gottgegebenes Recht, die Welt zu beherrschen und zu regieren. Und wir wissen, dass diese Haltung als Antwort einen Hass der Nicht-Juden auf sie hervorrief, der seither immer wieder aufflammt. All diese Tatsachen werden von allen Parteien, Christen wie Nichtchristen, weitgehend akzeptiert.

**Einige mögliche Erklärungen**

Wie können wir also die offensichtlichen Diskrepanzen und Ungereimtheiten erklären? Ich habe im Laufe dieses Buches verschiedene Ansätze zu dieser Situation erwogen. Lassen Sie mich diese in Form von vier möglichen Theorien zusammenfassen, von denen jede eine andere Antwort auf die zahlreichen Probleme bietet, mit denen wir konfrontiert sind. Die erste ist die konventionelle Geschichte:

1. **Die biblische These**: Jesus war der wundertätige Sohn Gottes, der auf die Erde kam, um die Menschheit zu retten. Der biblische Bericht über sein Leben ist weitgehend oder vollständig korrekt.

Nach dieser Auffassung haben wir keine zeitgenössischen Beweise für Jesus, weil sie entweder (a) von den Römern zerstört wurden oder (b) versehentlich in der Geschichte verloren gegangen sind. Der Bericht des Paulus ist wahr, weil er mit einigen der Apostel persönlich zusammengetroffen ist. Zwei der Evangelienschreiber waren Apostel (Matthäus und Johannes), und die beiden anderen waren enge Mitarbeiter der Apostel, und daher kann man ihnen allen vertrauen. Alle

Diskrepanzen in den Evangelien sind auf „unterschiedliche Sichtweisen derselben Ereignisse" zurückzuführen, nicht auf Fehler oder Irrtümer. Paulus und seine jüdischen Mitstreiter hatten keinerlei böswillige Absichten; sie waren aufrichtig zum Christentum bekehrt und versuchten selbstlos, das Gute Wort der ganzen Menschheit zu bringen.

Die große Mehrheit der Jesus-Skeptiker, die im ersten Kapitel erwähnt wurden, scheinen eine Variante der Christus-Mythos-These zu vertreten:

2. **Christus-Mythos-These**: Jesus war eine frei erfundene Persönlichkeit, die auf antiken Mythen und Archetypen beruhte. Seine Geschichte wurde entweder von Paulus, den Schreibern der Evangelien oder verschiedenen anderen späteren Persönlichkeiten aus dem Hut gezaubert, aus unklaren Gründen: vielleicht, um eine Religion und eine Religion und Kirche zu fördern, die ihnen persönlich irgendwie nützen würde.

Die Probleme mit den Beweisen und der Chronologie deuten alle auf einen völlig konstruierten mythischen Mann, einen göttlichen Jesus, hin, der das menschliche Unterbewusstsein anzapft, indem er sich auf klassische Archetypen beruft. Die Motive von Paulus (oder wem auch immer) sind entweder unbekannt oder waren vermutlich der Wunsch nach Selbstverherrlichung und Macht, indem sie sich in den Mittelpunkt einer neuen Religion stellten. Dafür riskierten sie Verfolgung und Tod.

Ich plädiere dagegen für etwas anderes:

3. **Antagonismus-These**: Jesus war eine historische Person, aber nicht der Sohn Gottes. Seine Geschichte ist eine phantasievolle Ausarbeitung einiger Körnchen Wahrheit, die von Paulus und seinen Freunden geschaffen wurde, um eine antirömische Ideologie zu schaffen, die darauf abzielt, die Massen zu verderben und zu verwirren und so das römische Imperium zu untergraben.

Meine These befasst sich mit *der Frage des Motivs*, etwas, das bei den anderen Skeptikern völlig fehlt. Ich habe gezeigt, dass die Juden einen tiefen Hass auf die heidnischen Massen und insbesondere auf die Römer hegten und dass daher Einzelne alles getan hätten – einschließlich der Lüge und der Gefährdung des eigenen Lebens –, um dem jüdischen Volk zu helfen. Die Christus-Mythos-Theorie und andere skeptische Sichtweisen bieten für das Motiv keine gute Erklärung an. Das bloße Streben nach persönlichem Gewinn ist wenig glaubhaft. Die geringen Erfolgschancen in Verbindung mit dem hohen Risiko einer Inhaftierung und/oder Hinrichtung würden jeden nebulös erwarteten Vorteil mehr als aufwiegen. Das ist der fatale Fehler den alle Vertreter der Christus-Mythos-Theorie begehen.

Aber es gibt auch andere Möglichkeiten, die weniger schädlich sind als die Christus-Mythos-Theorie oder der antagonistische Ansatz. Was wäre zum Beispiel, wenn Jesus lediglich eine historische Figur war, ein sterblicher Rabbi, dessen Leistungen im Laufe der Zeit ausgeschmückt wurden und die schließlich legendären und sogar göttlichen Status erlangten? Und was wäre, wenn jemand, der diese erstaunlichen Geschichten hörte, beschloss – in guter Absicht – sie zu dokumentieren? Wir können dies die Gerüchtethese nennen:

4.  **Gerüchtethese**: Die Geschichten über einen außergewöhn-lichen, aber sterblichen Mann, einen historischen Jesus, wurden im Laufe der Zeit durch mündliche Überlieferungen übertrieben und verschönert. Nach etwa 40 Jahren hörte „Markus" die Geschichten, glaubte sie ahnungslos und schrieb sie als wörtliche Wahrheit nieder. Dies geschah wiederum nach 50 Jahren bei Matthäus und Lukas und nach 60 Jahren bei Johannes.

Das ist theoretisch möglich, aber höchst unwahrscheinlich. Selbst in der Antike waren die Menschen keine Idioten. Wie konnte ein Markus ohne offensichtliche Beweise oder Bestätigungen solch fantastische Geschichten annehmen? Und sie so vollständig akzeptieren, dass er sie als faktische Wahrheit, als reale und tatsächliche Ereignisse niederschrieb? Und wie konnte das Gleiche dann noch dreimal passieren, und zwar drei verschiedenen Personen? Das widerspricht jedem gesunden Menschenverstand, ganz abgesehen davon, dass für diesen Verlauf keinerlei Belege gibt.

Außerdem kann die Gerüchtethese nicht für Paulus gelten. Er war zu nahe an den tatsächlichen Ereignissen dran, als dass er unschuldig an solche Geschichten hätte glauben können, die ohnehin unmöglich innerhalb nur weniger Jahre so unglaublich übertrieben werden konnten. Paulus war ein kluger Mann. Konnte er wirklich so sehr auf eine frei erfundene Geschichte über einen jüdischen Messias hereinfallen, dass er sein Leben der Verbreitung dieser Geschichte widmete? Das erscheint, gelinde gesagt, höchst zweifelhaft.

Gibt es noch andere mögliche Thesen? Natürlich und hier ist eine davon:

5. **Römische Verschwörungsthese**: Dabei liegen die Ursprünge des Christentums nicht bei den Juden, sondern *den Römern*. Und das Zielpublikum waren nicht die Heiden, sondern *die Juden*. Nach dieser These sorgten sich die Römer sehr über die widerspenstigen Hebräer in Palästina. Daher betrieben sie die Stiftung einer neuen jüdisch-christlichen Theologie, mit dem Ziel, die Juden zu befrieden. Diese These existiert in zwei Variationen: (a) Josephus hat (maßgeblich) die Evangelien verfasst und (b) Paulus war selbst ein Römischer „Geheimagent", der für Rom gegen seine Mit-Juden arbeitete.

Die These (a) wird fast ausschließlich von einem Mann, Joseph Attwill, in einem Buch, *Cäsars Messias* (*Caesar's Messiah*, 2005), propagiert. Für einen Mann mit wenig sichtbarer Ausbildung oder Begabung als Forscher, Schriftsteller oder Theologe, und nicht einmal einem Universitätsabschluss ist es recht überraschend, dass dieses eine Buch diese hohe Aufmerksamkeit bekommt. Attwill stimmt zu, dass es einen historischen Jesus gab. Einen Rabbi, der gekreuzigt wurde, aber der keine Wunder tätigte und in keiner Weise ein Sohn Gottes war. Doch dann behauptet er, dass unter der Flavischen Dynastie – Kaiser Vespasian (Regierungszeit 69 bis 79), Titus (79 bis 81) und Domitian (81 bis 96) – ein Plan entworfen wurde, den Juden Josephus mit der Gründung einer neuen, pazifistischen, pro-römischen Theologie zu beauftragen, um die rebellischen Juden unter Kontrolle zu bringen. Das ist sichtlich absurd, und würde eine überwältigende Menge an stichhaltigen Beweisen erfordern, um zu überzeugen. Es genügt zu sagen, dass Attwill diese Beweise nicht liefert.[1]

Es gibt jedoch einige tatsächliche Beweise für eine jüdische oder christliche Beteiligung an den Flaviern, die unabhängig davon interessant sind. Es geht um einen Titus Flavius Clemens (geb. 50 n. Chr.), einen Cousin von Kaiser Domitian, und um Clemens' Frau Flavia Domitilla (geb. 60 n. Chr.), die Domitians Nichte war. Clemens war ein unbedeutender Funktionär („Konsul") im Reich, genoss aber sicherlich ein gewisses Prestige, da er mit den Flaviern verwandt war. Domitian hatte jedoch offenbar wenig Zuneigung zu Clemens oder Domitilla, trotz der familiären Beziehungen.

Im 15. Jahr seiner Herrschaft (95 n. Chr.) beschloss Domitian, Clemens hinzurichten und Domitilla zu verbannen. Der Grund? Cassius Dio schreibt: „Die Anklage, die gegen beide erhoben wurde, war die des Atheismus, eine Anklage, aufgrund derer viele andere verurteilt wurden, die in die jüdischen Wege abglitten".[2] Das ist eine sehr seltsame Bemerkung; was genau sind die „jüdischen Wege", auf die sich Dio bezieht? Offensichtlich waren sie etwas Religiöses, daher der Vorwurf des Atheismus. War das Paar zum Judentum konvertiert? Unwahrscheinlich. Wahrscheinlicher ist, dass es sich um das Christentum handelte, das zu jener Zeit noch als etwas Jüdisches angesehen wurde (was es natürlich auch war – und immer noch ist). Es ist wahrscheinlich, dass das Paar zum Judenchristentum „konvertiert" war, das von den traditionellen Römern als blasphemischer und gefährlicher Atheismus angesehen wurde. Und in den 90er Jahren n. Chr. wurde es offensichtlich als ausreichende Bedrohung angesehen, um den Tod zu rechtfertigen – sogar für die eigene Familie. Das ist bezeichnend, stützt aber keineswegs eine römische Verschwörungsthese; im Gegenteil: Wenn das Judenchristentum eine Todesstrafe durch den Kaiser selbst rechtfertigte, dann ist es absurd zu glauben, dass er oder seine Familie dahinter steckten.

Die These (b), dass Paulus ein geheimer römischer Agent war, geht vor allem auf James Valliant und sein (gemeinsam mit Warren Fahy

---

[1] Richard Carrier liefert eine gute Kritik in seinem Blog unter dem Stichwort „Atwell's cranked-up Jesus" (2013)

[2] In seiner *Römischen Geschichte* (ca. 230 n. Chr.), 67.14. Sueton kommentiert kurz den den Mord: „[Domitian] exekutierte plötzlich und unter einem trivialen Vorwand seinen eigenen Cousin, Flavius Clemens" (*Twelve Caesars*, 12.15).

verfasstes) Buch *Creating Christ: How Roman Emperors Invented Christianity* (2018). Der Grundgedanke wurde jedoch bereits 2008 von Thijs Voskuilen und Rose Mary Sheldon in ihrem Buch *Operation Messiah* veröffentlicht. Und eine verwandte Theorie wird von Henry Davis in seinem Buch *Creating Christianity: A Weapon of Ancient Rome* (2018).

Doch wie zu vermuten ist, gibt es hier eine Reihe von ernsthaften Problemen. Zunächst einmal sind die Qualifikationen dieser Autoren im Allgemeinen recht zweifelhaft. Valliant ist Anwalt, Fahy Romanautor (!), und Davis scheint ein britischer Student zu sein, der noch keinen Abschluss hat. Voskuilen hat offenbar nur einen BA-Abschluss; nur Sheldon verfügt über einen vollständigen akademischen Abschluss und hat eine Reihe von Büchern bei großen Verlagen veröffentlicht. Nicht, dass dies unüberwindbare Probleme wären, aber man sollte doppelt misstrauisch sein gegenüber einer Autorin, die keine Veröffentlichungen vorweisen kann und keine wirkliche Ausbildung in akademischer Forschung hat.

In all diesen Büchern wird derselbe allgemeine Ansatz verfolgt: Die römische Elite, vor allem die Flavier, beschloss, einige militante Juden – zunächst Paulus, dann vielleicht Jakobus, Petrus und andere – anzuwerben, um eine neue pazifistische Religion zu schaffen, die unter den rebellischen Juden in Judäa verbreitet werden konnte. Später schrieben einige ungenannte Römer die Evangelien, um die Jesus-Geschichte zu vervollständigen und zu bekräftigen. Die ganze christliche Geschichte war eine Art „psychologische Kriegsführung", die Rom geschickt gegen die Juden einsetzte.

Es gibt viele Probleme und ungelöste Fragen bei diesem gesamten Ansatz, sowohl bei der (a) als auch bei der (b) Version:

- Wann und wie kam die römische Elite überhaupt mit einem jüdischen Zeltmacher wie Paulus in Kontakt?
- Haben sie ihn bestochen? Drohten sie ihm?
- Nach allem, was man hört, war Paulus gegen Rom, nicht für Rom, und er konzentrierte sich auf die Heiden, nicht auf die Juden:
  - Paulus erklärte sich selbst zum „Apostel der Heiden", nicht der Juden.

- ◦ Es gibt praktisch keine pro-römischen Aussagen in seinen Briefen.
- ◦ Paulus wurde angeblich von den Römern getötet.
- • Das Christentum selbst ist von Natur aus antirömisch:
  - ◦ Sie will, dass die Anhänger den jüdischen Gott lieben, nicht das römische Pantheon.
  - ◦ Sie will, dass ihre Anhänger einen jüdischen Rabbi, Jesus, lieben.
  - ◦ Sie lehnt Reichtum und Macht ab.
  - ◦ Sie lobt die Sanftmütigen.
  - ◦ Ihr Fokus auf das Leben nach dem Tod steht im Gegensatz zum griechisch/römischen Fokus auf das gegenwärtige Leben.
- • Führende Römer konvertierten schließlich zum Christentum; aber warum sollten sie ihren eigenen Schwindel glauben?
- • In den Evangelien heißt es, die Juden hätten Jesus getötet – wie kann diese Vorstellung die Juden besänftigen?
- • Jesus als gekreuzigter Messias steht in direktem Gegensatz zum orthodoxen Judentum, das einen mächtigen und siegreichen Messias hier auf Erden erwartet.
- • Das Buch der Offenbarung ist eindeutig gegen Rom gerichtet; „Babylon" ist ein anerkanntes Codewort für Rom. Welcher Römer hat das geschrieben, und warum?
- • Wenn das Christentum eine strategische Lüge der Römer war, um die Juden zu besänftigen, dann ist sie kläglich gescheitert: Es gab den ersten Jüdischen Krieg (66-70), dann einen zweiten (115) und dann einen dritten (135).

Abgesehen von all dem gibt es ein faszinierendes Merkmal der römischen Verschwörungsthese: Sie scheint darauf angelegt zu sein, die Aufmerksamkeit von den Juden als Schuldigen abzulenken und sie den Römern zuzuschieben. Ich habe nichts dagegen, wenn es dafür stichhaltige Beweise gibt, aber es gibt einfach keine, ehrlich gesagt. So wirkt die ganze These wie eine Ablenkungstaktik, um den Blick von den Juden als Betrüger und Verschwörer abzulenken. Sie lenkt ihn auf die römische Elite, die Massenmedien mit Vorliebe hassen.

Nach dieser These sind die Juden keine Täter, sondern *Opfer* – was gut zu ihrer langen Tradition des Opferstatus passt. Und schlimmer noch:

Sie sind *doppelte Opfer*: erstens der römischen Unterdrückung und zweitens der römischen psychologischen Kriegsführung namens Christentum, die ihre Moral untergraben sollte. Das kommt der heutigen jüdischen Lobby sehr gelegen, die sich gegen alles und jeden wendet, der Juden, egal welche, selbst längst verstorbene Juden, beschuldigen könnte. Meine Jesus-Schwindel-(Antagonismus)-These bereitet ihnen Sodbrennen. Dagegen sind Leute wie Atwill, Valliant und Sheldon wunderbar beruhigend. Sie lenken von allen Vorwürfen ab und nehmen die Aufmerksamkeit weg von möglichen jüdischen Lügnern. Ich bin sicher, dass die ADL mit ihrer Arbeit sehr zufrieden ist.

Und hier ist eine interessante sechste Hypothese:

6. **Halluzinationsthese**: Paulus' „Vision" des auferstandenen Christus um das Jahr 33 herum war in Wirklichkeit eine Halluzination oder psychotische Episode. Paulus hat nicht gescherzt und nicht gelogen; er glaubte wirklich, etwas gesehen zu haben, und dachte, er hätte ein echtes Gespräch mit Jesus geführt, aber das war alles nur in seinem Kopf. Dennoch war es so real und beeindruckend, dass es zu einem lebensverändernden Ereignis wurde, das ihn veranlasste, eine christliche Bewegung zu gründen. Und er war so fanatisch überzeugend, dass er andere – und schließlich Markus, Matthäus, Lukas und Johannes – überredete, seine Vision nach seinem Tod fortzusetzen.

Gibt es Hinweise darauf, dass Paulus geisteskrank war oder an einer schweren neurologischen Störung litt, die Halluzinationen hervorrufen könnte? Ja. Bedenken Sie, was er selbst über seinen eigenen Zustand sagt. Von seiner „Bekehrung" lesen wir, dass „plötzlich ein Licht vom Himmel um ihn aufblitzte... [Er] hörte eine Stimme"; als er sich vom Boden erhob, „konnte er nichts sehen" (Apg 9,3-8). An anderer Stelle bezeichnet Paulus diese ekstatische Vision als „Entrückung in den dritten Himmel" (2 Kor 12,2). Für moderne Mediziner hört sich das sehr nach einem schizophrenen Vorfall oder einem epileptischen Anfall an, wie unten erwähnt.

Es gibt noch weitere Anhaltspunkte. Paulus sagt zum Beispiel: „Ich rede wie ein Verrückter" (2 Kor 11,23). Er gibt zu, dass er sowohl körperlich als auch sprachlich behindert ist: „Denn sie sagen [von mir], sein Körper sei schwach, und seine Rede sei nichts wert" (2 Kor 10,10). Und vielleicht am berühmtesten: „Damit ich mich nicht zu sehr über die Fülle der Offenbarungen freue, wurde mir ein Dorn ins Fleisch gegeben, ein Bote des Satans, der mich bedrängen sollte..." (2 Kor 12,7). Über die Art von Paulus' „Dorn" ist viel diskutiert worden, aber ihn als „Bote des Satans" zu bezeichnen, deutet auf ein anhaltendes und schweres Handicap irgendeiner Art hin, das wahrscheinlich psychologischer Natur ist – im Gegensatz zu, sagen wir, einem kaputten Knie oder einem schlechten Rücken.

In der Apostelgeschichte erfahren wir, dass Paulus „Visionen in der Nacht" hat (Apg 16,9, 18,9), die deutlich lebhafter und intensiver sind als einfache Träume oder sogar Albträume. Später in der Apostelgeschichte, als Paulus sich vor König Herodes Agrippa II. verteidigt, sagt der römische Prokurator Porcius Festus angeblich zu ihm: „Paulus, du bist verrückt; deine große Gelehrsamkeit macht dich verrückt" (26,24).

Weitere Hinweise finden sich im Römerbrief (7,15-19), wo Paulus ausgesprochen schizophren wirkt:

> Ich verstehe mein eigenes Handeln nicht. Denn ich tue nicht, was ich will, sondern ich tue das, was ich hasse. ... Nicht mehr ich tue es, sondern die Sünde, die in mir wohnt. Denn ich weiß, dass nichts Gutes in mir, das heißt in meinem Fleisch, wohnt. Ich kann zwar wollen, was recht ist, aber ich kann es nicht tun. Denn ich tue nicht das Gute, das ich will, sondern das Böse, das ich nicht will – das ist es, was ich tue.

Und dann gibt es Anzeichen dafür, dass Paulus ein angeborener Lügner war, wie sein wiederholtes Beharren darauf zeigt, dass er nicht lügt: „Gott ... weiß, dass ich nicht lüge" (2 Kor 11,31); „In dem, was ich euch schreibe ... lüge ich nicht" (Gal 1,20); „Ich rede die Wahrheit in Christus, ich lüge nicht ..." (Röm 9,1).

Der Zustand von Paulus' geistiger Gesundheit wurde von modernen Medizinern untersucht, und in einer Studie von 2012 wurde berichtet, dass:

> Seine [Pauls] Wahrnehmungserfahrungen, Stimmungsschwankungen, grandios-ähnliche Symptome, verstärkte Bedenken hin-

sichtlich der religiösen Reinheit und paranoia-ähnliche Symptome könnten als Anzeichen für eine Erkrankung aus dem psychotischen Spektrum angesehen werden. Zu den psychiatrischen Diagnosen, die seine Konstellation von Erfahrungen und Manifestationen umfassen könnten, gehören paranoide Schizophrenie, nicht näher bezeichnete Psychose, Psychose im Zusammenhang mit Stimmungsstörungen oder schizoaffektive Störung.[3]

Andere Studien – zum Beispiel Landsborough (1987) – konzentrieren sich auf die Wahrscheinlichkeit einer Temporallappenepilepsie. Sicherlich würde jeder moderne Arzt, wenn er mit einem Patienten konfrontiert würde, der den Merkmalen von Paulus entspricht, eine Form von psychologischer Pathologie annehmen.

Da wir einer psychisch kranken Person keine Vorwürfe machen können, sollten wir die Möglichkeit offen halten, dass Paulus zumindest teilweise „verrückt" war und an Wahnvorstellungen über Jesus und seine eigene Rolle in der Welt litt. Wie wir aus Erfahrung wissen, können Verrückte sehr klar und sehr überzeugend sein; er könnte sehr überzeugend gewesen sein, vor allem in einer Zeit, in der man wenig über die Natur und die Ursachen solcher Krankheiten wusste.

Also wo stehen wir mit diesen sechs Alternativen? Von den oben genannten Möglichkeiten ist es meiner Meinung nach klar, dass die biblische These einfach unhaltbar ist. Die Probleme der Beweise und der Chronologie zeigen gemeinsam, dass das wundersame Leben eines göttlichen Jesus ein Ding der Unmöglichkeit ist. Die Christus-Mythos-These ist möglich, hat aber einen großen Fehler, nämlich das Fehlen eines ausreichenden Motivs. Die Gerüchtethese geht davon aus, dass Paulus und die Autoren der Evangelien leichtgläubige Idioten waren, die Fakten nicht von Fiktion unterscheiden konnten. Aber nach dem Wenigen, was wir erkennen können, scheint das sehr unwahrscheinlich. Die These von der römischen Verschwörung übersteigt die Grenzen der Plausibilität, und zwar ohne erkennbare Beweise. Sie ist lediglich „eine interessante Hypothese", welche die jüdische Lobby angenehm umgarnt. Die Halluzinationsthese ist eigentlich recht plausibel – das zweit-

---

[3] Murray et al (2012).

wahrscheinlichste Szenario, würde ich sagen. Aber die Antagonismus-These ist bei weitem die glaubwürdigste Analyse. Sie trägt allen bekannten Fakten am besten Rechnung und zeigt ein tatsächliches und faktenbasiertes Motiv für die gesamte Konstruktion auf. Und wir erkennen deutliche Anzeichen für einen Jesus-Schwindel.

## Kritik am Antagonismus

Was ist also die Gegenantwort auf die Antagonismus-These? Die grundlegenden Elemente dieser These gibt es schon seit über einem Jahrhundert. Offensichtlich wurde sie schon früher in Erwägung gezogen und offensichtlich verworfen, denn keiner der neueren Jesus-Skeptiker verteidigt sie. Was würden sie antworten, um diese These anzufechten?

In der Tat habe ich diese Frage einer Reihe von Experten gestellt, gerade um die Stärke der These zu beurteilen. Lassen Sie mich ihre Kommentare erwähnen und dann meine Antworten geben.

*„Es ist unklar, ob alle Autoren der Evangelien, außer Matthäus, Juden waren. Johannes war es sicher nicht. "*

Wie ich bereits erwähnt habe, wurde das Markusevangelium für ein heidnisches Publikum geschrieben und wirkt daher oberflächlich betrachtet wie ein heidnisches Werk. Es besteht ein starker Konsens darüber, dass Markus selbst Jude war. Die umfangreichen alttestamentlichen Bezüge in allen vier Evangelien sprechen stark für eine jüdische Autorenschaft. Es gibt keinen wirklichen Beweis dafür, dass Lukas ein Nichtjude war, außer seinem Namen, aber wie wir von Paulus wissen, war es nicht ungewöhnlich, dass Juden heidnische Namen annahmen. Die verstreuten antijüdischen Äußerungen in allen Evangelien – vor allem bei Johannes – spiegeln eher einen inner-jüdischen Kampf um die Ideologie wider als einen äußeren, nicht-jüdischen Angriff. Paulus ist eindeutig und offensichtlich Jude, obwohl einige Skeptiker, wie Robert Price, argumentieren, dass die Briefe nicht einmal von einem „Paulus" geschrieben wurden, sondern von einem viel späteren Heidenchristen, wie Marcion. Dies ist eine sehr marginale Ansicht, aber selbst, wenn sie stimmt, untergräbt sie meine These nicht; sie verlagert lediglich die Priorität für den Schwindel auf die Evangelien.

Die Briefe werden dann einfach zu einer spät hinzugefügten „Untermauerung", ebenfalls gefälscht, von einem getäuschten Heiden.

*„Sie machen pauschale Verallgemeinerungen. Nicht alle Juden waren gegen Rom, und nicht alle Autoren und Personen des Neuen Testaments sind notwendigerweise Juden."*

Was den ersten Punkt betrifft, so haben natürlich, wie ich bereits sagte, viele Juden die römische Herrschaft akzeptiert. Wahrscheinlich akzeptierte eine große Mehrheit sie, wenn auch widerwillig. Aber die jüdische Elite war sicherlich verärgert, und es gab sicherlich eine beträchtliche Minderheit von Zeloten und anderen, die gewaltsam dagegen waren. Meine These setzt nicht voraus, dass alle oder gar die meisten Juden gegen Rom waren, sondern nur, dass eine kleine Gruppe – Paulus und seine Freunde – dies tat und auf dieser Grundlage handelte. Was die Autoren des Neuen Testaments betrifft, so wurde das oben angesprochen. Was die Personen in der Geschichte angeht – Jesus, Maria, Josef und andere – können wir uns nur an den niedergeschriebenen Worten orientieren, und der Text ist eindeutig: alle waren Juden.

Ein sachkundiger Kollege, den ich kontaktierte – jemand, der vor wenigen Jahren als einer der „20 einflussreichsten lebenden Christen" zitiert wurde nannte eine Reihe spezifischer Probleme für eine solche Schwindel-Theorie:

- *Braucht ein Motiv.* Wurde oben erörtert. Das Motiv war Rache an Rom und der Versuch, dessen Unterstützung zu untergraben, indem die Massen verwirrt und korrumpiert wurden.
- *Die Evangelien sind „in der Geschichte verwurzelt".* Als intelligente Betrüger würden die Autoren natürlich so viele sachliche Informationen wie möglich einfügen, um die Seriosität des Dokuments zu erhöhen. Aber nicht so viel, dass jemand die Unwahrheit leicht aufdecken könnte.
- *Die Evangelien enthalten „selbstschädigendes" Material, wie feige Jünger und Frauen am Grab, und zahlreiche Ungereimtheiten, die bei einer Fälschung nicht vorkommen würden.* In Anbetracht der Tatsache, dass wir es mit halbwegs unabhängigen Betrügern zu tun

hatten – Paulus, Markus, der nach seinem Tod arbeitete, Matthäus und Lukas, die sich offensichtlich nicht einig waren –, ist es überhaupt nicht überraschend, dass einige von ihnen Handlungsstränge einbauten, die von den anderen widerlegt wurden. Das ist sogar fast unvermeidlich.

- *Die Darstellung Jesu als Messias steht im Widerspruch zu den jüdischen Erwartungen der Zeit.* Sicherlich, und deshalb war die Mehrheit der Pharisäer gegen die Bande des Paulus. Paulus hat seinen Schwindel nicht für die Juden ausgeheckt; er war ausschließlich zum „Nutzen" der leichtgläubigen Heiden.[4]

- *Die Evangelien enthalten Material, das von Gegnern gefälscht werden könnte.* Das stimmt, wenn jemand die Zeit, das Geld und die Energie hätte, alle möglichen Zeugen aufzuspüren und alle relevanten Orte zu besuchen. Aber sie fanden im Allgemeinen an obskuren Orten statt (abgesehen von den Ereignissen in Jerusalem). Sie hatten einen nachprüfbaren Kern – einen historischen Jesus mit einer echten Kreuzigung. Und sie wurden erst Jahre oder Jahrzehnte nach den angeblichen Ereignissen in Umlauf gebracht. Wer hätte sich zu diesem Zeitpunkt die Mühe gemacht, zum Beispiel die Wunder zu widerlegen? Paulus und Co. wussten, dass ihre Lüge sicher war.

- *Es gibt keine antiken Gegner des Christentums, die behaupten, dass Jesus ein Schwindel war.* Im Allgemeinen stimmt das, aber das liegt möglicherweise daran, dass die Geschichte einen wahren und überprüfbaren Kern hatte – den historischen Jesus. Warum haben die antiken Kritiker dann nicht einfach gesagt, dass die Wunder erfunden waren? Sie hätten keine Grundlage für eine solche Behauptung gehabt, wenn man die Art der Wunder und den Mangel an physischen Beweisen bedenkt, die den Schriftstellern etwa in den 300er oder 400er Jahren oder überhaupt in der Zeit vor der modernen wissenschaftlichen Ära zur Verfügung standen.

- *Das sind hohe Anforderungen, die eine Schwindeltheorie nicht erfüllen kann!* Auftrag ausgeführt!

---

[4] Paulus erklärte sich bekanntlich zum „Apostel der Nichtjuden (Gentiles)". (Rom 11,13, Gal 1,16).

Es gibt noch eine weitere populäre Antwort, die angesprochen werden muss: *Wer würde für eine Lüge sterben?* Das heißt, warum sollten Paulus und die anderen wegen ihres Schwindels Verfolgung, Schikanen und das Risiko von Gefängnis oder Tod auf sich nehmen? Ich denke, hier gibt es eine klare Antwort: Als Juden waren sie alle bereits von den Römern verfolgt worden. Als extremistische, fanatische Juden waren sie bereit, alles zu tun und jede Strafe in Kauf zu nehmen, um „Israel" zu helfen. Und je mehr ihre aufkeimende Bewegung Anklang zu finden schien, desto mehr wären sie bereit gewesen, sie voranzutreiben. Nichtjuden fällt es schwer, dies zu verstehen, aber Juden sind wie arabische und muslimische Extremisten durchaus bereit, *für ihre Sache* zu sterben – nicht für die Lüge selbst, sondern für die Sache, die sie repräsentierte. Die Lüge war das Mittel zum Zweck.

Speziell auf die Idee, dass Jesus eher ein revolutionärer Zelot als ein Sohn Gottes war, haben die christlichen Apologeten eine andere Antwort parat: *„Das ist eine alte und diskreditierte These, die von Leuten wie S. G. F. Brandon in den 1960er Jahren aufgestellt wurde. Niemand akzeptiert diese Idee mehr".*[5]

Es lohnt sich, dies einen Moment lang zu untersuchen. Samuel George Frederick Brandon war ein britischer Professor für Religion, der 1971 starb. In seinen Büchern *Jesus und die Zeloten* (*Jesus and the Zealots*, 1967) und *Anklage gegen Jesus* (*The Trial of Jesus*, 1968) vertrat er in der Tat die Ansicht, dass Jesus ein Zelot war. Er machte sicherlich einige Beobachtungen, die mit meiner Antagonismus-These übereinstimmen. Er verstand richtig, dass das Hauptziel der Judenchristen „die Wiederherstellung der Freiheit und der Souveränität Israels" war und dass sie daher „instinktiv feindselig gegenüber den Heiden" gewesen wären, die sich der Kirche anschließen wollten.[6] Später stellt er richtig fest, dass „das Ziel, das dieses 'Evangelium' [der Judenchristen] im Auge hatte, nämlich die Rechtfertigung Israels, sowohl einen Sturz Roms als auch die Bestrafung der Heiden beinhaltete".[7] Das ist richtig, aber er zieht nie die Möglichkeit in Betracht, dass die Juden aktiv gelogen haben, um die verhassten Heiden zu täuschen, um Rom zu stürzen.

---

[5] Dieser Satz wurde kürzlich mit der Veröffentlichung von Aslans umstrittenem Buch *Zealot* (2013) wiederbelebt. Siehe meine Einordnung in Anhang B.
[6] (1967: 169).
[7] (1967: 182).

In der Mitte des Buches *Jesus und die Zeloten* bietet Brandon eine prägnante Erklärung dafür, warum die These von der „Revolution" – dem Vorläufer des Antagonismus – heute nicht gut ankommt:

> Der bloße Gedanke, dass die Judenchristen gewaltsamen Widerstand gegen die Römer in Betracht gezogen haben könnten, ruft bei den meisten Menschen heute eine instinktive Ablehnung hervor, da sie an die seit langem bestehende Tradition gewöhnt sind, dass die ursprünglichen Jünger ruhige und friedfertige Männer, wenn nicht sogar Pazifisten gewesen sein müssen. Eine Analyse zeigt jedoch, dass diese Tradition nicht auf klaren und unwiderlegbaren Beweisen aus dem Neuen Testament beruht. ... [Eine] parallele Reihe kann auch produziert werden, die eine entgegengesetzte Haltung anzeigt, wie „Ich bin nicht gekommen, um Frieden zu bringen, sondern ein Schwert"...[8]

In seinem anderen Buch baut Brandon die revolutionäre Sichtweise weiter aus: „Das Wirken Jesu in Jerusalem fiel mit einem Aufstand zusammen, an dem die Römer direkt beteiligt waren".[9] Und später fügt er hinzu: „In Judäa brodelte die Unruhe aufgrund der natürlichen jüdischen Abneigung gegen das römische Joch und die Aktivitäten der Zeloten".[10] Doch trotz dieser Erkenntnis zieht Brandon erneut nicht die Möglichkeit in Betracht, dass die Juden gelogen haben, um ihre Sache zu fördern – und das ändert alles.

In seiner Analyse von Brandon trifft Price den Nagel auf den Kopf und erklärt, wo er sich geirrt hat: „Nach Brandons Hypothese ist das Christentum von einer gescheiterten revolutionären Bewegung ... zu einer quietistischen, Rom-angepassten Glaubensgemeinschaft mutiert und hat verzweifelt versucht, seine inzwischen abgelehnten anti-römischen Wurzeln zu verbergen".[11] Aber die Konvergenz der Beweise stützt diese Ansicht nicht. Es gibt keinen Grund, warum die militanten Juden aufgegeben haben sollten; sie haben vielmehr die Richtung geändert. Brandons beste Verteidigung ist, dass das letzte Evangelium,

---

[8] (1967: 202).
[9] (1968: 88).
[10] (1968: 101).
[11] Price (2014: 129).

Johannes, in der Tat das meiste Gerede über die Revolution fallen lässt, wie ich bereits erwähnt habe. Aber das ist eher auf das neue, intellektuellere Publikum des Johannes zurückzuführen als auf eine völlige Resignation seitens der Kabale.

Der Hauptpunkt ist jedoch, dass die Apologeten nie ganz dazu kommen, zu erklären, wie genau die These der Zeloten „diskreditiert" wurde. Und das können sie nicht. Sie können darauf verweisen, dass Jesus sagte: „Liebe deinen Nächsten" und „Halte die andere Wange hin", aber das war's auch schon. Dazu werde ich in Kürze noch mehr sagen.

## KAPITEL 8
# ZWEIFEL UND KRITIK

Meine Antagonismus-These – die Idee eines Jesus-Schwindels – ist nun seit einigen Jahren im Umlauf, sowohl formal, als auch inoffiziell, als Druckversion und Online und ich präsentiere sie in Vorträgen, Debatten und Podcasts.[1] Sie hat zunehmende Aufmerksamkeit erregt, zum Teil wegen ihrer kontroversen Natur und zum Teil wegen ihrer Einzigartigkeit; niemand sonst – kein anderer Christusmythiker oder Jesus-Skeptiker – hat eine ähnliche These aufgestellt, und kein konventioneller christlicher Gelehrter hat (meines Wissens) die Idee auch nur in Erwägung gezogen, geschweige denn sie widerlegt. Ich kann nur vermuten, dass das Thema für die Skeptiker „zu heiß ist, um es zu behandeln", und dass es für die konventionellen Gelehrten viel bequemer und einfacher ist, einen schlafenden Hund nicht zu wecken. Sie haben den Vorteil des Status quo und können einfach so weitermachen wie bisher. Dabei ignorieren sie munter die Möglichkeit, dass Jesus ein Schwindel ist, erdacht und umgesetzt von Paulus und seiner Kabale.

Daher habe ich in gewisser Weise das gesamte Gebiet erobert; es gibt keine Konkurrenz und keine formale Widerlegung. Wenn meine These weiter an Popularität gewinnt, werden sich die orthodoxen Akademiker natürlich irgendwann mit ihr auseinandersetzen müssen, sehr zu ihrem Leidwesen. Aber dieser Tag liegt noch in der Zukunft. Im Moment sind sie sicher in ihren kleinen Elfenbein- (oder Kirchen-) Türmen und bringen immer wieder dasselbe Jesus-Material heraus, ohne sich jemals mit den grundlegenden Fragen zu befassen, um die es geht. Das kommt fast allen Parteien sehr gelegen – außer man interessiert sich für die Wahrheit.

Aber trotz alledem haben es einige Leute tatsächlich auf sich genommen, den Jesus-Schwindel zu kritisieren: nichtchristliche Aka-

---

[1] Meine erste formelle, öffentliche Präsentation der These fand im Januar 2014 in einer Debatte mit einem katholischen Theologen an meinem Campus der Universität von Michigan statt. Die Teilnehmerzahl war riesig – es soll eine der größten Veranstaltungen dieser Art auf meinem Campus gewesen sein.

demiker, sachkundige Laien, christliche Fundamentalisten, unparteiische Forscher und sogar ein paar parteiische. Das Christentum ist ein interessantes Thema, nicht zuletzt, weil „jeder ein Experte" ist – oder zumindest jeder eine Meinung hat, manchmal gut informiert, manchmal nicht. Daher hielt ich es für wichtig, in einem Buch wie diesem meinen Kritikern etwas Platz zu widmen und auf sie zu antworten. Im Folgenden und im nächsten Kapitel werde ich fast zwei Dutzend der häufigsten Kritikpunkte an meiner Antagonismus-These anführen, zusammen mit einer kurzen Analyse und Widerlegung. Natürlich sind einige davon „intellektueller" und anspruchsvoller als andere, und einige mögen eher kleinkariert und einfältig erscheinen, aber dennoch sind dies die Gedanken und Reaktionen, die Menschen haben, und deshalb sollten sie angesprochen werden.

Ich habe die Kritik in drei Kategorien unterteilt: (1) Ad Hominem – persönliche Angriffe auf mich selbst. (2) Konsequentialismus[2] – Verteidigung des Christentums auf der Grundlage vergangener oder gegenwärtiger Konsequenzen. Und (3) Theoretisch – Argumente theoretischer Natur gegen meine Aussagen.

## Ad Hominem Kritik

Ich werde mit den unbedeutendsten Beschwerden beginnen, vor allem, um sie aus dem Weg zu räumen, damit wir zu den substanzielleren Themen übergehen können. Generell muss ich darauf hinweisen, dass Ad-Hominem Angriffe ein klassischer logischer Fehlschluss sind. D. h. es entkräftet meine Argumente nicht, mich persönlich, meinen Charakter oder meine Motive anzugreifen. Ich kann gut, böse oder neutral sein, freundlich, böse oder unsozial – nichts davon beeinflusst die Stärke meiner Argumente, die für sich selbst stehen oder fallen. Wenn jemand mich angreift, fühlt er sich vielleicht gut, aber das hat keinen Einfluss auf meinen Ansatz.

Sehen wir uns also an, was so manche Leute zu sagen hatten.

---

[2] Anm. d. Ü: Konsequenzialismus misst den moralischen Wert einer Handlung an ihren Konsequenzen als Unterscheidungskriterium alternativer Theorien in der normativen Ethik..

1.  „Juden hassen die Christen, Kommunisten hassen die Christen, Marxisten hassen Christen, Atheisten hassen Christen, Linke hassen Christen… *Sie* sind sicher einer davon!"

Eigentlich fasse ich hier mehrere Beschwerden zu einer zusammen – der Grundgedanke ist, wenn „X das Christentum hasst" und „du das Christentum hasst", dann „du bist X", wobei X etwas Schlechtes ist. Erstens ist dies unlogisch und man könnte ebenso sagen: „Äpfel sind rot, Feuerwehrautos sind rot, also sind Äpfel Feuerwehrautos." Das ergibt offensichtlich keinen Sinn.

Zweitens: Es stimmt nicht einmal, dass ich das Christentum „hasse". Im Allgemeinen „hasse" ich weder Menschen noch Dinge; das ist eine jugendliche Denkweise. Ich mag es jedoch nicht, belogen, betrogen, zensiert und gezwungen zu werden. Ich würde nicht einmal sagen, dass ich Paulus oder seine Kabale für das, was sie getan haben, „hasse". Ich muss ihnen sogar zugestehen, dass es ein bemerkenswert cleverer und effektiver Schwindel war. Und ihre meisterhafte Lüge ist wirklich beeindruckend anzusehen. Sie haben getan, was sie unter den gegebenen Umständen tun mussten. Was mich persönlich mehr ärgert, sind die Menschen von heute, die (a) solchen Unsinn unhinterfragt akzeptieren, (b) sich einer offenen Diskussion widersetzen, (c) selbst angesichts überzeugender Beweise völlig verschlossen sind und (d) diejenigen verleumden, die *tatsächlich* aufgeschlossen oder skeptisch sind.

Wie dem auch sei, ich verstehe die Intuition hier: Ich vertrete einen Standpunkt zu einem Thema, der in der Vergangenheit vor allem von verachteten Gruppen (Juden, Marxisten, Kommunisten, Atheisten, Linke – je nach Standpunkt) vertreten wurde. Es ist daher plausibel, dass ich zu diesen Gruppen gehöre. Ich kann dem Leser jedoch versichern, dass ich keine dieser Gruppen bin. Ich habe in Kapitel 1 die Begriffe „Jude" und „Atheist" angesprochen. Marx war ein jüdischer Intellektueller, der meiner Meinung nach stark überschätzt wird; ich war nie ein Fan von ihm. Der Kommunismus wird in der Regel mit Marx in Verbindung gebracht, hat aber Wurzeln, die bis zu Platon zurückreichen; ich kann vieles von der platonischen Sichtweise gutheißen, aber praktisch nichts von der marxistischen. Und der Begriff „links" ist so vage und wurde in den letzten Jahren so stark verzerrt, dass er fast bedeutungslos geworden ist; ich persönlich stehe bei einigen Themen links, bei anderen rechts und bei vielen in der Mitte.

Aber dennoch kann ich das Zögern derer verstehen, die eine Schwindel-These nicht unterstützen wollen, weil sie fürchten, mit gesellschaftlich stigmatisierten Gruppen in Verbindung gebracht zu werden. Dies ist ein weiterer logischer Trugschluss, den man „Brunnen-vergiftung"[3] nennt: Nimm nicht Position X an, denn ansonsten wirst du mit all diesen bösen „Position-Xern" in Verbindung gebracht. Es ist eher eine rhetorische Taktik, um zu verhindern, dass der Kritiker eine Anhängerschaft aufbaut. Und bei manchen Leuten funktioniert das – leider. Ich würde hoffen, dass die meisten Menschen genug Selbstvertrauen und moralisches Rückgrat haben, um solchen Taktiken zu widerstehen.

2.  „Was ist dabei Ihre Motivation? Sie kann nicht gut sein…"

Mein Motiv ist das Streben nach Wahrheit, nach ehrlicher Untersuchung und nach dem Verwerfen falscher und schädlicher Ideen zugunsten von Ideen, die uns als Volk aufrichten können. Man könnte sagen, dass ich eine Menge „Dreistigkeit" besitze, um solche Themen anzusprechen; vielleicht ist das so. Aber es ist offensichtlich, dass es ein festes Bekenntnis zur Wahrheit braucht, um unkonventionelle oder unpopuläre Ideen zu verfolgen. Ich hoffe, dass die Menschen meine Beweggründe als positiv und inspirierend ansehen.

3.  „Sie müssen Weiße hassen."

Das ist bei weitem nicht der Fall. Als weißer Europäer-Amerikaner habe ich nur die besten Wünsche für meine weißen Mitbürger. Dieser Kritiker setzt offensichtlich das Christentum mit den Weißen gleich und sieht daher eine Verunglimpfung des einen als eine Verunglimpfung des anderen an. Das ist wieder einmal unlogisch. Es ist so, als würde man sagen, dass jemand Schwarze hasst, weil er Hip-Hop-Musik hasst (oder

---

[3] Anm. d. Ü: siehe „Huebl Grundwissen Argumentationstheorie", https://philipp huebl.com/pdf/Huebl_Grundwissen_Argumentationstheorie_Webseite.pdf

umgekehrt); das ist Blödsinn. Und, wie oben erwähnt, ist „Hass" ein so kindisches Wort, dass ich eine solche Verwendung ablehne.

Ja, ich mag das Christentum nicht, denn es ist ein Schwindel und eine erfundene Geschichte, die in den letzten zwei Jahrtausenden Millionen, wenn nicht Milliarden von Menschen geschadet und sicherlich zu Hunderttausenden von unnötigen Todesfällen geführt hat. Und ja, es stimmt, dass die meisten Christen historisch gesehen Weiße waren; aber nach meiner groben Schätzung gibt es heute deutlich mehr nicht-weiße Christen auf der Welt als Weiße.[4] Das Christentum ist keine „weiße" Religion mehr, und das war es schon seit vielleicht 100 Jahren nicht mehr.

4.  „Sie wollen den Glauben an Gott zerstören."

Dies hängt mit der obigen Beschwerde „Sie müssen ein Atheist sein" zusammen. Aber auch dies ist nicht wahr. Wie ich in Kapitel 1 erklärt habe, gibt es viele Eigenschaften Gottes, die rational und begründbar sind, aber die moralischen Eigenschaften gehören nicht dazu – dass Gott gut, liebevoll, gerecht, wohlwollend usw. ist (wegen des Problems des Bösen). Ich bin für eine begrenzte, rationale Vorstellung von Gott, aber ich würde gegen jede Form eines moralischen Gottes argumentieren. Die obige Beschwerde ist also einfach falsch.

5.  „Hier werden Juden schwer verunglimpft. Das klingt für mich recht anti-semitisch."

Das ist eine merkwürdige Situation: In der einen Minute wird mir vorgeworfen, ein Jude zu sein (weil sowohl sie als auch ich „Christen hassen" – siehe oben), und in der nächsten Minute werde ich beschuldigt, ein Judenhasser zu sein – und das alles nur, weil ich in meiner Dissertation eine Handvoll Juden kritisiere, die seit 2 000 Jahren tot sind. Es scheint unwahrscheinlich, dass ich beides sein kann, es sei denn, ich bin ein „sich selbst hassender Jude"; aber natürlich bin ich nichts von alledem. Mein ganzes Augenmerk gilt der Geschichte und dem, was vor

---

[4] Nur in den USA und Russland gibt es eine nennenswerte Anzahl weißer Christen. Die anderen größten christlichen Bevölkerungsgruppen – Brasilien, Mexiko, Philippinen, Nigeria, China, Kongo – sind praktisch alle nicht-weiß.

langer Zeit geschah oder nicht geschah. Nur weil ich behaupte, dass eine Handvoll Juden vor zweitausend Jahren die Öffentlichkeit belogen hat, muss das noch lange nichts mit Juden im Allgemeinen oder Juden heute zu tun haben.

Die Menschen sind heutzutage übermäßig empfindlich, vor allem wenn es um Juden geht, wahrscheinlich weil wir in den Medien so viel über sie und Antisemitismus hören. Mit dem Zweiten Weltkrieg oder dem Holocaust kann das kaum etwas zu tun haben, da dieser vor fast 80 Jahren zu Ende ging und fast alle tatsächlichen Opfer inzwischen tot sind – obwohl die Medien und Hollywood hart daran arbeiten, die Öffentlichkeit ständig an das jüdische Leid während des Krieges und an die Übel des Nationalsozialismus zu erinnern. Ich sehe keinen guten Grund, warum Juden weiterhin eine besondere Sensibilität verdienen sollten.

Man kann in all diesen Ad-Hominem Angriffen ein gemeinsames Thema erkennen: Der Kritiker stößt auf meine Schwindel-These, ist schockiert und fühlt sich persönlich beleidigt – typischerweise, weil er oder sie ein wahrer Gläubiger ist. Infolgedessen reagiert er oder sie eher emotional als rational und schlägt mit Verleumdungen und Beleidigungen auf „den Überbringer" ein. Das ist bedauerlich, aber verständlich.

### Konsequenzialismus Kritik

Der „Konsequenzialismus" ist eine seit langem bestehende und hoch angesehene Theorie der Ethik, die mindestens auf die britischen Philosophen J. S. Mill und Jeremy Bentham im 18. Jahrhundert zurückgeht. Sie besagt, dass eine bestimmte Handlung nur anhand ihrer Folgen ethisch beurteilt werden kann, d. h., Handlungen sind gut, wenn sie zu positiven Ergebnissen führen, z. B. zu einem größeren allgemeinen Glück. Umgekehrt können Handlungen als schlecht eingestuft werden, wenn sie das Wohlbefinden mindern oder zu negativen Ergebnissen führen.

Mehrere meiner Kritiker haben gegen meine Schwindel-These mit negativen Folgen argumentiert, d. h., wenn ich sie diskutiere oder propagiere, wird sie zu schlechten Ergebnissen führen. Im Prinzip ist dies eine gültige Form der ethischen Argumentation. Es ist jedoch zu beachten, dass damit *nicht gegen die Gültigkeit der Theorie selbst* argumentiert wird. Man kann akzeptieren oder zugeben, dass eine bestimmte Theorie vielleicht wahr ist, aber auch glauben, dass, wenn wir sie laut diskutieren, schlechte Dinge passieren werden. *Dies* sind zwei verschiedene Dinge: die *Wahrheit einer Theorie* und ihre Folgen.

Die Evolutionstheorie ist ein gutes Beispiel. Es ist eine Sache, darüber zu streiten, ob die Theorie selbst – bestehend aus natürlicher Auslese, Überleben des Stärkeren usw. – wahr ist, und eine ganz andere, zu argumentieren, dass sie schlechte Folgen hätte (schwindender Glaube an Gott oder die Bibel, „mit Affen verwandt sein" usw.). Die Folgen, ob gut oder schlecht, sind kein Kriterium für Wahrheit oder Unwahrheit.

Hier sind ein halbes Dutzend konsequentialistische Kritiken:

6. „Ohne das Christentum werden die Weißen liberal."

Dies setzt voraus, dass (a) das Christentum nicht liberal ist und (b) liberal schlecht ist. Dies wirft eine Frage auf: Was genau ist „liberal"? Nach den meisten Definitionen handelt es sich um eine Weltanschauung oder ein Glaubenssystem, das auf der Idee des Fortschritts, der grundlegenden Güte der Menschheit, der Autonomie des Einzelnen und der Verteidigung der individuellen Rechte und Freiheiten beruht. Der Begriff „liberal" leitet sich vom lateinischen „liber" ab, was „frei" bedeutet. Als solche scheinen all diese Dinge gut zu sein; wer will schon behaupten, dass sie schlecht sind?

Angesichts seines sektenähnlichen Charakters ist das Christentum in der Tat nicht liberal. Es gibt dort keine individuelle Freiheit, keine Freiheit des unabhängigen Denkens, keine Freiheit des Handelns. Alles ist von vornherein in der Bibel festgelegt; es ist in Stein gemeißelt, für alle Zeiten. Vielleicht ist es ein gewisser Trost, „ewige Gesetze" zu haben, nach denen man leben kann, aber wenn es falsche Gesetze sind, was nützt das?

Der Kritiker möchte eindeutig, dass die Weißen (nur die Weißen?) „nicht-liberal" bleiben oder werden, was vermutlich „konservativ" bedeutet. Aber selbst, wenn man annimmt, dass „konservativ" eine gute Sache ist, sind wir dann bereit, alles zu akzeptieren, sogar einen Schwindel, um die Menschen zu zwingen, so zu werden? Gibt es nicht andere, bessere Gründe und Argumente, die für den Konservatismus sprechen? Wenn ja, dann nutzen Sie diese. Wenn nicht, dann geben Sie ihn auf.

7.    „Die Weißen können ohne das Christentum nicht leben. Und außerdem können sie es zu ihren Gunsten 'verbiegen'."

Erstens leben die „Weißen" seit etwa 1 Million Jahren ohne das Christentum, seit die frühen europäischen Menschen aufgrund ihres nördlichen Klimas hellhäutig wurden. Zweitausend Jahre christlicher Kultur sind eine kurzfristige Verirrung, ein kleiner Ausrutscher auf der Zeitachse der Menschheit. Heidnische Kulturen, Werte und Traditionen schienen den Europäern über Zehntausende von Jahren recht gut gedient zu haben. Es gibt keinen Grund, warum sie das in der Zukunft nicht wieder tun könnten.

Was die „Verbiegung" des Christentums betrifft, was ist der Sinn davon? Um die schlechten, judaistischen Teile loszuwerden? Um etwas Neues einzuführen? Es auf eine bestimmte Weise zu „drehen"? Dann ist es nicht mehr das wahre Christentum, oder? An diesem Punkt erfinden wir mehr oder weniger eine neue Theologie. Und wenn das der Plan ist, sollten wir es richtig machen, von Grund auf, und nicht auf der Grundlage einer falschen jüdischen Ideologie.

8.    „Die Schwindel-Theorie würde 'feindliche Gojim vereinen'."

Dies ist eine seltsame Bemerkung, die ich in verschiedenen Variationen gesehen habe. Die Bedeutung ist nicht ganz klar, aber offenbar geht es darum, dass bestimmte nichtjüdische Gruppen eine „feindliche Fraktion" bilden, die Gefahr läuft, durch die Bedrohung, die von einer Jesus-Schwindel-These ausgeht, geeint und gestärkt zu werden. Vermutlich handelt es sich bei den „feindlichen Nichtjuden" um die christlichen Zionisten, von denen es in den USA bis zu 40 Millionen geben soll. Da sie engstirnig, fundamentalistisch und unbelehrbar sind, könnten sie angesichts des Schwindel-Vorwurfs in ihren pro-christlichen und (besonders) pro-zionistischen, pro-jüdischen Überzeugungen bestärkt werden. Und das wäre schlecht, weil die Armee der christlichen Zionisten – die die Zahl der amerikanischen Juden mindestens um das Fünffache übersteigt – die Dinge für Nichtjuden, die versuchen, sowohl die christliche Ideologie als auch die jüdisch-zionistische Lobby zu untergraben, noch schlimmer machen könnte.

Bis zu einem gewissen Grad mag das stimmen; die Verbreitung meiner Schwindel-These könnte die christlichen (und jüdischen) Gegner aufrütteln und die Dinge verschlimmern oder die Aufgabe erschweren – zumindest auf kurze Sicht. Das mag sein. Jeder bedrohte Gegner neigt dazu, härter zu werden, wenn er mit einer ernsthaften Bedrohung konfrontiert wird. Aber was ist die Alternative? Den Schwindel unangefochten weiterlaufen lassen? Die zentrale Rolle der Juden nicht zu benennen? Ich sehe diese Alternativen nicht als realisierbar an.

9. „Mit dem Christentum haben Europäer die Welt erobert."

Es stimmt, dass ein nominell „christliches" Europa mit dem großen Fortschritt und den großen Errungenschaften der Renaissance, der Aufklärung und der industriellen Revolution zusammenfiel. „Christliche" Künstler brachten große Kunst hervor, „christliche" Musiker große Musik, „christliche" Schriftsteller große Bücher. Die Europäer haben mit ihren Kolonialmächten und ihrer Militärtechnologie in gewissem Sinne tatsächlich „die Welt erobert". Allein eine einzige christliche Nation, Großbritannien, beherrschte 1920 etwa 25 % der Weltbevölkerung.

Ich würde jedoch behaupten, dass dies alles trotz und nicht wegen des Christentums geschah. Die christliche Religion wird mit den großen Erfolgen Europas in Verbindung gebracht, aber wie wir wissen, ist Korrelation nicht gleich Kausalität. Ich würde behaupten, dass all diese Errungenschaften, und wahrscheinlich noch mehr, auch ohne die Erfindung des christlichen Schwindels stattgefunden hätten. Die Größe Griechenlands und Roms war nur der Anfang, nur ein Vorläufer dessen, was hätte erreicht werden können, wenn die europäische Mentalität nicht durch jüdisch-christliche Manipulationen und Streitigkeiten entgleist wäre. Wir können das natürlich nie beweisen, aber es gibt wirklich kein Argument für die Idee, dass das Christentum in irgendeiner Weise wesentlich für die kulturellen oder sozialen Errungenschaften Europas war.

10. „Die besten Nachbarn (oder besten Leute, etc.) sind Christen."

Dies wurde bereits in Kapitel 1 als zweite von zwei ursprünglichen Anklagen, die abgewiesen werden mussten, behandelt. Die ganze Angelegenheit ist eine subjektive Beurteilung, die sich teilweise selbst verstärkt. Wenn Sie bereits Christ sind, dann werden Sie natürlich Christen als die besten Nachbarn, die besten Kollegen, die besten Menschen usw. ansehen. Aber nicht immer; ein Katholik mag nicht so optimistisch über einen lutherischen Nachbarn denken. Ein fundamentalistischer Baptist kommt vielleicht nie mit einem presbyterianischen Kollegen zurecht.

Dies impliziert, dass das *Christentum die Menschen besser macht*. Das ist eine bemerkenswerte Behauptung; aber stimmt sie auch? Um diese Frage zu beantworten, bräuchten wir einen brauchbaren Maßstab für „besser" und müssten dann nach objektiven Daten suchen, um diese Behauptung zu überprüfen. Und selbst wenn wir nachweisen könnten, dass Christen irgendwie „besser" sind (weniger kriminell, freundlicher, glücklicher, produktiver, erfolgreicher), woher könnten wir wissen, dass es das Christentum war, das sie so gemacht hat? Es könnte auch das Gegenteil der Fall sein: dass die „besseren Menschen" sich zum Christentum hingezogen fühlen – vielleicht aus Mangel an Alternativen oder weil sie keine andere Wahl haben.

Die Situation ist analog zum Weihnachtsmann-Szenario: Die Angst vor Bestrafung oder Bestechung mit Leckereien hält einen „gut". Es funktioniert bei kleinen Kindern, weil sie keine wirklich rationalen Wesen sind; aber es ist eine Beleidigung für reife Erwachsene. Wenn jemand nur durch den Zuckerbrot-und-Peitsche-Ansatz von Himmel und Hölle oder weil „Jesus es gesagt hat" oder „Paulus es gesagt hat" „besser" (moralischer, netter usw.) gemacht werden kann – ganz zu schweigen davon das alles ist in erster Linie ein Schwindel – dann lohnt sich eine solche Moral kaum. Es gibt eine Reihe anderer ausgereifter, rationaler ethischer Theorien, die Menschen besser machen können, und wenn diese von der Jugend an gelehrt würden, hätten sie sicherlich eine positivere Wirkung auf die Menschheit als ein jüdischer Schwindel. Denken Sie daran: Die Menschen waren gut, edel und moralisch, lange bevor ein Jesus von Nazareth jemals auf der Erde wandelte.

11. „Die christliche Ideologie führte zur Suche nach universellen Naturgesetzen, was wiederum zur modernen Wissenschaft und zur modernen Technologie führte."

Dies ist ein sehr interessanter Vorschlag, der meines Wissens auf den Historiker Lynn White zurückgeht. Er hat 1967 einen wichtigen Artikel geschrieben,[5] in dem er eine zweiteilige These vertrat: (1) Die biblische Schöpfungsgeschichte führte zur Idee der „natürlichen Theologie", d. h. der Suche nach dem Verständnis Gottes durch das Studium der Natur – einer Natur, die er geschaffen hat. Dies wiederum führte zur modernen Wissenschaft. (2) Der Herrschaftsauftrag der Genesis führte zu der Vorstellung von Moral durch Handeln („beherrschendes" Handeln) in der physischen Welt, was die Entwicklung moderner Werkzeuge und Technologien erforderlich machte. White schreibt also dem Christentum zu, dass es die Quelle und die motivierende Kraft hinter der Wissenschaft und der modernen Technologie ist. Leider, so argumentiert er weiter, haben diese wiederum zu einer weit verbreiteten Zerstörung der Umwelt geführt, so dass das Christentum seiner Ansicht nach letztlich die Schuld an der ökologischen Krise trägt.

Es ist eine faszinierende Theorie, aber es gibt viele Argumente dagegen, auf die ich hier nicht näher eingehen kann. Auf den ersten Blick scheint es absurd, dass das Christentum das Entstehen einer wissenschaftlich-technologischen Gesellschaft inspirieren könnte, die in der Praxis eine übernatürliche Theologie fast jeder Art zutiefst ablehnt. Und dann ist da noch die Frage, ob diese wunderbaren Erfindungen – Wissenschaft und Technologie – ein Segen oder ein Fluch sind und in der heutigen Zeit scheinen die Ereignisse dafür zu sprechen.[6]

In jedem Fall widerlegt diese Behauptung, wie auch alle anderen Argumente des Konsequenzialismus nichts, um meine grundlegende Antagonismus-These (Schwindel) zu widerlegen. Dass die Folgen gut, schlecht oder neutral sind, sagt nichts über den Wahrheitswert Wert meiner These.

---

[5] *Die historischen Wurzeln unserer ökologischen Krise* (*The historical roots of our ecologic crisis*). Siehe White (1967).
[6] Siehe mein Buch *Die Methaphysik der Technologie* (*The Metaphysics of Technology*, 2015) für eine erweiterte Kritik.

## Theoretische Kritik

Dies sind im Allgemeinen die anspruchsvollsten Kritiken an meiner Ansicht. Sie stellen eine oder mehrere meiner zentralen Aussagen direkt in Frage.

> 12. „Jesus Christus ist nur durch Selbstbeobachtung zu erkennen, nicht rationell oder objektiv. Daher ist Ihre Schwindel-These machtlos die Nichtexistenz des Gottessohnes zu beweisen."

Dies ist eine weiterentwickelte Version einer der Verteidigungen, die ich in Kapitel 1 untersucht habe: die Idee, dass Jesus nur durch den Glauben und nicht durch die Vernunft erkannt werden kann. Hier ist nicht bloßer „Glaube" erforderlich, um Jesus zu erkennen, sondern „Introspektion" – vermutlich eine Art direkte, unmittelbare Wahrnehmung oder Intuition.

Meine Antwort ist hier ähnlich wie im ersten Kapitel: Unsere gesamte westliche Zivilisation wurde auf objektiver Rationalität aufgebaut, nicht auf Glauben, Intuition, Introspektion, subjektiven Gefühlen, persönlichen Wahrheiten oder Realitäten. Ich will damit nicht sagen, dass diese wertlos sind, sondern nur, dass sie nicht als Grundlage für eine zwischenmenschliche Gesellschaft oder Zivilisation dienen können. Sie mögen Jesus „in Ihrem Herzen" kennen, was für Sie in Ordnung ist, aber für mich persönlich bringt das nichts, und was noch wichtiger ist, es liefert keine Beweise oder Argumente für Ihren Fall (oder gegen meinen). Menschen können introspektives „Wissen" über alle möglichen nicht existierenden Dinge haben: Geister, Dämonen, Außerirdische, Feen, Gespenster, verstorbene Verwandte und so weiter. Nichts davon spricht gegen meine These.

> 13. „Das Problem ist nicht das Christentum an sich, sondern die „jüdische Subversion" des Christentums. Das „ursprüngliche" Christentum ist so wahr und gültig wie eh und je."

Dies ist eine recht beliebte Antwort, die wiederum in vielen Varianten auftritt. Nach dieser Auffassung hatte Jesus – wahrscheinlich ein Heide, wenn auch der Sohn Gottes – eine originelle, edle und erbauliche Botschaft für die Menschheit, aber der arme Kerl wurde von den bösen

Juden gejagt und verfolgt, denen es schließlich gelang, ihn ans Kreuz zu bringen. Später, nach seinem Tod, entstellten sie seine Botschaft (auf unbestimmte Weise), um jüdischen Interessen zu dienen (auf unbestimmte Weise). Sie schafften es, ihre Version seiner Ideen in den Paulusbriefen und den Evangelien zu dokumentieren, und die andere, ursprüngliche Lehre wurde unterdrückt und ging größtenteils in der Geschichte verloren.

Auch dies ist eine clevere Hypothese, die etwa die Hälfte meiner Schwindel-These akzeptiert. Paulus und die Schreiber der Evangelien waren verschlagene, lügende, betrügerische Juden, denen man vorwerfen kann, dass sie eine „negative" Version des Christentums verändert oder sogar konstruiert haben, die den zukünftigen Gläubigen Schaden zufügte. Aber hier gibt es einige große Probleme: Was genau war das „ursprüngliche" Christentum? Wie können wir diesen Teil zuverlässig von den bösen jüdischen Verzerrungen trennen? Und wie genau hat die „neue" Version ihnen genutzt?

Wir müssen uns vor Augen halten, dass *alles*, was wir über Jesus und seine Botschaft zu wissen glauben, aus jüdischen Dokumenten stammt: den Paulusbriefen und den vier Evangelien. Es gibt keine andere Quelle. Es ist nicht so, dass wir ein geheimes „wahres" Evangelium von Jesus haben oder eine unabhängige Version seiner Lehre. Wir haben nichts. Selbst die so genannten „verlorenen Evangelien" oder „gnostischen Evangelien" stammen aus einem Jahrhundert oder mehr später und sind daher im Allgemeinen wertlos – es sei denn, sie können plausibel behaupten, Zugang zu einer geheimen, ursprünglichen Lehre gehabt zu haben (die nun praktischerweise verloren ist).

Manche Menschen versuchen, die Worte, die Jesus in den Evangelien in den Mund legt, mit anderen Ideen zu vergleichen, die Paulus oder seine Kabale geäußert haben. Zum Beispiel lesen wir in 1 Tim (2:11):

Lass eine Frau in aller Unterwerfung in Stille lernen. Und ich erlaube einer Frau nicht, zu lehren oder Autorität über einen Mann auszuüben, sondern zu schweigen.

Etwas Ähnliches sagt Paulus im 1. Korintherbrief:

Frauen sollten in den Kirchen schweigen. Denn sie dürfen nicht sprechen, sondern sollen untergeordnet sein, wie es auch im [jüdischen] Gesetz heißt. (14:34)

Aber einige könnten argumentieren, dass Jesus so etwas nie gesagt hat; tatsächlich schätzte er Frauen (angeblich) sehr. Deshalb, sagen sie, sei dies eine jüdische Verzerrung gewesen. Aber natürlich sind alle „Jesus-Worte" bereits eine „jüdische Verzerrung". Jesu Worte sind entweder (nach der harmlosen Auffassung) eine jüdische Auswahl und Interpretation dessen, was Jesus sagte, oder (nach der Hoax-These) eine vollständige Konstruktion dessen, was er sagte. Wir haben keine Originalabschrift, keine Originalaufzeichnung, um das, was er „wirklich" gesagt hat, mit den Worten in den Evangelien zu vergleichen.

Der andere Ansatz, den manche verfolgen, besteht darin, darauf hinzuweisen, wie sich die Worte Jesu in den Evangelien vom Alten Testament unterscheiden oder mit ihm in Konflikt stehen. Auf diese Weise, sagen sie, „korrigieren" oder „universalisieren" die Lehren Jesu die Botschaft Gottes im Alten Testament. Postchristliche Juden halten an der falschen und fehlerhaften Sichtweise des Wortes Gottes fest, während Christen an der richtigen oder korrekten Version festhalten. Aber auch das ist eine lächerliche Behauptung; Wie können wir wissen, was „richtig" oder „richtig" ist? Wenn Gott heute erscheinen würde, könnte er es uns vielleicht sagen. Aber ansonsten haben wir buchstäblich keine Möglichkeit, es zu wissen.

Im Gegensatz dazu ist die Erklärung meiner Hoax-These klar: Die von Paulus und den Kabalen eingeführten Abweichungen vom Alten Testament *dienen ausschließlich dazu, die Heiden anzusprechen*. Die Ideologie des NT richtet sich an Nichtjuden, nicht an Juden. Es hätte für Jesus keinen Sinn gemacht, einfach alttestamentliche Ideen zu wiederholen und das alte Judentum einfach wieder hochzuwürgen. Das hätte den nichtjüdischen Massen nie gefallen. Es musste in bestimmten wesentlichen Punkten anders sein – universell, „mythologisch", ätherisch –, um nicht jüdisch zu wirken. Darüber hinaus hatte Paulus keine Bedenken, bizarre, fehlerhafte und sogar seelenzerstörende Ideen in die Köpfe der Heiden einzuführen; er verabscheute sie wahrscheinlich, ebenso wie alle Juden. Und er wollte unbedingt über sie herrschen, wie alle Juden. Daher musste seine neue Theologie diesem Zweck dienen und sich daher der römischen Herrschaft und der römischen Weltan-schauung widersetzen, wenn er seine Ziele erreichen wollte.

Der Kritiker, der den oben genannten Punkt hervorheben möchte, muss uns klar und prägnant (a) die „ursprüngliche" Jesus-Version des Christentums und (b) die verzerrte jüdische Version zeigen. Und dann muss er erklären, woher er das weiß, da Juden sowohl das Original als auch die Verzerrung geschrieben haben. Und dann muss er zeigen, dass auch die „Originalversion" kein Schwindel ist. Es könnte durchaus sein, dass wir es mit einer ursprünglichen Falschmeldung zu tun haben, die später verändert und durch weitere Falschmeldungen ergänzt wurde. Es genügt zu sagen, dass dieser Kritiker noch viel Arbeit vor sich hat, um eine überzeugende Argumentation vorzubringen.

    14. „Die Schwindel-Theorie ist irrelevant, weil sie nicht geklärt und überprüft werden kann."

Dies ist eine kluge Behauptung. Der Kritiker beruft sich auf die Philosophie von Karl Popper, der bekanntlich forderte, dass eine Theorie, die „wissenschaftlich" sein soll, *falsifizierbar* sein muss, d. h. sie muss sich möglicherweise als falsch erweisen. Jede Theorie, die nicht widerlegbar ist, ist nach Popper unwissenschaftlich und daher nicht der Betrachtung wert.[7]

Nun ist es wahr, wie ich zu Beginn dieses Buches zugegeben habe, dass meine Ansicht nicht beweisbar ist. Aber das gilt auch für die christliche Sichtweise. Wir sind beide nicht abschließend zu „klären" oder zu „beweisen" – zumindest nach dem heutigen Stand der Dinge. Theoretisch könnten neue Beweise auftauchen, ein lange verschollenes Dokument, das meinen oder ihren Standpunkt untermauert. Vielleicht sogar ausreichend, um als „Beweis" zu dienen. Aber bis dieser Tag kommt, müssen wir uns mit den Daten begnügen, die wir haben.

In der Zwischenzeit bleiben uns die *Plausibilitätsargumente*: Was ist am wahrscheinlichsten, angesichts dessen, was wir wissen? Wer hat die Beweislast? Was sagen die vorhandenen wissenschaftlichen Beweise aus? All diese Dinge sprechen für mich.

---

[7] Siehe Poppers berühmtes Buch *Vermutungen und Widerlegungen* (1963).

15. „Wie kommen Sie darauf, dass Paulus eine reale Person war? Wenn er fiktiv war, dann ist es kein Schwindel."

Das ist ein interessantes Argument: dass Paulus kein echter Mensch war, sondern vielleicht eine Ansammlung von Personen, die unter einem Pseudonym arbeiteten, oder vielleicht sogar selbst ein Mythos. Wenn es keinen Paulus gibt, kann es auch keinen „raffinierten Lügner" (wie ich ihn nenne) und somit auch keinen Jesus-Schwindel geben – so behauptet der Kritiker.

Betrachten wir zunächst dieses Zitat des christlichen Gelehrten und Hochschulchemikers John Oakes:

> Soweit ich weiß, gibt es keinen einzigen seriösen Gelehrten, einschließlich Atheisten, Juden, Moslems, Skeptiker oder Historiker oder Gelehrte jeglicher Herkunft, der bezweifelt, dass Paulus eine echte Person war. Selbst die wirklichen Randgruppen, die (entgegen allen wissenschaftlichen Beweisen) die Realität Jesu anzweifeln, haben nicht die Frechheit zu behaupten, Paulus sei keine reale Person gewesen... Der Beweis für die Realität des Paulus kommt von den Dutzenden von Schriftstellern, die ihn innerhalb einer Generation nach seinem Tod zitierten. Jede einzelne christliche Quelle stimmt darin überein, dass er eine reale Person war...
>
> Zu behaupten, sie hätten sich darüber getäuscht, dass Paulus ein Apostel und eine reale Person war, grenzt an Irrationalität. Es gibt kein einziges Beispiel für einen Gegner des Christentums in den ersten zwei oder drei Jahrhunderten, der an seiner Realität gezweifelt hätte. Das wäre so, als würde man bezweifeln, dass Seneca, Ovid oder Cicero gelebt haben. Bart Ehrman, einer der größten Kritiker der Zuverlässigkeit der Bibel, hat mit unwissenschaftlichen Atheisten debattiert, die behaupten, Paulus sei nicht real, und hatte Mühe, seine atheistischen Freunde nicht auszulachen, weil sie die törichte und unbegründete Behauptung aufstellten, Paulus sei keine reale Person.[8]

---

[8] John Oakes, 2. Februar 2015, https://www.dtodayarchive.org/bible-study/hot-topics/item-7103-q-is-there-any-historical-evidence-that-paul-was-a-real-person

Zugegeben, Oakes ist ein Jesus-Gläubiger, aber er hat ein Dutzend Bücher zu diesem Thema verfasst zu diesem Thema verfasst und hat somit zumindest eine gewisse Berechtigung, eine solche Behauptung aufzustellen.

Aber was sind die Alternativen? Ich denke, es gibt nur zwei: 1. „Paulus" war in Wirklichkeit eine Ansammlung von einzelnen Juden, die unter seinem Namen schrieben. Aber das ändert nur meine Schwindelthese. Jetzt gibt es viele anonyme jüdische anonyme jüdische Fälscher statt eines einzigen. Meine Grundtheorie gilt immer noch, in modifizierter Form. 2. „Paulus" war eine später erfundene mythische Figur Zeit. Aber die Apostelgeschichte ist praktisch eine Biographie des Paulus und wird üblicherweise auf die Mitte der 80er Jahre datiert. Der erste Brief des Clemens erwähnt Paulus und wurde wahrscheinlich in den 90er Jahren nach Christus geschrieben. Ignatius' Brief an die Römer erwähnt ebenfalls Paulus und datiert wahrscheinlich auf ca. 105 n. Chr. Wer hat sich also „Paulus" ausgedacht, und wann? Der einzig plausible Schuldige ist Marcion (85-160 n. Chr.), aber er konnte einen Paulus-Mythos zu diesem frühen Zeitpunkt konstruiert haben – der entweder vor seiner Geburt oder als Jugendlicher. Wer hat es also getan? Und warum? Solange wir diese Fragen nicht beantworten können, haben wir keine brauchbare Gegenmeinung.

Und selbst wenn es keinen historischen Paulus gab, was ist dann mit den Schreibern der Evangelien? Waren auch sie mythische Figuren? *Alle* von ihnen? Wann und von wem erfunden? Dies impliziert, dass *keines* der Evangelien auf das 1. Jahrhundert nach Christus datiert werden kann – kann dies aufrechterhalten werden? Ich glaube nicht. Wenn eines der Evangelien aus der Zeit zwischen 70 und 100 n. Chr. stammt und jüdische Autoren hatte, dann bleibt meine Fälschungsthese bestehen. Nur ist es jetzt nur noch „die Kabale", die die Welt getäuscht hat.

16. „Paulus glaubte an einen ‚himmlischen' Jesus, nicht an einen irdischen."

Diese Idee wird vor allem vom Jesus-Mythiker Richard Carrier vertreten, einem der aktiveren und qualifizierteren Skeptiker. Es lohnt sich, dies näher zu erläutern. Carrier ist in seinen Schriften größtenteils auf dem richtigen Weg, aber leider bleibt er immer kurz davor stehen, die logische Schlussfolgerung zu ziehen.

Lassen Sie mich mit dem beginnen, was er in seinem Buch *Zur Geschichtlichkeit von Jesus* (*On the Historicity of Jesus*, 2014) richtig macht. Er stellt immer wieder richtig fest, dass bei den Schreibern des Neuen Testaments ausgiebig „fabriziert", „erfunden" und ja, „gelogen" wird. Zum Beispiel:

- „Johannes hat sich in seiner schriftstellerischen Völlerei ausgetobt, hat alles verändert und erfunden, was er wollte. Nach modernen Maßstäben ist er ein Lügner." (S. 491)
- „Johannes hat diese Figur eindeutig in diese Geschichten 'eingefügt'... Das ist schlicht und einfach eine Lüge." (S. 500)
- „Die Evangelien bieten uns im Allgemeinen keinerlei Anhaltspunkte, um einen historischen Jesus zu erkennen. Aufgrund ihrer umfangreichen Verwendung von Erfindungen und literarischen Erfindungen ... können wir nicht wissen, ob irgendetwas in ihnen eine historische Grundlage hat ..." (S. 506)
- „[Die Verfasser der Evangelien] schreiben Mythen, Geschichten, Propaganda. Sie erfinden absichtlich, was sie in ihren Texten präsentieren." (S. 509)

All das ist völlig richtig und gut gesagt. Aber wenn es dann um eine Erklärung, einen Grund für all das geht, stolpert Carrier. Er sagt, dass ein gegebenes Evangelium „wesentlich mächtiger und wirksamer wird, wenn es auch wörtlich genommen wird" (S. 507), und dass „eine solche Historisierung den kirchlichen Hierarchien auch mehr Kontrolle über die Lehre gab." Aber zu welchem Zweck? War das das eigentliche Motiv – Macht und Kontrolle um ihrer selbst willen? Die Verfasser der Evangelien „hatten eine andere Agenda" (was?), für „Predigt, Lehre und Propaganda" (zu welchem Zweck?). Die Schreiber „tun es aus einem bestimmten Grund (auch wenn wir nicht immer erkennen können, welcher das ist)" (S. 509). Wirklich? Warum können wir das nicht erkennen? Wenn man die Geschichte und die konventionellen Motive jüdischen Handelns kennt, wird zumindest eine Möglichkeit ziemlich klar – ein Jesus-Schwindel.

Aber nicht für Carrier. Die gesamte Konstruktion der Jesus-"Lüge"
sei „nicht das Ergebnis einer organisierten Verschwörung, sondern einfach das Ergebnis unabhängiger Schreiber und Autoren, die weitgehend
ähnliche Annahmen und Motive teilen" (S. 609). Motive wie ... was?
Und wie kann er so sicher sein, dass es keine „Verschwörung" gab? Sagt
er das, um nicht als „Verschwörungstheoretiker" bezeichnet zu werden?

Carrier leugnet darüber hinaus sogar die Existenz eines historischen
Jesus, des gewöhnlichen Rabbiners. Seiner Ansicht nach hat Paulus
einen „kosmischen" oder „himmlischen" Jesus halluziniert, der später
„Jesus im Weltall" genannt wurde. Dies stimmt mit meiner
Halluzinationsthese überein. Aber im Gegensatz dazu sagt Paulus immer
wieder, dass sein Jesus ein echter Mensch aus Fleisch und Blut war, der
wirklich gelebt hat und wirklich am Kreuz gestorben ist. Beachten Sie,
was Paulus im Galaterbrief sagt. Jesus wurde „von den Toten
auferweckt" (und war also offensichtlich einmal lebendig); er wurde
„gekreuzigt" und „starb"; er war Abrahams „Nachkomme" und wurde
tatsächlich „von einer Frau geboren" (4,4). All dies kann nur auf einen
physischen Menschen zutreffen.

Oder schauen Sie in den 1. Thessalonicherbrief, wo Paulus
wiederum sagt, dass Jesus „von den Toten auferweckt" wurde und dass
„die Juden Jesus getötet haben" (2,15). Oder im Römerbrief, wo Jesus
„von David abstammt, dem Fleisch nach" (1,3). Und wieder finden wir
Ausdrücke wie „von den Toten auferweckt", „durch sein Blut" und
„Leib Christi" – die sich alle nur auf einen lebenden, atmenden
Menschen beziehen können.

Wir sehen also, dass es unwahrscheinlich ist, dass Jesus lediglich ein
„himmlisches" Wesen war. Aber was noch wichtiger ist: Selbst, wenn er
es war, gab es immer noch einen jüdischen Schwindel – wenn nicht von
Paulus, der geisteskrank war, dann von seinen Anhängern, die es nicht waren.

17. „Warum ausgerechnet Jesus? Warum nicht Mose oder König
    David oder König Salomo? Vielleicht waren das die ursprüng-
    lichen Fälschungen."

Es stimmt, wie ich in Kapitel 2 erörtert habe, dass diese sehr frühen
Figuren der jüdischen Geschichte sehr wahrscheinlich mythischer Natur
sind. Mose soll um 1300 v. Chr. gelebt haben, aber wir haben keinerlei

Beweise für ihn. König David soll um 1000 v. Chr. regiert haben, aber auch hier bezweifeln die meisten Gelehrten seine tatsächliche Existenz. Davids angeblicher Sohn, König Salomo (Regierungszeit ca. 950 v. Chr.), scheint als reale Person etwas plausibler zu sein, aber auch hier ist so wenig bekannt, dass wir uns schwer tun, eindeutige Schlussfolgerungen zu ziehen. Daher ist es durchaus möglich, ja sogar wahrscheinlich, dass jemand alle drei Figuren „erfunden" hat, um den alten Hebräern zu mehr Ruhm zu verhelfen, und sie somit eine Art Schwindel waren. Aber wenn dem so ist, haben sie nur sich selbst etwas vorgemacht; niemanden außer den orthodoxen Juden interessiert es wirklich, ob eine dieser drei Figuren echt war. Vielleicht wird eines Tages ein Gelehrter ein Buch mit dem Titel „Der Moses-Schwindel" schreiben; doch im Moment liegt unser Augenmerk auf dem weitaus wichtigeren Jesus.

18. „Ihre Schwindel-Theorie ist irrelevant, weil sie inzwischen Teil der Geschichte ist. Generationen haben sie als wahr akzeptiert, und sie ist in die Struktur der westlichen Zivilisation eingebaut."

Ist es zu spät für meine These? Hat die Geschichte das Thema erledigt? Natürlich kann ich 2 000 Jahre Geschichte nicht ungeschehen machen, und ich versuche es auch gar nicht. Es ist klar, dass das Christentum in der Tat „Geschichte" ist und dass es bis zu einem gewissen Grad in unsere Zivilisation eingebaut wurde. Aber all dies ist für meine Behauptung irrelevant. Im Prinzip spielt es keine Rolle, ob der Mensch Jesus vor 2000 Jahren, vor 200 Jahren oder vor 20 Jahren gelebt hat; wenn jemand sein wirkliches Leben genommen und eine Fabel konstruiert hat, die auf einem Kern von Wahrheit beruht, und dies dann als Realität ausgegeben hat, dann sind wir einem Schwindel aufgesessen. Es ist sicherlich ein tragischerer Schwindel, wenn man bedenkt, dass er seit zwei Jahrtausenden andauert, aber die Länge der Zeit macht meine These nicht weniger, sondern mehr relevant. Ein 20-jähriger Schwindel ist mit Sicherheit weniger folgenreich als ein 2 000-jähriger Schwindel.

19. „Das Fehlen von dokumentierten Wundern Jesu ist kein Problem, denn Wunder waren zu dieser Zeit alltäglich. Es war einfach nicht nötig, solche Ereignisse aufzuzeichnen."

Dies ist ein ziemlich verblüffender Einwand, und zwar von einem promovierten ehemaligen Professor.[9] Als Antwort auf diese Frage sagte er Folgendes:

> Der offensichtlichste Trugschluss ist die Behauptung, dass, wenn Jesus wirklich Wunder gewirkt hätte, dies Schlagzeilen gemacht hätte und in allen zeitgenössischen Quellen und später in den Geschichtsbüchern festgehalten worden wäre. Das ist natürlich lächerlich. Berichte über angebliche Wunder und übernatürliche Ereignisse, insbesondere Heilungen, sind in den meisten Kulturen allgegenwärtig. Es gibt so viele davon, dass nur eine winzige Minderheit aufgeschrieben und in Erinnerung behalten wird.

Alles hängt hier von der Formulierung „Berichte über" ab. Er mag Recht haben, dass es damals viele „Berichte über" oder „Berichte von" Wundern gab; viele Menschen waren damals angeblich „Zauberer", die Wunder vollbringen konnten. Wenn es sich nur um „Berichte" handelt, dann mag er Recht haben. Aber der gute Doktor untergräbt seine eigene Glaubwürdigkeit, indem er Folgendes sagt:

> Wenn man meinen Informanten Glauben schenken kann, dann gibt es im heutigen Marokko nicht wenige Menschen, die so ausgefallene Dinge tun wie viele der Wunder von Jesus. Es gibt Menschen, die sich nach Mekka oder Algerien teleportieren, andere, die die Zeit anhalten oder umkehren, wieder andere, die Menschenmengen ernähren, indem sie auf wundersame Weise riesige Mengen von Lebensmitteln aus der Luft holen. ... Telepathie, Hellsichtigkeit und Präkognition sind weit verbreitet. Und Wunderheilungen gibt es natürlich wie Sand am Meer.

Ist das wahr? Hat jemand etwas davon auf einem Handyvideo festgehalten? Ich vermute nicht. Bis dahin nennen Sie mich skeptisch.

---

[9] Er soll nicht genannt werden, um seinen Ruf zu schützen. Seine Kommentare wurden zu einem Aufsatz eines Autors gepostet, der ein ähnliches Argument wie ich vorbrachte.

20. „Die Juden hassen seit langem die Christen und das Christentum. Wie kann das Christentum also eine jüdische Verschwörung sein?"

In dieser kurzen Kritik gibt es eine Menge zu entpacken. Zunächst müssen wir uns daran erinnern, dass die Juden, wenn die Geschichte uns nicht täuscht, alle Menschen hassen – erinnern Sie sich an die Diskussion in Kapitel 4. Das war eine historische Studie, aber es gibt Gründe für die Annahme, dass sich die jüdische Weltanschauung nicht grundlegend geändert hat, genauso wenig wie das Judentum seine grundlegende Einstellung geändert hat. Der jüdische Vormachtanspruch ist so stark wie eh und je, und die jüdische Besessenheit von Reichtum und Macht über andere ist, wenn überhaupt, noch stärker als in den vergangenen Jahrhunderten. Natürlich gibt es Ausnahmen, und es gibt viele Arten von „Hass", aber im Großen und Ganzen scheinen Juden eine eingebaute Antipathie gegen alle nicht-jüdischen Menschen zu haben. Wenn man weiß oder christlich ist, empfindet man dies als einen Hass gegen Weiße oder Christen; aber man erkennt nicht, dass die gleichen (oder ähnliche) Gefühle gegen alle Nichtjuden projiziert werden. Das ist der erste Punkt, den man im Auge behalten sollte.

Als Nächstes müssen wir uns den Kontext von Paulus' Handeln vergegenwärtigen. Er wandte sich gegen die orthodoxe jüdische Elite, indem er behauptete, dass Jesus (a) der Messias war (wenn auch ein toter und auferstandener) und (b), dass Jesus alle Menschen, Juden und Heiden, gleichermaßen retten sollte. Diese beiden Punkte waren der Orthodoxie ein Gräuel. Das allein genügte den Eliten, um Paulus und seine erfundene Theologie zu hassen, ganz zu schweigen von seinem „Jesus". Dieser Hass genügte Paulus und seiner Kabale, um zu behaupten, die Juden hätten Jesus „getötet" (oder wollten ihn töten) – oder vielmehr das „Jesus-Konzept".[10] Paulus und seine Bande waren eine winzige Minderheit, zahlenmäßig weit unterlegen gegenüber den orthodoxen Juden, die seine Gegner oder gar Feinde waren; für ihn waren „die Juden" zweifellos der Feind, obwohl er selbst einer von ihnen war.

So wurde jeder, der sich der entstehenden christlichen Bewegung anschloss – zunächst vor allem Juden, dann allmählich mehr Heiden und

---

[10] Siehe 1 Thes 2,15, Mk 10,33, Lk 22,2, und Joh 7,1.

schließlich nur noch Heiden – automatisch von den orthodoxen Juden gehasst. Als das Christentum über mehrere Jahrzehnte hinweg zu einer rein heidnischen Bewegung wurde, gab es für die Juden somit einen doppelten Grund, sie zu hassen: als Heiden und als Christen.

Natürlich wurde dieser Hass schließlich erwidert, weshalb wir, beginnend mit Melito von Sardes (ca. 150 n. Chr.), Tertullian (ca. 190) und Hippolyt (ca. 200), Belege für einen „christlichen Antisemitismus" bei wichtigen Kirchenvertretern finden. Diese Haltung erreichte mit Gregor von Nyssa, Hieronymus und vor allem Chrysostomus um das Jahr 375 eine Art Höhepunkt und hat sich seither in unterschiedlichem Ausmaß gehalten.[11]

Aber der Kritiker unterstellt, dass dies auch in der heutigen Zeit gilt, wo die Situation etwas anders ist. Für das Drittel der Juden, die religiös sind, ist die Haltung dieselbe: Sie hegen eine geheime (oder offene) Abneigung sowohl gegen Heiden als auch gegen Christen, insbesondere gegen Heidenchristen. Bei den zwei Dritteln der säkularen oder nicht praktizierenden Juden ist der Hass auf Nichtjuden in der Regel rassistisch bedingt, und sie verkörpern die seit langem bestehende Haltung einer jüdischen Vormachtstellung, die unabhängig von religiösen Erwägungen vorhanden sein kann. Da wohlhabende säkulare Juden sowohl in den Medien als auch in der politischen Sphäre dominieren, sehen wir darüber hinaus sowohl in der Unterhaltung als auch in der Regierungspolitik Dinge, die sich als antichristlich manifestieren: rigorose Trennung von Kirche und Staat, Verhöhnung oder Missbrauch christlicher Werte (z. B. dass Juden für Abtreibung sind) und kulturelles Eindringen (z. B. die Abschaffung von „Frohe Weihnachten" usw.).

Und dann gibt es noch zwei weitere Probleme. Erstens scheinen Juden (säkulare und religiöse) den so genannten „christlichen Nationalismus" zu verabscheuen und zu fürchten. Dabei handelt es sich um eine Art rechtsgerichtete politische Bewegung, die eine auf christlichen Lehren und Werten basierende Nation wiederherstellen oder schaffen will, die aber fast standardmäßig stark weiß und häufig antisemitisch ist. Eine solche Bewegung schließt Juden implizit oder explizit von Machtpositionen aus, und deshalb sind sie (Juden)

---

[11] Siehe speziell die Arbeit von Martin Luther (2020), und die katholischen Essays Ende des 19. Jahrhunderts, wiedergegeben in in Dalton (2022: 147-194).

reflexartig dagegen. Zweitens ist das allgemeine Gefühl, das offenbar von vielen Juden geteilt wird, dass die Weißen ihre größten Rivalen im Kampf um Macht und Kontrolle sind – was in der Tat wahr zu sein scheint, wenn man bedenkt, dass die Weißen den jüdischen Einfluss im Laufe der Jahrhunderte immer wieder zurückgeschlagen haben; man denke nur an die Dutzenden von Vertreibungen der Juden aus Europa oder die Zeit des deutschen Nationalsozialismus. Daher „hassen" die Juden instinktiv die Weißen, insbesondere die weißen Christen, wenn es um Machtkämpfe geht.

Was das Christentum selbst betrifft, so lachen säkulare Juden im Allgemeinen über seine Dummheit. Aber gleichzeitig erkennen sie, dass es ihnen zum Vorteil gereicht, sowohl durch die christlichen Zionisten als auch durch die berühmten pazifistischen christlichen Tendenzen („Halte die andere Wange hin", „Liebe deinen Feind" usw.). Einerseits kichern sie und verspotten die Christen, andererseits gefällt ihnen, was sie damit erreichen. Es handelt sich also um eine Art Hassliebe. Insgesamt ist die Situation ziemlich kompliziert, wie ich bereits oben erwähnt habe.

Die Quintessenz: Das Christentum ist in der Tat eine „jüdische Verschwörung", und *zwar gerade wegen* des Judenhasses. Es ist der Höhepunkt des jüdischen Hasses, der sich in seinem genauen Gegenteil manifestiert – der christlichen „Liebe". Das ist genau das, was Nietzsche schon vor langer Zeit erkannt hat:

> Aus dem Stamm jenes Baumes der Rache und des Hasses, des jüdischen Hasses – des tiefsten und erhabensten Hasses, d.h. eines Hasses, der Ideale schafft und Werte umwandelt, etwas, das es auf der Erde nie gegeben hat –, aus ihm wuchs etwas ebenso Unvergleichliches, eine *neue Liebe* [d.h. die christliche „Liebe"], die tiefste und erhabenste aller Formen der Liebe: – aus welchem anderen Stamm hätte sie wachsen können?
>
> Man darf aber nicht annehmen, dass diese Liebe im Wesentlichen als Verneinung jenes Rachedurstes, als Gegenteil des Judenhasses entstanden ist! Nein: das Gegenteil ist die Wahrheit! Diese Liebe wuchs aus jenem Hass heraus, als seine Krone, als die siegreiche Krone, die sich in reinstem Glanz und Sonnenschein immer weiter entfaltete, die sozusagen nach dem

Reich des Lichtes und der Höhe strebte, dem Ziel jenes Hasses...
Dieser Jesus von Nazareth, der lebendige Evangelist der Liebe,
der „Heiland", der den Armen, den Kranken, den Sündern
Heiligkeit und Sieg brachte – war er nicht genau diese Verführung
in ihrer schrecklichsten und unwiderstehlichsten Form, die
Verführung und Umleitung zu genau jenen *jüdischen* Werten und
Neuerungen in den Idealen?[12]

Es war dieser Hass – der Hass auf Rom, der Hass auf die Heiden im
Allgemeinen –, der Paulus und seine Kabale dazu trieb, eine monumentale Lüge zum Wohle „Israels" zu konstruieren. Nietzsche hat das
schon vor mehr als einem Jahrhundert verstanden; und doch sind wir
heute schockiert über eine solche Vorstellung.

21. „Das Fehlen von Beweisen ist kein Beweis für die Abwesenheit.
Das heißt, nur weil wir keine bestätigenden (nicht-christlichen)
Beweise für Jesus aus den Jahren null bis 90 n. Chr. haben, heißt
das nicht, dass er nicht existiert hat."

Stellen Sie sich folgendes Szenario vor. Angenommen, ich arbeite in
meinem Garten, und mein Nachbar kommt vorbei und sagt: „Hey, hallo!
Sag mal, wusstest du, dass ein Rudel wilder Wölfe durch die
Nachbarschaft streift?" Darauf werde ich wahrscheinlich etwas sagen
wie „Wow, wirklich? Das scheint mir sehr unwahrscheinlich zu sein. Ich
würde sogar 100 Dollar darauf wetten, dass es keine Wölfe in der
Nachbarschaft gibt. Haben Sie irgendwelche Beweise?" „Nun, nein.
Aber Sie wissen ja, das Fehlen von Beweisen ist kein Beweis für das
Fehlen."

Hilft oder schadet diese Aussage dem Fall meines Nachbarn? Hilft
oder schadet es meiner Behauptung, dass es keine Wölfe gibt? Wenn er
von mir erwartet, dass ich etwas extrem Ungewöhnliches und
Unwahrscheinliches glaube, dann muss er den Beweis antreten. Wie ich
in Kapitel 1 erklärt habe, liegt die Beweislast bei ihm. Und in
Ermangelung von Beweisen ist seine Behauptung nicht glaubwürdig.
Wenn es tatsächlich ein Wolfsrudel in der Nachbarschaft gäbe, würden

---

[12] *Über den Stammbaum der Moral* (*On the Genealogy of Morals*) I.8.

wir tatsächliche Beweise erwarten: Pfotenabdrücke im Dreck, Wolfskot, tote Tierkadaver, Video- oder Audioaufnahmen, bestätigende Zeugen und so weiter. Wenn es keine Beweise gibt, habe ich keinen Grund, der Behauptung zu glauben. Manchmal ist das Fehlen von Beweisen der Beweis für das Fehlen von Beweisen.

Das Gleiche gilt für Jesus, den Sohn Gottes. Er ist nicht nur ein gewöhnlicher Wundertäter (falls es so etwas je gegeben hat); nein, er ist der *Sohn Gottes*, oder vielleicht *Gott selbst*, der auf die Erde gekommen ist und dramatische und unverwechselbare Wunder vollbracht hat. Es gab viele Gelegenheiten, mit buchstäblich Tausenden von Zeugen und Dutzenden von fähigen, gebildeten Gelehrten, jüdischen und nichtjüdischen, die etwas, irgendetwas, über den Sohn Gottes hätten dokumentieren können. *Aber niemand hat etwas geschrieben.* Hier ist das Fehlen von Beweisen äußerst aufschlussreich; hier *ist* es ein Beweis für das Fehlen.

22. „Wie konnten sich so viele Menschen so lange täuschen lassen? Das scheint unmöglich."

Tatsächlich gibt es in der Geschichte mehrere berühmte Beispiele dafür, dass viele Menschen, sogar viele kluge Menschen, für eine sehr lange Zeit getäuscht wurden. Die alten Griechen, so brillant sie auch waren, brachten eine Reihe falscher Überzeugungen hervor, die über Jahrhunderte hinweg aufrechterhalten wurden. So wurde beispielsweise lange Zeit angenommen, dass sich die Sterne um die Erde drehen, die an einer kosmischen oder himmlischen Kugel befestigt ist – eine Ansicht, die unter anderem von Platon, Eudoxos und Aristoteles vertreten wurde.[13] Und jeder glaubte daran; was lag näher, als dass die Sterne, die sich jede Nacht in festen Konstellationen um uns drehen, an einer gigantischen Kugel befestigt sind? Diese Tatsache wurde bis weit in die 1500er Jahre hinein, also fast 2 000 Jahre nach ihrer Einführung, als selbstverständlich angesehen. Aber sie war völlig falsch.

Ein anderer berühmter griechischer Philosoph, Empedokles, stellte fest, dass alle materiellen Objekte aus vier Grundelementen zusammen-

---

[13] Siehe Platons *Timaios* 33b, 36c-d und Aristoteles' *Metaphysik* 1073b18-1074a15.

gesetzt sind: Feuer, Luft, Erde und Wasser. Und diese wurden von zwei Kräften angetrieben und gezogen, die er „Liebe" (Anziehung) und „Streit" (Abstoßung) nannte. Diese Vorstellung war so überzeugend, dass sie bis zur Zeit von Robert Boyle Ende des 16. Jahrhunderts als wahr galt.

Dann gibt es noch die Hexerei. Hexen werden seit mindestens 300 v. Chr. verurteilt und verbrannt, und während der Spitzenzeit in Europa – von 1450 bis 1750 – wurden etwa 500 000 Menschen getötet. Tausende von Menschen, meist junge Frauen, wurden ertränkt oder lebendig verbrannt, nur weil jemand – mit ziemlicher Sicherheit ein Christ – *absolut sicher* war, dass sie Hexen waren. Stellen Sie sich vor, wie sicher man sich seiner „Fakten" sein muss, um ein junges Mädchen bei lebendigem Leib auf dem Scheiterhaufen zu verbrennen; und doch hat man es getan, immer und immer wieder. (Ich bezweifle, dass es eine Hölle gibt, aber wenn es eine gibt, dann sind diese Leute dort drin).

Betrachten wir schließlich das Dokument, das als Konstantinische Schenkung bekannt ist. Dabei handelt es sich um eine angebliche Erklärung von Kaiser Konstantin, der angeblich im Jahr 315 n. Chr. sein gesamtes Römisches Reich an die katholische Kirche „schenkte" (Konstantin war der erste römische Kaiser, der 312 zum Christentum konvertierte). Das Dokument tauchte jedoch erst in den 700er Jahren auf, als es als Rechtfertigung für die Kirche diente, die vollständige Herrschaft über Europa aufrechtzuerhalten. Etwa sieben Jahrhunderte lang wurde es als wahr und gültig angesehen, bis Lorenzo Valla 1440 nachwies, dass es eine Fälschung war. Doch zu diesem Zeitpunkt hatte die Kirche ihre Macht bereits im Würgegriff und brauchte die antike Rechtfertigung nicht mehr wirklich. Sie diente jedoch dazu, Reformatoren wie Martin Luther anzuspornen, der Anfang 1500 die antikatholische protestantische Bewegung begründete.

In all diesen Fällen wurden Millionen von Menschen getäuscht, betrogen oder hingen auf andere Weise jahrhundertelang an falschen Überzeugungen. Damals waren sie todsicher, dass sie richtig lagen, aber in Wirklichkeit lagen sie völlig falsch. Es ist nicht verwunderlich, dass Millionen oder Milliarden von Menschen sich immer noch in Bezug auf Religion irren könnten. Das ist sogar praktisch garantiert.

# KAPITEL 9

# IST DAS NEUE TESTAMENT PRO-RÖMISCH?

In Kapitel 5 habe ich mich mit der wahrscheinlichen Wahrheit der Jesus-Geschichte befasst. Ich argumentierte, dass Paulus und seine Kabale ein zweigeteiltes Motiv hatten: die römische Herrschaft zu untergraben und die verhassten heidnischen Massen moralisch und psychologisch zu schwächen. In einem brillanten Geistesblitz erkannte Paulus, dass er beides auf einmal erreichen konnte, und zwar durch einen gottmenschlichen Jesus, der allen ewiges Leben im Himmel versprach, wenn sie nur seinem „Weg" folgten. Die Jesus-Botschaft, wie sie von Paulus und seinen jüdischen Mitbürgern weitergegeben wurde, enthielt eine Aufforderung zum ständigen Zölibat (sogar in der Ehe) sowie zahlreiche ausdrückliche und subtile Aufrufe zur Rebellion. Ich habe dies in Kapitel 7 mit meiner These von der „römischen Verschwörung" erneut aufgegriffen.

Aber die Vorstellung, dass das Neue Testament in irgendeiner Weise gegen Rom gerichtet sei oder einen Aufruf zur Revolte gegen Rom darstelle, hat eine Reihe von Beschwerden von Kritikern hervorgerufen, die ich in Form einer 23. und letzten Kritik zusammenfassen möchte:

> 23. „Paulus ist *pro-römisch*, nicht anti-römisch. Das gilt auch für die Evangelien. Sehen Sie sich nur all die pro-römischen Passagen und den berühmten Pazifismus des Christentums an. Daher kann der 'Schwindel' nicht beabsichtigt gewesen sein, um Rom zu untergraben oder gegen es zu rebellieren; das Christentum unterstützt Rom!"

Dies ist ein wichtiges Argument, das ich ständig in verschiedenen Formen höre. Aber er ist äußerst schwach begründet. Der Grundgedanke des Kritikers ist, dass es im Christentum darum geht, den Nächsten (und den Feind) zu lieben, die andere Wange hinzuhalten, ein gutes „Lamm" zu sein, keusch und sanftmütig zu sein und sich von weltlichen Sorgen

abzuwenden. All diese Dinge sprechen für Rom. Nach meiner
Antagonismus-These hingegen agitieren Paulus und die Kabale gegen
Rom. Vergleichen wir die Textbelege auf beiden Seiten und sehen wir,
was wir daraus schließen können.

Zunächst zu der angeblich „pro-römischen" Seite meines Kritikers:
Wenn wir das NT nach relevanten pro-römischen Passagen durchsuchen,
finden wir tatsächlich nur sehr wenige – sie sind berühmt, aber nicht
zahlreich. In den Briefen des Paulus finden wir ein paar scheinbar pro-
römische Äußerungen, aber fast ausschließlich in einem Buch: Römer.
Und dann auch fast ausschließlich in einem Kapitel: 13. Hier ist Römer
(13,1-7):

> Jeder sei der Obrigkeit untertan; denn es gibt keine Obrigkeit
> außer der, die Gott eingesetzt hat. Die bestehenden Autoritäten
> sind von Gott eingesetzt worden. Wer sich also gegen die
> Obrigkeit auflehnt, der lehnt sich gegen das auf, was Gott
> eingesetzt hat, und wer das tut, der bringt das Gericht über sich
> selbst. Denn die Obrigkeit hat keine Angst vor denen, die Recht
> tun, sondern vor denen, die Unrecht tun. Willst du frei sein von
> der Furcht vor dem, der die Macht hat? Dann tu, was richtig ist,
> und du wirst gelobt werden. Denn der Herrscher ist ein Diener
> Gottes zu eurem Besten. Wenn du aber Unrecht tust, dann fürchte
> dich, denn die Machthaber tragen das Schwert nicht ohne Grund.
> Sie sind Gottes Diener, Vertreter des Zorns, um den Übeltäter zu
> bestrafen. Deshalb ist es notwendig, sich der Obrigkeit zu
> unterwerfen, nicht nur wegen der möglichen Strafe, sondern auch
> aus Gewissensgründen. Das ist auch der Grund, warum du
> Steuern zahlst, denn die Behörden sind Gottes Diener, die ihre
> ganze Zeit dem Regieren widmen. Gib jedem, was du ihm
> schuldest: Wenn du Steuern schuldest, dann zahle Steuern; wenn
> Einnahmen, dann Einnahmen; wenn Respekt, dann Respekt; wenn
> Ehre, dann Ehre.

Wer genau sind also „die Autoritäten", die wir respektieren sollen? Der
Römerbrief wurde um das Jahr 57 geschrieben, als Nero Kaiser war.
Warum hat Paulus nicht „Nero" gesagt? Warum sagte er nicht „Kaiser"
oder „Rom"? Auf der anderen Seite hatten die Juden in Jerusalem einen

lokalen jüdischen Herrscher: Herodes Agrippa II. Und er war das nominelle Oberhaupt aller Juden, egal, wo sie wohnten. Es ist sehr viel wahrscheinlicher, dass Paulus sich einem jüdischen König beugen würde als einem römischen Kaiser, weshalb er vielleicht schlauerweise nur von „Autoritäten" sprach. Es ist sehr viel wahrscheinlicher, dass Paulus hier pro-jüdisch ist, als dass er pro-römisch ist.

Und selbst wenn er hier „Nero" meint, sagt er eigentlich nur: „Haltet euch an das Gesetz, macht keinen Aufstand, haltet euch zurück." Und das nur gegenüber seinen jüdischen Mitbürgern in Rom – nirgendwo sonst. Wir müssen uns daran erinnern, dass die ganze Prämisse des Jesus-Schwindel darin besteht, dass Paulus eine neue Taktik ausprobiert: keine offene Konfrontation mit Rom, sondern eine subtile Unterminierung der Heiden mit seiner neuen, pro-jüdischen Religion. Zu diesem Zweck werden Sie natürlich Ihre Steuern zahlen und offenkundigen Ärger vermeiden. Wir haben bessere, subtilere Pläne, sagt Paulus.

Paulus zitiert dann die Moral des Alten Testaments:

> Die Gebote „Du sollst nicht ehebrechen", „Du sollst nicht töten", „Du sollst nicht stehlen", „Du sollst nicht begehren" und alle anderen Gebote, die es gibt, sind in diesem einen Gebot zusammengefasst: „Liebe deinen Nächsten wie dich selbst." Die Liebe fügt dem Nächsten keinen Schaden zu. Deshalb ist die Liebe die Erfüllung des Gesetzes.

Da sich das Alte Testament ausschließlich an Juden richtet, ist „der Nächste" natürlich ausschließlich ein jüdischer Mitbürger – kein Römer, kein Grieche, kein Heide. Hier gibt es keine „Liebe" zu den Römern, sondern nur zu den bedrängten Juden.

*Und das ist praktisch alles, was wir bei Paulus finden.* Es gibt noch eine weitere Stelle im Galaterbrief, die manchmal zitiert wird, aber auch diese ist eine Wiederholung des oben Gesagten: „Du sollst deinen Nächsten lieben wie dich selbst" (5,14). Aber auch hier geht es um den jüdischen Nächsten, um niemanden sonst. Abgesehen von dieser Wiederholung finden wir bei Paulus keine weiteren pro-römischen Passagen. Der Kritiker ist aufgefordert, nach anderen zu suchen und sein Argument vorzubringen. Auf jeden Fall müssen wir diese wenigen

Zeilen mit den vielen antirömischen oder rebellischen Stellen bei Paulus vergleichen, was ich gleich tun werde.

Doch nun zu den Evangelien: Wo sind die „pro-römischen" Passagen? Bei Markus finden wir eine: das berühmte „Gebt dem Cäsar":

> Jesus sagte zu ihnen: „Gebt dem Kaiser, was dem Kaiser gehört, und Gott, was Gott gehört" (Markus 12,17).

Soll das eine Art beeindruckende Aussage sein? Ist das das Beste, was Jesus einfallen kann? Offensichtlich ist „Caesar" (noch einmal, warum nicht „Kaiser" oder „Rom" oder [jetzt] „Tiberius"?) der Herrscher, und natürlich musst du ihm das geben, was ihm zusteht – sonst wird er dich vernichten. Das ist offensichtlich. Aber das sagt nichts darüber aus, dass man ihn und seine Herrschaft nicht auch hassen und gegen ihn und die verhassten heidnischen Massen vorgehen sollte. Diese beiden Dinge sind durchaus vereinbar. Das ist alles, was wir bei Markus finden.

Was ist mit Lukas? Dort finden wir die abgespeckte Version der berühmten Bergpredigt, im Gegensatz zu dem viel längeren Bericht bei Matthäus. Lukas berichtet nur über ein paar scheinbar pro-römische Zeilen von Jesus: „Liebt eure Feinde" (Mat 6,27), „Haltet die andere Wange hin" (6,29), „Richtet nicht" (6,37) – das war's. In der längeren Matthäuspredigt werden diese drei einfach wiederholt (5,44; 5,39; 7,1) und nichts weiter hinzugefügt. Aber dieses Evangelium enthält das Beispiel der Heilung des Dieners des Hauptmanns durch Jesus (8,5-13), was bedeuten soll, dass... was? Dass Jesus Zenturionen liebt? Oder ihre Diener? Soll dieses (gefälschte) Wunder als eine zutiefst pro-römische Botschaft dienen? Schließlich haben wir bei Matthäus den Vorfall, bei dem Jesus von seinen jüdischen Mitbürgern festgenommen wird (26,47-56). Ein Jünger zieht daraufhin sein Schwert und schneidet einem der festnehmenden jüdischen Sklaven das Ohr ab. Jesus antwortet: „Stecke dein Schwert wieder an seinen Platz; denn alle, die das Schwert nehmen, werden durch das Schwert umkommen" (26,52). Jesus will also nicht, dass Juden andere Juden erstechen; wie kann das eine pro-römische Botschaft sein? Und doch wird dies ständig als „Beweis" oder „Beleg" für die pro-römische Haltung der Evangelien angeführt. Das ist Unsinn.

Abgesehen von diesen wenigen Aussagen – die wenig oder nichts für die Argumentation des Kritikers tun – gibt es nichts. Nichts mehr bei Lukas oder Matthäus, überhaupt nichts bei Johannes.

Vergleichen wir nun diese mit den vielen antirömischen oder rebellischen Passagen, angefangen bei Paulus. Wiederum werde ich diese in ungefährer chronologischer Reihenfolge zitieren:

- Jesus wird uns „aus der gegenwärtigen bösen Zeit erlösen". (Gal 1,4)
- Wendet euch ab von den „schwachen und armseligen Elementargeistern" Roms. (Gal 4,8)
- „Unterwerft euch nicht dem Joch der Sklaverei." (Gal 5,1)
- Es gibt keinen Sieg, „wenn nicht zuerst die Rebellion kommt." (1. Thess. 2,3)
- Legt den „Brustpanzer des Glaubens" und den „Helm der Hoffnung" an. (1 Thess 5,8)
- Jesus kommt nicht, „wenn nicht zuerst die Rebellion kommt". (2 Thess 2,3)
- Das Heil wird „zuerst zu den Juden" kommen. (Röm 1,16)
- Wenn „die volle Zahl der Heiden hereinkommt", dann „wird ganz Israel gerettet werden." (Röm 11,25)
- Zieht „die Waffen des Lichts" an. (Röm 13,12)
- Paulus wird alles sagen, „um den Gehorsam der Heiden zu gewinnen". (Röm 15,18)
- Mit etwas Glück „wird der Gott des Friedens den Satan [d.h. Rom] bald vernichten." (Röm 16,20)
- „Gott hat das Törichte erwählt ... das Schwache ... das Niedrige und Verachtete ..., um das Bestehende [d.h. die römische Herrschaft] zunichte zu machen." (1 Kor 1,26-28)
- „Die Herrscher dieses Zeitalters [d.h. die Römer] sind dem Untergang geweiht." (1 Kor 2,6)
- „Das [kommende] Reich Gottes ... besteht in Macht." (1 Kor 4,20)
- „Die Form dieser Welt vergeht." (1 Kor 7,31)
- Das „Ende" kommt, wenn Gott „jede Herrschaft und jede Macht und Kraft zerstört". (1 Kor 15,24)

- „[Jesu] Kraft ist in der Schwachheit vollendet." (2 Kor 12,9)
- „Zieht die ganze Waffenrüstung Gottes an ... gegen die Weltbe-
  herrschaft dieser Finsternis ... den Brustpanzer der Gerechtigkeit
  ... den Schild des Glaubens ... den Helm des Heils ... das
  Schwert des Geistes." (Eph 6,11)

Hier finden wir zahlreiche ausdrückliche und versteckte Hinweise auf die
Notwendigkeit, die die weltlichen Mächte zu vernichten, Satan zu
besiegen, eine „Rüstung" anzulegen und das „böse" Rom „zu
vernichten". Das wird natürlich die Heiden befreien, aber es wird „die
Juden zuerst" retten.

Da dies eine Art Aufstand oder Rebellion gegen „Satan" ist, der der
mächtig ist, können wir erwarten, dass wir einen Preis zahlen; wir
werden leiden müssen (für „die Juden zuerst", natürlich). Nochmals,
Paulus:

- „Wir freuen uns über unsere Leiden..." (Röm 5,3)
- Wir werden „Erben mit Christus" sein, aber nur „unter der
  Bedingung, dass wir mit ihm leiden, damit wir auch mit ihm
  verherrlicht werden." (Röm 8,17)
- „Alle, die ein gottgefälliges Leben in Christus Jesus führen
  wollen, werden verfolgt werden." (2 Tim 3,12)

Dann starb Paulus, die Juden revoltierten und verloren schwer. Kurz
darauf kam das Markusevangelium, das, frisch aus der Niederlage
kommend, solch rebellisches Gerede herunterspielen musste, während es
die Moral der Truppen aufrechterhielt, indem es den endgültigen Sieg am
Ende versprach. Er schrieb:

- Wir müssen unsere Zeit abwarten; das „Reich Gottes" ist jetzt
  „wie ein Senfkorn", das mit der Zeit zum „größten aller
  Sträucher" heranwächst. (4,30; auch Lk 13)
- Jesus sagt: „Wer sein Leben um meinetwillen verliert, wird es
  retten." (8,35; auch Joh 12)
- „Das Reich Gottes [wird] mit Macht kommen." (9,1)

- Die Römer sind jetzt die „Ersten", aber sie halten sich zurück: „Die vielen, die die Ersten sind, werden die Letzten sein, und die Letzten werden die Ersten sein." (10,31; auch Mt 19 und Lk 13)
- Irgendwann werden wir mit großen Unruhen rechnen müssen: „Volk wird sich gegen Volk erheben." (13,8; auch Mt 24 und Lk 21)

Etwa 15 Jahre vergehen, und dann tauchen Matthäus und Lukas auf. Sie sind nun bereit, die Rede von Widerstand und Rebellion, von Kampf und Tod zu beschleunigen:

- „Die Sanftmütigen werden die Erde erben." (Mt 5,5) Man beachte, dass dies nicht passiv ist; die Sanftmütigen werden herrschen.
- „Der Bruder wird den Bruder dem Tod überantworten." (Mt 10,21; auch Lk 12)
- Jesus: „Ich bin nicht gekommen, um Frieden zu bringen, sondern ein Schwert." (Mt 10,34) Ein bemerkenswertes Eingeständnis.
- Jesus: „Ich bin gekommen, um den Menschen gegen seinen Vater aufzubringen." (Mt 10,35)
- Jesus: „Wer sein Leben um meinetwillen verliert, wird es finden." (Mt 10,39)
- Jesus: „Wer nicht mit mir ist, ist gegen mich." (Mt 12,30) Eine klassische, sektenartige Forderung.
- Alle, die ihre Familien verlassen, „werden das ewige Leben erben." (Mt 19,29)
- Das Evangelium wird gepredigt werden, und dann wird „das Ende kommen". (Mt 24,14) – im Sieg.

Und dann einige Passagen, die nur bei Lukas vorkommen:

- „Der Teufel", auch bekannt als Rom, herrscht über „alle Reiche der Welt". (Lk 4,5)
- Jesus: „Ich bin gekommen, um Feuer auf die Erde zu werfen." (Lk 12,49) – Christus der große Zerstörer.

- Jesus: „Ich bin nicht gekommen, um Frieden zu bringen, sondern um zu spalten." (Lk 12,51) – teilen und erobern.
- Ein Nachfolger muss „seinen eigenen Vater, seine Mutter, seine Frau und seine Kinder hassen..." (Lk 14,26)
- Jesus: „Bringt meine Feinde her und tötet sie vor mir." (Lk 19,27) Ja, ich weiß, das ist ein Gleichnis – aber ein Gleichnis von Jesus.
- Jesus, beim letzten Abendmahl: „Wer kein Schwert hat, der verkaufe seinen Mantel und kaufe sich eins." (Lk 22,36) – wappnet euch, Brüder.

Ich möchte an dieser Stelle auch anmerken, dass Jesus laut Lukas anscheinend *nicht* wollte, dass wir unsere Steuern zahlen: Als die jüdischen Priester Jesus vor Pontius Pilatus schleppen, sagen sie: „Wir haben diesen Mann gefunden, der unser Volk untergräbt. Er widersetzt sich der Zahlung von Steuern an den Kaiser und behauptet, er sei der Messias, ein König" (23,2). So viel zum Thema „dem Cäsar etwas geben"!

Das Johannesevangelium schließlich, das eher esoterisch und intellektuell geprägt ist, enthält nur sehr wenige Aufforderungen zur Rebellion. Johannes verstand, dass seine intellektuelleren Leser nicht mit Schwert und Schild bewaffnet sein würden. Er begnügt sich damit, darauf hinzuweisen, dass „Jesus" der einzige Weg nach vorne ist: „Niemand kommt zum Vater außer durch mich [Jesus]" (14,6); und „ohne mich könnt ihr nichts tun" (15,5) – auch das ist klassisches Kultprogramm.

Wie stehen also die beiden Seiten zueinander? Auf der pro-römischen Seite haben wir:

- ein Absatz (von zweifelhaftem Wert) von Paulus aus dem Römerbrief.
- eine Stelle (von zweifelhaftem Wert) bei Markus („Gebt dem Kaiser die Ehre").
- „Liebt eure Feinde", „Haltet die andere Wange hin", „Richtet nicht" – bei Matthäus und Lukas.
- Und „durch das Schwert umkommen"; aber das gilt für jüdische Mitbürger.

Auf der antirömischen Seite haben wir:

- 18 Passagen von Paulus, verteilt auf mehrere Briefe.
- Die Verherrlichung des Leidens durch Paulus.
- 5 Passagen bei Markus.
- 14 Passagen (mehr, mit Duplikaten) bei Matthäus und Lukas.

Natürlich ist es nicht nur ein Zahlenspiel, aber ich denke, es ist klar, dass das Übergewicht der Beweise auf der antirömischen Seite liegt. Es gibt einfach nicht viel, was für die gegenteilige Ansicht spricht. Und doch ist es erstaunlich, wie viele Menschen, selbst gut ausgebildete, aufgrund einer sehr oberflächlichen Lektüre des Textes automatisch das Gegenteil annehmen.

# KAPITEL 10

# WAS NUN?

> „Über zweitausend Jahre hat der feste
> Glaube an die Auferstehung Jesu eine
> enorme Kraft entfaltet, aber weil er
> völlig ohne Grundlage ist, müssen wir
> jetzt zugeben, er war schon immer ein
> weltweiter historischer Schwindel."
> — G. Lüdemann (2004: 190)

Also: Wohin mit dem Christentum? Es scheint, zumindest als glaub-
würdige Theologie, am Ende zu sein. Die Lügen, die Manipulationen
und der Betrug, die von Paulus und den Verfassern der Evangelien, von
den frühen Kirchenvätern (die es wohl nicht besser wussten) und von den
modernen Verteidigern (die es wissen könnten und sollten) betrieben
wurden, sind absolut haarsträubend. Der Leser ist eingeladen, ein
beliebiges aktuelles Buch eines gegenwärtigen „christlichen Gelehrten"
zu lesen. Er wird unglaubliche Wendungen, Ausreden, Verdrehungen
und Verwicklungen, ausschweifende Interpretationen, Zirkelschlüsse,
Falschdarstellungen – und ein absolutes Ausweichen vor den wichtigsten
Fragen finden. Unsere Gelehrten geben sich alle Mühe, eine unhaltbare
Fabel von einem jüdischen Gottmenschen aufrechtzuerhalten, der auf die
Erde kam, von einer Jungfrau geboren wurde, Wunder vollbrachte, am
Kreuz starb und leibhaftig auferstand. Anschließend wanderte er 40 Tage
lang durch die Welt,[1] nur um „in den Himmel aufzusteigen" und ward
nie wieder gesehen oder gehört. Angesichts dieser Absurdität entlarven
sich unsere Gelehrten als naive Dummköpfe oder völlige Narren.[2]

---

[1] Apostelgeschichte (1,3). Die Zahl 40 offenbart übrigens die tiefere jüdische
mystische Numerologie. Sie erscheint mehrmals im Alten Testament: Gen
(7,12), Ex (24,18), Deut (8,2, 9,18) und 1 Könige (19,8). Anm. d. Ü: siehe
https://netzarimemunah.org/2019/10/28/the-number-40.
[2] Seltsamerweise scheinen die Christen jedoch mehr als glücklich darüber zu
sein, Narren zu sein. Wie Paulus sagt: „Wir sind Narren für Christus" (1 Kor
4,10). Es ist schwer zu sagen, was man auf eine solche vorsätzliche
Dummheit antworten soll.

Das Christentum bietet dem denkenden Menschen nichts Substanzielles. Die Moral ist eine aufgewärmte jüdische Moral, die von Paulus für seine böswilligen Zwecke entstellt wurde. Das viel ältere Wertesystem Griechenlands und Roms war weit überlegen. Der „christliche" Gott ist nichts anderes als der jüdische Gott Jahwe, der seine böse, rachsüchtige Seite verbirgt. Seien Sie versichert, Jahwes Zorn ist immer noch da und richtet sich immer noch gegen die „Feinde Israels" durch seine „Auserwählten", die immer noch die Erde durchstreifen und einen weitreichenden, unangemessenen Einfluss auf dem gesamten Globus ausüben.

In den USA ist das Christentum auf dem Rückzug und wird zunehmend von Nicht-Weißen vertreten. Im Jahr 2021 bezeichnen sich nur noch 63 % aller Amerikaner als Christen, gegenüber 78 % im Jahr 2007 – ein Verlust von mehr als einem Prozentpunkt pro Jahr. Umgekehrt ist die Zahl der Amerikaner, die sich als „nicht religiös" bezeichnen, von 16 % im Jahr 2007 auf heute 29 % gestiegen.

In Bezug auf die Rasse war der Rückgang bei den Weißen am stärksten. Der Prozentsatz aller Amerikaner, die sich als „weiße Christen" bezeichnen, ist von 65 % der Gesamtbevölkerung Mitte der 1990er Jahre auf heute etwa 42 % zurückgegangen. Betrachtet man die Zahlen nach Rassen, so bezeichnen sich 70 % der amerikanischen Weißen als Christen, gegenüber 77 % der Latinos und 79 % der Schwarzen. Wir sehen also, dass das Christentum sowohl rückläufig ist als auch brauner wird.

In seinem nominellen Heimatland Europa nimmt die Religion sogar noch schneller ab. Zwar bezeichnet sich immer noch eine beträchtliche Anzahl von Europäern als Christen – zwischen 40 % und 80 % in Westeuropa –, aber das sind überhöhte Zahlen. Die Zahl der ernsthaft Gläubigen, die die Kirche besuchen, ist weitaus geringer: maximal 35-40 % in Italien und Portugal, nur 9-10 % in Belgien, Dänemark, Finnland und Schweden. Bei der europäischen Jugend im Alter von 16 bis 29 Jahren ist das Bild noch krasser. Abgesehen von Polen liegt die Zahl der Jugendlichen, die regelmäßig zur Kirche gehen, zwischen 5 und 10 %. In sieben Ländern gehen mehr als 50 % der Jugendlichen „nie" in die

Kirche.[3] Schlimmer noch, die Zahl der Jugendlichen, die sich „zu keiner Religion" bekennen, reicht von 35 % (Österreich, Slowenien) bis zu 91 % in der Tschechischen Republik.[4] Die künftigen Generationen haben wenig Interesse an dieser „Religion der Liebe". Sie wollen etwas Reales, etwas Glaubwürdiges, etwas Wertvolles – und keine geistlose Manipulation.

Auf der Positivseite legt das Christentum im globalen Süden und Osten absehbar zu, so dass es nach einer Schätzung seinen weltweiten Anteil an religiösem Engagement bei etwa 31 % halten wird. Wie immer befinden sich die besten Aussichten für das Christentum unter den Ärmsten und den am wenigsten Gebildeten der Menschheit. Vielleicht halten sie das für eine Tugend. Für mich ist es die schiere Ausbeutung des schwächsten und verwundbarsten Teils der Weltbevölkerung.

### Ausblick

In Anbetracht all dessen und angesichts des überzeugenden Berichts über einen bösartigen Jesus-Schwindel, der den Heiden in der Welt untergeschoben wurde, stellt sich häufig die Frage: Wie geht es weiter? Wohin gehen wir? Was sollten wir jetzt tun? Ich denke, es gibt hier eine zweiteilige Antwort: Wohin entwickelt sich die *Religion*, und dann *Wohin entwickelt sich die Gesellschaft insgesamt*. Ich werde mich hier mit der ersten Frage befassen und die zweite Frage auf das Ende dieses Kapitels verschieben.

Was die Religion betrifft, so lautet die erste Frage: Brauchen wir überhaupt eine Religion? Religion ist schließlich ein Prozess, durch den wir mit dem Jenseits, mit dem Göttlichen, mit den Göttern verbunden sind; das Wort „Religion" leitet sich vom lateinischen religio ab, was so viel bedeutet wie „ein erneutes Binden" oder „zurückbinden". Religion bindet uns per Definition an die Götter; historisch gesehen bindet sie uns auch an eine ganze religiöse Bürokratie: einen herrschenden Klerus, eine religiöse Hierarchie, dogmatische Lehren, den Zehnten, vage Versprechen und vage Drohungen. Und weil sie so subjektiv und nicht

---

[3] Tschechische Republik, Niederlande, Spanien, Vereinigtes Königreich, Belgien, Frankreich und Ungarn.
[4] Mit zwei Ausnahmen: Polen und Litauen, wo weniger als 25 % „ohne Religion" sind.

überprüfbar ist, kann es äußerst schwierig sein, „gültige" Religionen von bloßen Sekten zu unterscheiden; sind zum Beispiel Scientology und Mormonentum echte Religionen? Was ist mit den Zeugen Jehovas? Oder den Amischen? Oder mit der „Vereinigungskirche", auch bekannt als „Moon-Sekte"? Kann jeder seine eigene Religion erfinden? Warum oder warum nicht? Wir haben keine guten Antworten auf diese Fragen.

Man könnte gut argumentieren, dass jede „moderne" Religion reale Dinge verehren sollte, wie die Sonne oder die Erde. Einige haben die Erdgöttin Gaia als eine mögliche Quelle der Verehrung genannt. Hier ist es ziemlich offensichtlich: Wenn wir die globale Biosphäre nicht ehren und schützen, werden wir nicht lange überleben. Wenn die Personifizierung der Erde als Gaia in diesem Prozess hilfreich ist, dann sollten wir es vielleicht tun. Sonnenreligionen sind uralt und gehen mindestens auf Echnatons Atenismus – die Anbetung der Sonne, des Aton – im Ägypten der 1300er Jahre v. Chr. zurück. Die Sonne ist die Energie- und Lebensquelle für alles auf dem Planeten; wenn es eine Sache in diesem Universum gibt, die wir ehren sollten, dann ist es diese.

Interessanterweise schlug der berühmte britische Schriftsteller D. H. Lawrence in seinem aufschlussreichen Kommentar zum Buch der Offenbarung mit dem Titel *Apokalypse* (1931) genau eine Art Sonnenanbetung und sogar Kosmosanbetung als Ersatz für ein defektes Christentum vor. In einigen bemerkenswerten Passagen schrieb er:

> Wer sagt, dass die Sonne nicht zu mir sprechen kann! Die Sonne hat ein großes, strahlendes Bewusstsein, und ich habe ein kleines, strahlendes Bewusstsein...
>
> Es gibt eine ewige vitale Übereinstimmung zwischen unserem Blut und der Sonne; es gibt eine ewige vitale Über-einstimmung zwischen unseren Nerven und dem Mond. Wenn wir den Kontakt und die Harmonie mit der Sonne und dem Mond verlieren, dann verwandeln sich beide in große Drachen der Zerstörung gegen uns. Die Sonne ist eine große Quelle der Blutvitalität, sie strömt uns Kraft zu. Aber sobald wir uns der Sonne widersetzen und sagen: Sie ist nur eine Gasball!, dann verwandelt sich die strömende Lebenskraft der Sonne in eine subtile, zersetzende Kraft in uns und macht uns zunichte. Dasselbe gilt für den Mond, die Planeten und die großen Sterne. Sie sind

entweder unsere Schöpfer oder unsere Zerstörer. Es gibt kein Entkommen.

Wir und der Kosmos sind eins. Der Kosmos ist ein riesiger lebendiger Körper, von dem wir ein Teil sind. Die Sonne ist ein großes Herz, dessen Erschütterungen durch unsere kleinsten Adern fließen. ... All dies ist buchstäblich wahr, wie die Menschen in der großen Vergangenheit wussten und wie sie es wieder wissen werden...

Wenn ich höre, wie sich moderne Menschen über ihre Einsamkeit beklagen, dann weiß ich, was geschehen ist. Sie haben den Kosmos verloren. ... Was uns fehlt, ist das kosmische Leben, die Sonne in uns und der Mond in uns. ... Wir können die Sonne nur durch eine Art von Anbetung erhalten: und dasselbe gilt für den Mond. Indem wir hinausgehen, um die Sonne anzubeten, eine Anbetung, die man im Blut spürt. (1931/1995, Kap. 5: S. 76-78)

Mit diesen Gedanken schließt er das Buch ab:

Die Art und Weise, wie Christus seinen Nächsten liebt, führt zu der abscheulichen Anomalie [in der Offenbarung], dass man am Ende mit dem bloßen Widerstand gegen seinen Nächsten leben muss. Die Apokalypse, ein seltsames Buch, macht dies deutlich. .... Sie zeigt uns den Christen in seiner Beziehung zum Staat, zur Welt, zum Kosmos. Sie zeigt ihn in wahnsinniger Feindseligkeit gegenüber allen, und am Ende muss er die Zerstörung aller wollen. ... [D]ie Apokalypse zerstört die Sonne und die Sterne, die Welt und alle Könige und alle Herrscher...

[Aber] was wir [wirklich] wollen, ist, unsere falschen, anorganischen Verbindungen zu zerstören, besonders jene, die mit Geld zu tun haben, und die lebendigen organischen Verbindungen wiederherzustellen, mit dem Kosmos, der Sonne und der Erde, mit der Menschheit und der Nation und der Familie. Beginnen Sie mit der Sonne, und der Rest wird langsam, langsam geschehen. (Kap. 23: S. 148-149)

Für Lawrence ist das dunkle, zerstörerische und „durch und durch jüdische" Bild in der Offenbarung das logische Ende des jüdisch-christlichen Denkens.

Bemerkenswert an Sonnen- oder Erdreligionen ist die Tatsache, dass wir nicht wirklich zu ihnen beten, um Vergebung bitten, sie anflehen, um persönliche Gunst bitten und so weiter. Es ist eher eine Anerkennung der Wertschätzung und Dankbarkeit für ihre Existenz und für die unsere, die in einem riesigen Universum so unsicher ist. Man „betet nicht zur Sonne", damit sie morgen aufgeht; das wird geschehen, ganz gleich, was wir tun. Vielmehr ist es, wie Lawrence vorschlägt, eine Anerkennung und Feier des Wunders (wenn ich dieses Wort verwenden darf) des Seins.

Aber was ist mit dem Leben nach dem Tod? Ein Großteil der Macht des Christentums besteht aus Zuckerbrot und Peitsche: Himmel oder Hölle. Das hält viele Menschen bei der Stange und sorgt dafür, dass sie jeden Sonntag wiederkommen. Aber auch hier gibt es praktisch keinen Grund zu der Annahme, dass es so etwas gibt – oder wenn doch, dass unser ewiges Ziel von einer Handvoll Gedanken oder Handlungen in diesem Leben abhängt. Und warum nur zwei Ziele? Das war eine jüdische Erfindung, die auf maximale Manipulation ausgelegt war.[5] Warum nicht drei oder vier oder tausend Ziele, je nachdem, wie gut wir unser Leben leben?

Viele wissen wahrscheinlich nicht, dass Platon eine Art verdienstbasierte Reinkarnation befürwortete. Seiner Ansicht nach streben wir in diesem Leben nach Güte und Weisheit, um von den Göttern mit der besten Chance auf ein noch besseres Leben beim nächsten Mal belohnt zu werden. In seinem „Mythos von Er" schildert Platon eine Art Gericht im Jenseits, bei dem jeder gezwungen ist, sein nächstes Leben zu wählen, bei dem aber die Besten und Weisesten „in der ersten Reihe" stehen und somit das bestmögliche Leben wählen können. Die Törichten oder Bösen sind die Letzten, und ihnen bleiben nur schlechte Entscheidungen. Tugendhaftigkeit führt also tatsächlich zu

---

[5] Vor allem aber glaubt *das Judentum selbst* nicht daran. Im alttestament-lichen Judentum ist das Leben nach dem Tod eine Art Grube oder ein unterirdischer Ort – Scheol oder Hades –, in den jeder kommt, ob gut oder böse. Es gibt keine Wiedergeburt und keine Errettung. Himmel und Hölle sind nur für die leichtgläubigen Gojim.

einer Art „Himmel", wenn auch in Form eines (zeitlich begrenzten) ausgezeichneten nächsten Lebens; und die Törichten oder Bösen erhalten die „Hölle" eines (zeitlich begrenzten) Lebens voller Schmerz oder Leid. Dies ist ein viel besserer Leitfaden für das Leben nach dem Tod als jede jüdische Formulierung.[6]

Am Rande sei bemerkt, dass Sokrates eine andere Auffassung vertrat. Für ihn war das Leben nach dem Tod eine von zwei Alternativen: entweder ein Ort, an den wir alle gehen, oder ein Nichts. Ersteres wäre wunderbar, sagte er, weil es wie eine große, ewige Party wäre – eine Chance, alle großen Denker der Vergangenheit (und der Zukunft) zu treffen und mit ihnen zu sprechen. Letzteres wäre auch nicht schlecht; er beschrieb es als eine glückselige Ruhe, ähnlich wie bei einem guten Schlaf – totale Ruhe, keine schlechten Träume, keine Albträume, und die Zeit vergeht wie im Flug. So könnte die ganze Ewigkeit sein: vollkommene Ruhe, die in einem Augenblick vergeht. So oder so, sagt Sokrates – ewige Party oder perfekter Schlaf – der Tod ist nichts, was man fürchten müsste. Im Gegenteil, er ist sogar „eine gute Sache": die Vollendung unseres Daseins auf dieser Erde.[7]

Wenn wir den zerstörerischen christlichen Mythos aufgeben, eröffnen sich uns alle möglichen Optionen. Manche möchten vielleicht andere alte Religionen wiederbeleben: Das griechische oder römische Pantheon hat uns viele Jahrhunderte lang gute Dienste geleistet und könnte dies auch wieder tun. Die europäischen Völker möchten vielleicht den Glauben an Wotan oder Odin wieder aufleben lassen, die altehrwürdige Mythologien sind. Konservative Gruppen wie Richard Spencers „Alexandria"-Projekt versuchen, sich ein neues eurozentrisches theologisches System vorzustellen und neu zu erfinden; und die National Alliance hat eine faszinierende Theologie, den „Kosmotheismus", vorgelegt, der auf der griechischen Vorstellung beruht, dass das Universum selbst Gott ist (üblicherweise als Pantheismus bezeichnet). Sogar Formen des alten Animismus sind lebensfähig; ich selbst habe für die metaphysische Wahrheit des Panpsychismus plädiert, ein System, das Geist oder Bewusstsein in allen Tieren, allen Pflanzen und sogar in

---

[6] Siehe *Republik* (614b-621b).
[7] Siehe Platons *Apologie* (40c-41b).

unbelebten Objekten sieht.[8] Alle diese Systeme haben ihre Vorzüge und keine der Nachteile eines bösartigen jüdisch-christlichen Glaubens.

Auch hier müssen wir uns daran erinnern: Die Menschheit blühte und gedieh über Tausende von Jahren, bevor irgendjemand jemals vom Judentum oder Christentum hörte. Wir können wieder blühen und gedeihen.

### Antworten auf einige abschließende Fragen

Ich denke, dass ich an dieser Stelle fast alle Probleme, Bedenken und Kritikpunkte angesprochen habe, die die meisten Leute gegen meine Schwindel-These vorbringen könnten. Es gibt jedoch noch einige Kommentare und Fragen, die einige aufgeworfen haben. Lassen Sie mich daher kurz auf diese direkt antworten; die meisten dieser Punkte wurden bereits angesprochen, aber ich möchte meinen skeptischen Lesern noch ein paar letzte Worte mit auf den Weg geben.

Frage: *„Sie bestehen darauf, dass das Fehlen zeitnaher Beweise belastend ist. Aber wir haben keine zeitgenössischen Beweise für viele Figuren in der Geschichte, die alle als real anerkannt sind. Warum also messen Sie bei Jesus mit zweierlei Maß?"*

Die Antwort: Jesus ist anders als jede andere Figur der Geschichte. Er ist (angeblich) nicht nur ein Mensch, nicht nur ein Herrscher oder Kaiser, sondern der Sohn Gottes oder ein Halbgott oder Gott selbst. Die Messlatte liegt hier lächerlich hoch – das heißt, es ist absolut absurd zu glauben, dass Gott selbst in menschlicher Gestalt auf die Erde kam, vor Tausenden von Menschen Wunder wirkte und sich niemand die Mühe machte, auch nur ein einziges Wort über diese Ereignisse zu schreiben. Weitaus weniger bedeutende Persönlichkeiten als der Sohn Gottes haben umfangreiche zeitgleiche Zeugnisse hinterlassen, zusätzlich zu späteren und vielleicht besseren Quellen. Wenn dies bei ihnen der Fall war, warum dann nicht bei Gott selbst? Konnte Gott nicht dafür sorgen, dass

---

[8] Siehe meinen *Panpsychismus im Westen* (2017), überarbeitete Ausgabe. Für eine gute Sammlung verschiedener Ansichten siehe Seager (2020).

zeitgleiche Zeugnisse erhalten blieben? Oder hat er das Gegenteil getan und sie verschwinden lassen? Wenn ja, warum?

Frage: *„Okay, als Christ habe ich Ihre ganze schockierende Botschaft gelesen und verinnerlicht. Was soll ich mit all dem anfangen?"*

Antwort: Versuchen Sie zunächst, so viele der hier zitierten Beweise wie möglich zu bestätigen. Überprüfen Sie meine Zitate, holen Sie Ihre Bibel heraus und bestätigen Sie die von mir zitierten Stellen. Vergewissern Sie sich, dass ich Ihnen eine ehrliche Geschichte erzählt habe. Als Nächstes gehen Sie zu Ihrem örtlichen Kirchenleiter und konfrontieren ihn mit den Beweisen (oder dem Fehlen derselben). Ihre Antwort wird alles bestätigen, was Sie wissen müssen. Machen Sie ihnen dann klar, *dass Sie betrogen worden sind.* Sagen Sie ihnen, dass Sie Ihr Geld zurückhaben wollen. Und Ihre Zeit. Und Ihr Leben – alles, was Sie in den berühmtesten Schwindel der Geschichte investiert und verloren haben.

Dann ziehen Sie Alternativen in Betracht, wie die, die ich oben skizziert habe. Es wird einige Zeit und Mühe kosten, etwas zu suchen und zu lesen, aber es gibt eine riesige Ansammlung von Weisheit da draußen, und sie übertrifft die einfältigen Absurditäten der christlichen Geschichte bei weitem.

Frage: *„Viele Christen nehmen die Bibel nicht wörtlich. Für sie sind die Wunder und all die anderen Dinge nur Geschichten, die moralische Lektionen erteilen sollen. Sie glauben nicht wirklich, dass sie geschehen sind. Warum ist es also nicht in Ordnung, diese Art von 'minimalistischem' Christentum zu akzeptieren?"*

Antwort: Wenn Sie zugeben, dass die Wunder nicht real sind, trifft das dann nicht auch auf den Rest zu? Wo können wir die Grenze zwischen Fakt und Fiktion ziehen? Wir haben fast keinen Grund zu glauben, dass irgendetwas davon real ist. Das wichtigste Wunder von allen war die Auferstehung – war auch das nur eine Geschichte? Wenn ja, geht die gesamte Grundlage des Christentums den Bach hinunter. Dann heißt es nur noch: „Sei freundlich zu den Armen", „hilf deinem Nächsten", „liebe Gott" usw. Brauchen wir eine Kirche und eine Religion, die uns das sagt?

Und was haben sich die Leute gedacht – Matthäus, Markus, Lukas und Johannes –, die diese Fiktion über die Wunder geschrieben haben? *Wussten* sie, dass sie Fiktion schrieben? Aber sie haben es als Wahrheit verkauft – warum haben sie gelogen? Das sind genau die Fragen, die ich hier zu beantworten versucht habe. Wie auch immer wir es betrachten, ein abgespecktes oder minimalistisches Christentum macht keinen Sinn; es beinhaltet in seinem Kern immer noch einen jüdischen Schwindel.

Frage: *„Was ist mit all den alttestamentlichen Prophezeiungen, die sich im Neuen Testament erfüllen?"*

Antwort: Das ist klar: Wenn man die Prophezeiungen genau kennt, kann man ihre Umsetzung direkt in den Text einbauen, den man verfasst. Paulus und die Verfasser der Evangelien waren in der alttestamentlichen Theologie sehr bewandert, und sie wussten genau, wann und wie sie Ideen aus dem Alten Testament einfließen ließen, die für ihren Jesus zwingend oder prophetisch erschienen. Ganz zu schweigen von den tatsächlichen historischen Ereignissen, die Jesus für das Jahr 30 „vorausgesagt" hat, während Sie seine Zeilen im Jahr 80 oder 90 schreiben. Das Spiel mit den Prophezeiungen war von Anfang an manipuliert.

Frage: *„Warum akzeptieren Sie die Idee eines historischen Jesus? Warum sollte man nicht alles einen Schwindel nennen?"*

Antwort: Paulus brauchte ein Körnchen Wahrheit als Ausgangspunkt für seinen Schwindel. Was wäre da besser geeignet, als eine reale Person, die wegen ihrer pro-jüdischen und antirömischen Aktivitäten gekreuzigt wurde, in Gott zu verwandeln? Das macht absolut Sinn. Abgesehen davon haben weder ich noch sonst jemand Beweise für einen historischen Jesus. Man würde nicht erwarten, dass die Hinrichtung eines unbedeutenden Aufständischen irgendwelche Spuren hinterlässt, und das hat er auch nicht.

Frage: *„Warum ist das alles überhaupt wichtig? Es ist so lange her, und niemand weiß wirklich, was damals passiert ist."*

Antwort: Selbst für diejenigen, die nicht religiös sind, sollte klar sein, dass eine Fälschung, an die drei Viertel der Amerikaner und ein Drittel der gesamten Menschheit glauben, von größter Bedeutung ist. Diejenigen, die in akademischen oder intellektuellen Kreisen verkehren, mögen das alles für viel Lärm um nichts halten. Aber wir können leicht vergessen, wie ernst manche Menschen die Bibel nehmen. Etwa 42 % der Amerikaner glauben an die biblische Schöpfungslehre, und etwa ebenso viele glauben, dass Jesus bis 2050 auf die Erde zurückkehren wird. Etwa 53 % aller Amerikaner geben an, dass Religion in ihrem Leben „sehr wichtig" ist. Es besteht kein Zweifel: Dies ist ein Thema von größter Bedeutung.

Für diejenigen, die Religion nicht so ernst nehmen, ist die Kirche für viele von ihnen eher ein sozialer Club. Aber selbst dann, wer über sechs Jahre alt ist, würde gerne einem „Weihnachtsmannclub" oder einem „Osterhasenclub" beitreten? Die Christen müssen sich eingestehen, dass sie betrogen worden sind, und dann sehen, ob ihre Religion noch zu retten ist. Behalten Sie den Sozialclub, leisten Sie Wohltätigkeitsarbeit, helfen Sie den Armen – aber lassen Sie die falsche Metaphysik beiseite.

Frage: „*Ich habe alle Ihre Argumente gelesen, und auch wenn ich Ihnen nichts zu entgegnen habe, ist es mir ehrlich gesagt egal. Sie haben Ihre Meinung, ich habe meine, und ich werde meine Meinung nie ändern.*"

Antwort: Dann wünsche ich Ihnen viel Glück, mein Freund!

### Gesellschaft allgemein: Medien, Regierung, Hollywood

Wie ich bereits erwähnt habe, bezieht sich der zweite Aspekt von „Was nun?" auf die Gesellschaft im Allgemeinen. Lassen Sie mich also unsere Diskussion hier erweitern und modernisieren, um Aspekte des Jesus-Schwindels und seiner Ursache einzubeziehen, die sich auf größere Bereiche des heutigen Lebens beziehen.

Ein kritisch denkender Leser wird sich vielleicht die folgende Frage stellen: Warum haben wir von all dem nicht schon früher etwas gehört? Wenn der Fall so zwingend wäre, könnte man sagen, dass wir ihn in Filmen gesehen oder in den Nachrichten gehört hätten oder dass er in den

Schulen gelehrt würde. Doch nirgendwo – nicht einmal an unseren Universitäten – wird dieses Thema diskutiert. Warum ist das so?

Dies ist eine aufschlussreiche Frage. Wir müssen diese Frage stellen: Wer hätte ein Interesse daran, die Wahrheit über dieses ganze Thema zu untersuchen? Die Christen offensichtlich nicht. Niemand in der christlichen Hierarchie will, dass die Menschen die Wahrheit erforschen, auch wenn es sehr wahrscheinlich ist, dass viele von ihnen sie kennen. Wenn man erst einmal eine Organisation hat, Gehälter zu zahlen hat, Hypotheken, monatliche Rechnungen und Steuern, dann braucht man das ganze Unternehmen, um zu funktionieren. Christen haben allen Grund, den Schwindel aufrechtzuerhalten, anstatt ihm auf den Grund zu gehen.

Auch hier haben die Juden kein Interesse an der Wahrheit. Als die „Bösewichte" in der Schwindelgeschichte drohen Paulus und seine Freunde ein negatives Licht auf alle Juden zu werfen. Dies gilt insbesondere, wenn wir uns die jahrtausendelange Geschichte kritischer Kommentare über die Juden ansehen, wie in Kapitel 4 erörtert. Jede Aufdeckung dieser Tatsachen würde, gelinde gesagt, eine Menge subtiler Erklärungen erfordern. Anstatt eine jüdische Lüge zuzugeben, würden die heutigen Juden das Thema lieber gar nicht erst ansprechen. Vor allem, wenn Millionen von christlichen Zionisten ideologisch auf ihrer Seite sind. So haben Juden nichts zu gewinnen und nehmen die Weihnachtsgans aus (Wortspiel beabsichtigt).

Man könnte meinen, dass Muslime darauf erpicht sind, Juden und das Christentum zu kritisieren und jeden Schwindel zu entlarven. Ja und nein. Der Islam gehört natürlich zur abrahamitischen Linie und ist daher letztlich mit dem jüdisch-christlichen Glauben verbunden, ob er es will oder nicht. Der muslimische Monotheismus leitet sich letztlich vom jüdischen Monotheismus ab, ebenso wie das Christentum. Alle abrahamitischen Religionen verehren den jüdischen Gott; die Muslime haben lediglich seinen Namen geändert.

Der Islam akzeptiert Jesus außerdem als „Propheten" und gesteht ihm sogar eine Art göttlichen Status zu – obwohl dessen Auferstehung bestritten wird. Der Koran enthält eine Reihe interessanter Passagen über ihn. Jesus („Isa") vollbringt Wunder, aber nur mit Allahs „Erlaubnis" (III.49, V.110). Die Juden haben ihn weder getötet noch gekreuzigt (IV.157), und so starb er auch nicht den Märtyrertod. In einem besonders beeindruckenden Wunder berichtet der Koran, dass das Jesuskind unmittelbar nach seiner Geburt sprach: „Er sagte: 'Wahrlich, ich bin ein Diener Allahs; Er hat mir das Buch gegeben und mich zu einem Propheten gemacht, und Er hat mich gesegnet...'" (XIX.30-31). Die Muslime können also weder einen mythischen Jesus noch einen rein historischen Jesus akzeptieren; sie brauchen auch einen halb-göttlichen Wundermann.

Die Regierungen sind in Bezug auf die Religion nominell neutral, insbesondere in den Vereinigten Staaten mit ihrer berühmten „Trennung von Kirche und Staat". Sie sollten daher nur ein Interesse an der historischen Wahrheit haben. Wenn sie Lehrpläne für Millionen von Kindern in öffentlichen Schulen erstellen, sollten sie zumindest eine mythische Alternative zur traditionellen Orthodoxie als eine Denkrichtung präsentieren. Aber solche Informationen sind meines Wissens noch in keinem öffentlichen Text erschienen.

Aber ich glaube, es gibt einen tieferen Grund, warum sie es vermeiden, das Christentum zu kritisieren. Regierungen wollen überall gefügige Bevölkerungen. Sie wollen Bürger, die die Autorität respektieren, ohne sie in Frage zu stellen, die Gesetze befolgen, ihre Macht akzeptieren und nicht allzu neugierig sind. Sie mögen Menschen, die einfach Vertrauen in die Regierung haben und ihr mehr oder weniger blind vertrauen. Und mit dem Christentum haben die Herrschenden eine Ideologie gefunden, die ihren Interessen dienen kann. Sie können die Geschichte des „friedfertigen Jesus" hochspielen – liebe deinen Nächsten, halte ihm die andere Wange hin, Jesus als „unser Osterlamm" (1. Korinther 5,7) oder unser „Hirte" (Joh. 10,11), die Anhänger als „Schafe" (Mk. 6,34, Joh. 21,15) – und gleichzeitig jeden militanten Unterton auf den „Teufel" ihrer Wahl lenken. Die Regierungen haben kein Interesse daran, den Karren aus dem Dreck zu ziehen.

Ein weiterer, vielleicht noch wichtigerer Faktor ist die Rolle der jüdischen Lobby in den westlichen Regierungen. Da die Juden selbst kein Interesse daran haben, diese Geschichte aufzudecken, nutzen sie ihren Einfluss in der Regierung, um sicherzustellen, dass die Regierung auch kein Interesse hat. Regierungen werden routinemäßig unter Druck gesetzt, Gesetze gegen „Hassreden", Zensurgesetze und „Desinformationsgesetze" zu verabschieden, die gegen jeden eingesetzt werden können, sogar gegen diplomierte Gelehrte und Akademiker, die unbequeme Themen ansprechen.

Hochschulen und Universitäten sind etwas besser und veranstalten oft Diskussionsrunden oder Redner, die die christliche Sichtweise in Frage stellen. Aber die Antagonismus-These ist besonders schwierig zu diskutieren, da sie den Juden die Schuld zuschiebt und jede negative Äußerung über sie die Gefahr der Ächtung oder Schlimmeres mit sich bringt, selbst an unseren „liberalen" und „redefreien" Universitäten. Dies ist der dominierenden Rolle der Juden zu verdanken, zumindest an den amerikanischen Universitäten; sie sind in den meisten Bildungseinrichtungen stark überrepräsentiert, sicherlich in den akademischen Reihen, aber vor allem in den Führungspositionen (Dekane, Lehrstühle, Prorektoren, Kanzler) und in den Aufsichtsräten. Vor nicht allzu langer Zeit wurde festgestellt, dass alle acht Präsidenten der amerikanischen Ivy-League-Schulen Juden waren; dies ist eine bemerkenswerte Tatsache, die jedoch dank des Drucks der Lobby nicht laut ausgesprochen werden darf.

Was ist mit unseren respektlosen Medien und Hollywood-Filmemachern, die so bereitwillig gegen jede gesellschaftliche Norm und jeden moralischen Standard verstoßen? Ich vermute, dass dies etwas mit der umfangreichen Rolle jüdischer Amerikaner zu tun hat. Es ist unumstritten, dass Hollywood seit Jahrzehnten von Juden dominiert wird; ein relativ aktueller Artikel in der *LA Times* zeigt die jüdische Leitung in fast allen großen Hollywood-Studios auf.[9] Und das gilt nicht nur für das Filmgeschäft. Alle großen Medienkonzerne haben eine starke jüdische Präsenz im Top-Management. Wenn sie beschließen, dass jüdische Bosheit im Zentrum der christlichen Geschichte „schlecht aussieht", dann wird das natürlich nirgends erwähnt – nicht in den Nachrichten, nicht im Fernsehen, nicht in Büchern.[10]

Manchmal hören wir natürlich in unseren Medien von der Jesus-Kontroverse. Aber immer in sorgfältig ausgearbeiteter Form. Ein gutes Beispiel dafür war zu Ostern 2017 ein Artikel auf der britischen Website Guardian.com, geschrieben von Simon Gathercole, Professor an der

---

[9] „*Wie Jüdisch ist Hollywood (How Jewish is Hollywood)?*" von Joel Stein (Dec 19, 2008).

[10] Für eine interessante Analyse der Rolle der Juden in den Medien, siehe Dalton (2015: 264-268).

Universität Cambridge.[11] Im Untertitel heißt es, dass „einige behaupten, Jesus sei nur eine Idee und keine reale historische Figur". „Aber", so heißt es weiter, „es gibt eine Menge schriftlicher Beweise für seine Existenz". Gathercole sagt, dass die Beweise für einen historischen Jesus „seit langem etabliert und weit verbreitet" sind. „Innerhalb weniger Jahrzehnte" – wenn 60 bis 80 Jahre als „ein paar Jahrzehnte" gelten – wird Jesus „von jüdischen und römischen Historikern erwähnt" – genau genommen von einem jüdischen (Josephus) und einem römischen (Tacitus), insgesamt etwa zehn Sätze lang. Die Beweise, so Gathercole, „sind früh und detailliert" und zitieren die Briefe des Paulus und die Evangelien. Aber wir haben die vielen Probleme mit diesen gesehen, und auf jeden Fall gelten sie nicht als unabhängige Beweise. „Es ist auch schwer vorstellbar, warum die christlichen Autoren in einer Zeit und an einem Ort, an dem das Judentum stark verdächtigt wurde, einen solchen durch und durch jüdischen Erlöser erfinden sollten". Eigentlich ist das gar nicht so schwierig: Die „christlichen" Schriftsteller waren Juden, die versuchten, eine antirömische Kirche aufzubauen, die auf einem jüdischen Gott und einem jüdischen Erlöser basierte. Sie mussten nur dafür sorgen, dass der Feind „der Teufel" und nicht „Rom" war.

Auf die Frage nach der gegenwärtigen Kontroverse über die Existenz Jesu zitiert Gathercole nur den Franzosen Michel Onfray und vermeidet es geschickt, irgendeinen anderen Skeptiker zu erwähnen. Er zitiert zwei Pseudo-Skeptiker – Maurice Casey und Bart Ehrman – und erklärt, dass jeder mythizistische Ansatz „Pseudo-Wissenschaft" sei. Auf die Frage nach archäologischen Beweisen für Jesus gibt er ein paar verwirrende Worte über Kleopatra und das Turiner Grabtuch von sich, um dann zu dem Schluss zu kommen, dass „die Dokumente [Briefe, Evangelien, Josephus, Tacitus] die wichtigsten Beweise sind" – was praktisch ein Eingeständnis des Scheiterns ist. Wie Gathercole sehr wohl weiß, gibt es *keine physischen Beweise*. Letztendlich macht er nie den Unterschied zwischen dem historischen Jesus (dem Mann) und dem biblischen Jesus (dem Christus) deutlich. Wir können den Mann akzeptieren, auch wenn es nur sehr wenige tatsächliche Beweise gibt, aber wir können keinen der biblischen Wunderberichte akzeptieren. Und

---

[11]    https://www.theguardian.com/world/2017/apr/14/what-is-the-historical-evidence-that-jesus-christ-lived-and-died.

der Mann allein bedeutet, wie ich wiederholt gesagt habe, das Ende des Christentums.

Apropos Bart Ehrman: Er wird in den Medien immer wieder als eine Art neutraler und wissenschaftlicher Skeptiker zum Thema Christentum dargestellt. Aber was wir stattdessen finden, ist ein sicherer Kritiker, jemand, der seine Grenzen kennt und weiß, welche Themen er ansprechen sollte – und welche nicht. Zu Ostern 2023 schrieb er beispielsweise einen Meinungsbeitrag für CNN, in dem er die unterschiedlichen „Lehren" von Karfreitag (Kreuzestod) und Ostersonntag (Auferstehung) untersuchte.[12] Er beklagt, dass der Schwerpunkt auf der Auferstehung und dem ewigen Leben liegt und nicht auf „dem Tag des Leidens und des Todes, den der Erlöser freiwillig für andere durchlebte". Für ihn demonstriert der Tod am Kreuz das „Leben des Dienstes" und der Selbstaufopferung für andere: „Fremde, Fremde, Anhänger anderer Religionen". Seien Sie wie der „friedfertige Jesus", sagt Ehrman; wir sollten „nicht gewalttätig sein, keine Rache üben, nicht Böses mit Bösem vergelten".

Dies ist eine sehr politisch korrekte Feststellung, die korrupten Regierungsbeamten sicherlich ebenso gefällt wie der jüdischen Lobby. Aber Ehrmans Aufsatz versagt in mehreren Punkten. Er scheitert theologisch: Jesus wurde nicht gekreuzigt, weil er „anderen diente", sondern weil er ein Ketzer (für die orthodoxen Juden) und ein aufrührerischer Aufwiegler (für die Römer) war. Ist das das Beispiel, dem wir folgen sollten? Ein Ketzer und Aufwiegler sein?

Vor allem aber scheitert Ehrman an dem, was er für wahr hält, und an dem, was er uns nicht sagt. Er geht davon aus, dass ein göttlicher Jesus existierte (hier ist keine Rede von Mythos). Er nimmt an, dass die Evangelien für bare Münze genommen werden sollten und nicht als Fabeln oder Lügen. Er geht davon aus, dass seine Leser größtenteils unwissende, unkritische Einfaltspinsel sind. Er sagt uns nichts über die vielen Probleme mit dem neutestamentlichen Bericht über Jesus: die Beweise, die Chronologie, die Absurditäten, die logischen Unmöglichkeiten. Er sagt nichts über die jüdischen Neigungen zu Herrschaft und Menschenfeindlichkeit, die der gesamten Bibel, dem Alten wie dem

---

[12] „Die Botschaften von Karfreitag und Ostern sind nicht dieselben." CNN (9. April 2023).

Neuen Testament, zugrunde liegen – was besonders ärgerlich ist, wenn man sein Plädoyer für „Selbstlosigkeit" und dafür bedenkt, „andere nicht zu beherrschen". Was für eine Heuchelei! Selbstlosigkeit und Demut aus einer Bibel zu lernen, die von den Meistern der Herrschaft und des Hasses geschrieben wurde – das sagt Bart Ehrman. Das ist es, was heute als populärer Kommentar in unseren Massenmedien durchgeht.

**Wie geht's weiter?**

Wie ich in diesem Buch dargelegt habe, liegt der Schlüssel zum Verständnis des Jesus-Schwindels darin, die jüdische Denkweise und die jüdischen Werte zu verstehen—ihre Weltanschauung also. Diese Dinge, so meine Überzeugung, werden von zwei zentralen Merkmalen geleitet: (1) Kontrolle und Herrschaft („Dominanz") und (2) Misanthropie, oder Hass auf Nicht-Juden. Beides spiegelt sich wider in der Vorstellung einer *jüdischen Vormachtstellung*: Juden glauben, sie hätten ein gottgegebenes Recht zu herrschen, über andere und zwar über *alle* anderen, die sie als niedrig und verachtenswert ansehen. Unter den Bedingungen der römischen Herrschaft in Palästina vor 2 000 Jahren wurde das zur treibenden Kraft für Paulus und seine Freunde, einen Schwindel zu erfinden, der sowohl die Fremdherrschaft untergraben als auch die nicht-jüdischen Massen schwächen sollte. Es war ein brillanter Plan, der ein paar Jahrhunderte später aufging.

Doch so wichtig die Religion für einzelne Menschen auch ist, so wenig ist sie das auf der heutigen Weltbühne – zumindest in der westlichen Welt. Westliche Nationen sind keine Theokratien. Wir haben der Theologie im Allgemeinen eine periphere Rolle zugewiesen, und die Regierungen versuchen im Großen und Ganzen, sich aus dem Thema herauszuhalten. Westliche Politiker berufen sich in der Regel nicht auf die Bibel, um eine bestimmte Politik zu unterstützen. Sie bezichtigen ihre Gegner meist nicht als „Teufel". Im Allgemeinen leben wir in den westlichen Gesellschaften (mehr oder weniger) mit religiöser Freizügigkeit unter säkularer Kontrolle.

Leider gibt es jedoch in den westlichen Ländern – insbesondere in den USA – eine große, wohlhabende und aktive jüdische Lobby, die diese alten Vorurteile und das alte Gefühl der jüdischen Vorherrschaft noch immer zu verkörpern scheint. Natürlich gibt es einzelne Ausnahmen, aber dessen ungeachtet pochen die „Machtjuden" in Amerika und im Westen fast einheitlich auf ihre Vormachtstellung. In den USA haben sie auf den höchsten Regierungsebenen einen enormen Einfluss. Die Lobby der AIPAC (American Israel Public Affairs Committee) ist enorm gefürchtet und einflussreich und jüdisches Geld dominiert sowohl die Politiker der Republikaner als auch der Demokraten. Sowohl der Kongress als auch der Präsident setzen in „religiöser" Manier eine Politik und Gesetze um, die pro-jüdisch und pro-Israel sind.[13]

Das Ausmaß der Kontrolle und der Unterwerfung ist geradezu grotesk. Hier ein aktueller Beleg: Mitte 2023 machte eine indisch-amerikanische Kongressabgeordnete eine beiläufige Bemerkung, dass „Israel ein rassistischer Staat ist" – was wahr ist, denn der Staat ist als jüdisch definiert. Doch nur weil sie eine einfache Wahrheit sagte, wurde sie von 40 ihrer Kollegen schriftlich gerügt.[14] Schlimmer noch: Innerhalb von nur *zwei Tagen* verabschiedete das US-Repräsentantenhaus, das in kritischen nationalen Fragen manchmal monatelang blockiert ist, eine „nicht bindende" Resolution zur Verteidigung Israels. Die Resolution lautet im vollen Wortlaut:

> Das Repräsentantenhaus (mit Zustimmung des Senats) beschließt, dass es das Gefühl des Kongresses ist, dass (1) der Staat Israel kein rassistischer oder Apartheidstaat ist; (2) der Kongress alle Formen von Antisemitismus und Fremdenfeindlichkeit ablehnt; und (3) die Vereinigten Staaten immer ein überzeugter Partner und Unterstützer Israels sein werden.[15]

Diese unterwürfige Resolution wurde mit 412 zu 9 Stimmen ange-nommen (14 stimmten mit „anwesend" oder enthielten sich). Damit ist

---

[13] Anm. d. Ü: s. a. Grant F. Smith, 2023, „*How Israel Made AIPAC: The Most Harmful Foreign Influence Operation in America*".

[14] Anm. d. Ü: The Hill, „House approves pro-Israel resolution after outcry over Jayapal comments", 18.7.2023, https://thehill.com/homenews/house/4104432-house-approves-pro-israel-resolution-after-outcry-over-jayapal-comments/.

[15] Anm. d. Ü: Congress.gov, „S.Con.Res.14 - A concurrent resolution expressing the sense of Congress supporting the State of Israel." 18.07.2023, https://www.congress.gov/bill/118th-congress/senate-concurrent-resolution/14/text/is.

klar, dass genau 95 % des Repräsentantenhauses (412/435) Israel fest in der Tasche haben. Ähnliche frühere Abstimmungen im US-Senat wurden einstimmig angenommen. Dieselben Kongressabgeordneten stimmen reflexartig für die Interessen Israels oder der Lobby – sei es bei der finanziellen Unterstützung Israels, bei der politischen Deckung israelischer Verbrechen gegen die Menschlichkeit, bei „Hassreden"-Gesetzen, bei der Bestätigung willfähriger politischer Mandatsträger oder sogar bei der Durchführung günstiger ausländischer Militäroperationen. Um es unverblümt zu sagen: Die amerikanische Außenpolitik und ein Großteil ihrer Innenpolitik ist eine Umsetzung des jüdischen Anspruchs auf Vorherrschaft. Und durch die amerikanische Militärmacht haben die Juden ihren Traum von der Weltherrschaft tatsächlich verwirklicht.

Dies gilt seit mindestens 20 Jahren, auch wenn es selten ausgesprochen wird. Eine Ausnahme war der frühere Premierminister von Malaysia, Mahathir Mohamad, der 2003, als der amerikanische Krieg gegen den Irak begann, sagte „Heute regieren die Juden die Welt durch Stellvertreter. Sie bringen andere dazu, für sie zu kämpfen und zu sterben".[16] 2016 bekräftigte er diesen Gedanken erneut:

> Ich glaube, ich spreche die Wahrheit. Schauen Sie sich Amerika an: Es unterstützt Israel mit aller Kraft, selbst wenn es internationale Verbrechen begeht. In der Tat müssen die Kandidaten, die zur Wahl stehen, die jüdische Lobby darüber informieren, dass sie Israel unterstützen. ... Was ich gesagt habe, ist, dass die Juden die Welt durch Stellvertreter regieren. Wenn Sie sich weigern, die Beweise zu sehen, dann kann ich Ihnen nicht helfen. ... Amerika steht sehr stark unter jüdischem Einfluss.[17]

Es ist also klar: Die treibende Kraft hinter dem Jesus-Schwindel beeinflusst nicht nur die Religion, sondern auch wichtige politische Maßnahmen der westlichen Nationen und damit indirekt einen Großteil des Globus. Europa lebt in Angst vor dem jüdisch-amerikanischen

---

[16] AP, 17. October 2003.
[17] „Former Asian leader won't stop claiming Jews 'rule the world'." *Washington Post*, 27.06.2016, https://www.washingtonpost.com/news/world views/wp/2016/06/27/former-asian-leader-wont-stop-claiming-jews-rule-the-world/.

Goliath und tut daher, was dieser will. Kleinere Nationen leben in ständiger Angst, der Goliath könnte sie zu „feindlichen Kämpfern" oder „Schurkenstaaten" erklären und verdeckte Angriffe oder Drohnenangriffe gegen sie starten. Nachdem Amerika seine Seele verkauft hat, ist es zu einem blutrünstigen Schurken geworden, zu einer Zombie-Nation, die weltweit gehasst und gefürchtet wird.

Aber auch ein Goliath hat seine Grenzen. Der Krieg in der Ukraine entwickelt sich immer mehr zu einer aussichtslosen Situation für die USA, die NATO, Europa und den Westen – möglicherweise sogar zu einer katastrophalen Niederlage. Die Geschichte Europas zeigt, dass jüdische Gruppen, sobald sie ein gewisses Maß an Macht und Reichtum erlangt haben, immer wieder zu weit gehen. Sie überschätzen sich, sie verrechnen sich, sie legen eine blinde Arroganz und einen völligen Mangel an Demut an den Tag. Letztendlich führen sie diese Dinge in eine Katastrophe – und ein weiterer „Holocaust" folgt. Diese Zeit könnte wieder einmal näher rücken.

Und nun? Was ist zu tun? An diesem Punkt sind Bildung und Aufklärung das Gebot der Stunde. Die große Mehrheit der Menschen im Westen, in den USA und in Europa, ist entweder (a) durch die christliche Theologie verblendet oder (b) weiß nichts von den eigentlichen Ursachen ihrer Probleme (und der Probleme der Welt). Es erfordert ein wenig Arbeit, ein wenig Suche, aber es gibt hervorragende Quellen – Bücher, Schriftsteller, Verleger, Blogger – die bereit sind, die Wahrheit zu sagen. Ein guter Leitfaden ist die Suche nach Quellen, die von der Orthodoxie zensiert oder verboten werden. Das ist ein ziemlich sicheres Zeichen dafür, dass man der Wahrheit nahe ist. Je schneller eine Gegenerzählung in Umlauf gebracht werden kann – sei es zu Religion, Politik, Rassismus oder Identitätspolitik – desto schneller wird sich das Blatt wenden.

Aber das alles führt uns weit weg. Mein Thema hier ist das Christentum, und zu diesem Thema schließe ich hiermit meine Beweisführung ab. Nach allem, was man hört, und trotz gegenteiliger Beteuerungen scheint das Christentum tatsächlich ein „ausgeklügelter Mythos" (2 Petr 1,16) zu sein – eine Lüge, ein Schwindel, der den unschuldigen und leichtgläubigen Massen nur zum Nutzen Israels und der Juden untergeschoben wurde. Jesus sprach vielleicht die Wahrheit, als er sagte: „Ich bin nur zu den verlorenen Schafen Israels gesandt worden" (Mt 15,24), und auch Paulus entschlüpften ein paar wahre Worte, als er darauf wartete, dass „die volle Zahl der Nicht-Juden herbeikommt", damit „ganz Israel gerettet wird" (Röm 11,26). Aber im Johannesevangelium lesen wir eine der unverblümtesten Wahrheiten, als Jesus sagt: „Ihr [Heiden] betet an, was ihr nicht kennt; wir aber beten an, was wir kennen, denn das Heil kommt von den Juden" (Joh 4,22). Wir wissen, was wir tun, sagen die Juden. Ihr Heidenchristen wisst nicht einmal, was ihr anbetet – nämlich uns und unseren Gott. Aber das ist in Ordnung. Überlasst einfach alles uns, denn „das Heil kommt von den Juden".

Aber der eigentliche Star dieser Inszenierung ist Paul. Paulus wirkt wie ein meisterhafter und geschickter Lügner – einer der ganz Großen der Weltgeschichte, ein Mann, der ungestraft über die Seele, das Leben nach dem Tod, Gott, einfach alles lügen kann. Dieser prinzipienlose Schurke, der zugibt, „alles für alle" zu sein, würde alles tun und alles sagen, um sein „Reich Gottes" hier auf der Erde zu gewinnen. Seine klagenden Ausrufe „Ich lüge nicht!" entlarven ihn als unverbesserlichen Lügner, der auf frischer Tat ertappt wird.

Lassen Sie mich abschließend noch einmal Nietzsche zitieren. Am Ende von *Der Antichrist* verurteilt er brutal den verlogenen, weltverleumderischen, seelenzerstörerischen Paulus:

[D]a erschien Paulus... Paulus, der Fleisch-, der Genie-gewordne Tschandala[18]-Haß gegen Rom, gegen »die Welt«, der Jude, der *ewige* Jude *par excellence*... Was er erriet, das war, wie man mit Hilfe der kleinen sektiererischen Christen-Bewegung abseits des Judentums einen »Weltbrand« entzünden könne, wie man mit dem Symbol »Gott am Kreuze« alles Unten-Liegende, alles Heimlich-Aufrührerische, die ganze Erbschaft anarchistischer Umtriebe im Reich, zu einer ungeheuren Macht aufsummieren könne. »Das Heil kommt von den Juden.« –

Das Christentum als Formel, um die unterirdischen Kulte aller Art, die des Osiris, der großen Mutter, des Mithras zum Beispiel, zu überbieten – und zu summieren: in dieser Einsicht besteht das Genie des Paulus. Sein Instinkt war darin so sicher, daß er die Vorstellungen, mit denen jene Tschandala-Religionen

---

[18] Anm. d. Ü.: Tschandala (alte deutsche Schreibweise von Chandala) ist ein verächtlicher Begriff für Unterschichten im indischen Kastenwesen.

faszinierten, mit schonungsloser Gewalttätigkeit an der Wahrheit dem »Heilande« seiner Erfindung in den Mund legte, und nicht nur in den Mund – daß er aus ihm etwas *machte*, das auch ein Mithras-Priester verstehn konnte...

Dies war sein Augenblick von Damaskus: er begriff, daß er den Unsterblichkeits-Glauben *nötig hatte*, um »die Welt« zu entwerten, daß der Begriff »Hölle« über Rom noch Herr wird – daß man mit dem »Jenseits« das *Leben tötet*.. (Abs. 58)

Mit seinem erfundenen „Jesus" und seinem erfundenen „Jenseits" entzog Paulus dieser Welt, der wirklichen Welt, allen Wert. Er machte die Gläubigen zu schwachen und unterwürfigen Schafen, deren Leben sich an den fabrizierten Sprüchen eines marginalen Rabbiners und am Gebet zu Jehova, dem unsichtbaren Gott der Juden, orientiert. Es hat ein paar hundert Jahre gedauert, aber als genügend Menschen auf den Schwindel hereinfielen, trug er zum Untergang des Römischen Reiches bei. Und wenn Menschen – viele Menschen – nach zweitausend Jahren immer noch daran glauben, kann es die Gesellschaft nur erniedrigen, uns beschweren und uns daran hindern, das zu erreichen, wozu wir fähig sind und was in der Größe Athens und Roms nur angedeutet war. Und das alles für das Heil der Juden.

Jesus rettet. Daran glaube ich wirklich. Jesus – der *wahre* Jesus und *seine wahre* Geschichte – wird uns eines Tages aus einem zweitausend Jahre alten Albtraum retten. Wie er selbst sagte: „Ihr werdet die Wahrheit erkennen, und die Wahrheit wird euch frei machen" (Joh 8,31). Dann wird er seinen Titel wirklich verdient, als der berühmteste Mann der Geschichte.

# ANHANG A

| Nr. | Rubrik | Wunder | Markus | Matthäus | Lukas | Johannes |
|---|---|---|---|---|---|---|
| 1 | Tot | Erweckung Tochter d. Jairus | 5,21, 35 | 9,18, 23 | 8,40. 49 | |
| 2 | Tot | Erweckung Sohn d. Witwe in Nain | | | 7,11-17 | |
| 3 | Tot | Erweckung d. Lazarus | | | | 11,1-45 |
| 4 | Heilung | Treibt einen bösen Geist in der Synagoge aus | 1,21-27 | | 4,31-36 | |
| 5 | Heilung | Heilt die Schwiegermutter des Petrus | 1,29-31 | 8,14-15 | 4,38-39 | |
| 6 | Heilung | Heilt viele Kranke am Abend | 1,32-34 | 8,16-17 | 4,40-41 | |
| 7 | Heilung | Reinigt einen Mann mit Aussatz | 1,40-45 | 8,1-4 | 5,12-14 | |
| 8 | Heilung | Gibt Bartimäus das Augenlicht zurück | 10,46-52 | 20,29-34 | 18,35-43 | |
| 9 | Heilung | Heilt einen Gelähmten | 2,3-12 | 9,1-8 | 5,17-26 | |
| 10 | Heilung | Heilt die verdorrte Hand eines Mannes | 3,1-6 | 12,9-14 | 6,6-11 | |
| 11 | Heilung | Wirft Dämonen von 2 Männern in Schweineherde | 5,1-20 | 8,28-33 | 8,26-39 | |
| 12 | Heilung | Heilt blutenden Frau in Menschenmenge | 5,25-34 | 9,20-22 | 8,42-48 | |
| 13 | Heilung | Heilt viele Kranke in Gennesaret | 6,53-56 | 14,34-36 | | |
| 14 | Heilung | Heilt von Dämonen besessenes Heiden-Mädchen | 7,24-30 | 15,21-28 | | |
| 15 | Heilung | Heilt einen blinden Mann in Bethsaida | 8,22-26 | | | |
| 16 | Heilung | Heilt einen Jungen mit einem Dämon | 9,14-29 | 17,14-20 | 9,37-43 | |
| 17 | Heilung | Heilt den Knecht des Zenturios | | 8,5-13 | 7,1-10 | |
| 18 | Heilung | Heilt zwei blinde Männer | | 9,27-31 | | |
| 19 | Heilung | Heilt einen Mann, der nicht sprechen kann | | 9,32-34 | | |
| 20 | Heilung | Heilt einen blinden, stummen Dämoniker | | 12,22-23 | 11,14-23 | |
| 21 | Heilung | Heilt eine verkrüppelte Frau | | | 13,10-17 | |
| 22 | Heilung | Heilt einen Mann am Sabbat | | | 14,1-6 | |
| 23 | Heilung | Reinigt zehn Aussätzige | | | 17,11-19 | |
| 24 | Heilung | Heilt das abgeschnittene Ohr eines Dieners | | | 22,50-51 | |
| 25 | Heilung | Heilt den Sohn eines Beamten in Kapernaum | | | | 4,43-54 |
| 26 | Heilung | Heilt einen Invaliden in Bethesda | | | | 5,1-15 |
| 27 | Heilung | Heilt einen blind geborenen Mann | | | | 9,1-12 |
| 28 | Natur | Jesus verdorrt den Feigenbaum | 11,12-14 | 21,18-22 | | |
| 29 | Natur | Jesus beruhigt einen Sturm | 4,35-41 | 8,23-27 | 8,22-25 | |
| 30 | Natur | Jesus speist 5 000 Menschen (5 Brote, 2 Fische) | 6,30-44 | 14,13-21 | 9,10-17 | 6,1-15 |
| 31 | Natur | Er wandelt auf dem Wasser | 6,45-52 | 14,22-33 | | 6,16-21 |
| 32 | Natur | Jesus speist 4 000 (7 Brote, "ein paar" Fische) | 8,1-13 | 15,32-39 | | |
| 33 | Natur | Erster wundersamer Fischfang | | | 5,1-11 | |
| 34 | Natur | Die wundersame Tempelsteuer im Fischmaul | | 17,24-27 | | |
| 35 | Natur | Wasser wird zu Wein | | | | 2,1-11 |
| 36 | Natur | Zweiter wundersamer Fischfang | | | | 21,4-11 |
| | | **Gesamtanzahl der Wunder:** | **19** | **22** | **21** | **8** |

# ANHANG B

## Eine Kritik An Aslan's *Zelot* (2013)

Die Vorstellung, Jesus sei ein Rebell gegen das Römische Reich gewesen, ist alt. Sie geht zumindest auf das Werk von Reimarus aus den 1770er Jahren zurück und wurde in den 1960er Jahren von S. G. F. Brandon in Büchern wie *Jesus und die Zeloten* wiederholt. In jüngster Zeit wurde sie in Reza Aslans Buch *Zelot* erneut formuliert. *Zelot* hat eine oberflächliche Ähnlichkeit mit der Antagonismus-These, für die ich in diesem Buch werbe. Und ich bin daher motiviert, eine kurze Analyse und Kritik zu äußern. Trotz einiger Übereinstimmungen verpasst Aslan vollkommen den Hauptgedanken des vorliegenden Buches.

Meine Empfehlung ist bei all solchen Büchern, mit dem Autor zu beginnen. Aslan ist ein Muslim, der zum Christen und zurück zum Muslim konvertierte. Er ist promoviert in moderner Soziologie und lehrt aktuell kreatives Schreiben an der University of California Riverside. Er hat bereits zwei Bücher über Religion in großen (nicht-akademischen) Verlagen veröffentlicht und kann somit eine gewisse, wenn auch sicherlich unkonventionelle, Expertise vorweisen.

Positiv ist, dass Aslan Jesus auf eine rein geschichtliche Sicht reduziert und als einen jüdischen Mann sieht, der sich gewaltsam gegen die römische Herrschaft und eine kollaborierende jüdische Elite auflehnte. Die späte vorchristliche und frühe nachchristliche Periode, sagt er, war eine Zeit des Aufruhrs und der Revolte der verschiedenen jüdischen Stämme. Jesus war Teil dieses Aufruhrs und versuchte, die Römer zu vertreiben und die jüdische Herrschaft gemäß der jüdischen Orthodoxie wiederherzustellen. Als Eiferer wurde er schließlich verhaftet und gekreuzigt. Nach seinem Tod konstruierten seine Anhänger – die elf Apostel, Paulus und einige andere wie Markus und Lukas – eine Version seines Lebens, die ihren besonderen Bedürfnissen entsprach. All dies stimmt mit meiner eigenen These überein.

Es gibt jedoch mehrere Abweichungen von meinem Ansatz und einige davon unabhängige Schwachpunkte in Aslans Buch. Betrachten wir zunächst die Abweichungen. Über die Evangelien sagt Aslan zu Recht, „die Evangelien sind keine historische Dokumentation des Lebens

Jesu und waren auch nie als solche gedacht. Sie sind keine Augen-
zeugenberichte über Jesu Worte und Taten, von Menschen, die ihn
kannten" (S. xxvi) – was auch stimmt. Er stellt fest, dass es sich um
pseudepigraphische Werke[1] handelt, fügt aber sogleich hinzu, dass
solche Werke „auf keinen Fall als Fälschungen betrachtet werden
sollten". Er erklärt nicht, warum. Wenn die Berichte bekanntermaßen
falsch sind, aber als wahr dargestellt und unter einem falschen Namen
veröffentlicht werden, *dann ist das eine Fälschung*. Aslan zieht diese
Möglichkeit nicht in Betracht, weil er sich auf die Evangelien als
größtenteils wörtliche Wahrheit verlässt, was im Widerspruch zu seiner
gerade zitierten Ansicht steht.

Später wiederholt er denselben Fehler, wobei er die Möglichkeit
einer Fälschung völlig außer Acht lässt. „Alle Wundergeschichten Jesu
wurden im Laufe der Zeit verschönert und mit christologischer
Bedeutung[2] versehen, und daher kann keine von ihnen historisch bestätigt werden" (S. 104) – das ist wahr, aber das liegt daran, dass es sich
um fiktive Konstruktionen handelt, was er nicht zugibt oder auch nur in
Erwägung zieht.

Paulus taucht erst sehr spät in dem Buch auf und spielt dann auch
nur eine relativ geringe Rolle. Er stellt richtig fest, dass Paulus' Jesus
„fast vollständig von ihm selbst erdacht" wurde. Er schafft es aber nie so
recht, Paulus auch nur irgendeine Schuld zuzuweisen. Nach Aslans
Lesart ist Paulus stets ein unschuldiger und rechtschaffener Mensch, der
nur sein Bestes tut, um nach seinem Sinn eine Kirche zu errichten.
Paulus hat nie gelogen. In Aslans Welt hat niemand böse Absichten,
niemand tut jemals etwas Schlechtes oder Falsches, niemand ist für
irgendetwas verantwortlich.

Es gibt auch strukturelle Probleme. Aslan wiederholt sehr detailliert
den Bericht des Neuen Testaments in einem sehr romanhaften Format,
als ob alles, was dort erwähnt wird, zuverlässig und wahr wäre. Er wärmt
Josephus' *Der Jüdische Krieg* und die *Altertümer der Juden* in vielen
Details auf und akzeptiert wiederum praktisch alles so, wie geschrieben.
Er geht weder auf die Ansichten von Skeptikern noch von Kritikern ein,

---

[1] Anm. d. Ü: in der Bibelwissenschaft beschreibt der Begriff gefälschte oder
verheimlichte Autorenschaft eines Textes.
[2] Anm. d. Ü: Christologie ist ein Teil der Theologie, der sich mit Jesus
Person und Bedeutung beschäftigt.

außer in einem langen, unzusammenhängenden und höchst unkon-
ventionellen Abschnitt „Anmerkungen" am Ende des Buches, der sich
überhaupt nicht auf irgendwelche spezifischen „Anmerkungen" im Text
bezieht.

Sein wissenschaftliches Vorgehen ist ebenfalls fragwürdig.
Abgesehen von biblischen Passagen gibt es im gesamten Buch,
einschließlich der „Anmerkungen", fast keine genauen Zitate (mit
Angabe von Quelle und Seitenzahl). Die Zitate, die er hat, sind meist
schlampig – ein einfacher Verweis auf ein Buch oder eine Artikel-
überschrift, ohne Details oder Referenzangabe. Sein wichtigster und
offensichtlicher Vorgänger, S. G. F. Brandon, ist fast unsichtbar mit
einem Eintrag im Literaturverzeichnis und zwei beiläufigen Erwähn-
ungen in den Anmerkungen. Das ist sehr armselige Wissenschaft.
Ebenso gibt es keine Erwähnung wichtiger Gelehrter, die eine skeptische
Haltung vertreten: nichts über Price, Thompson, Wells oder Doherty und
auch niemand aus der Kategorie von Bart Ehrman. Nietzsche wird
überhaupt nicht erwähnt.

Zugegebenermaßen richtet sich das Buch an ein breites Publikum,
aber es liest sich zu sehr wie ein fiktiver Roman, um wirklich ernst
genommen zu werden. Es ist voll von unbelegten Behauptungen,
Spekulationen und platten Tatsachenbehauptungen, die höchst fragwürdig
sind. Seine Schilderung der Ereignisse liest sich wie eine Seifenoper –
was vielleicht stimmt, aber zumindest sollte Aslan das zugeben.
Stattdessen stellt er diese als die wohl passendste Wahrheit dar.

Das ist eine Schande, weil die generelle These stimmt: Jesus war
mit ziemlicher Sicherheit nur ein Mann, ein jüdischer Rabbiner, der sich
für die Armen und Unterdrückten einsetzte und sich umbringen ließ.
Über dieses bloße Skelett eines Lebens hinaus können wir fast nichts
über den wirklichen Jesus sagen – und doch berichtet Aslan seitenweise,
was Jesus „gesagt" oder „getan" hat.

Die vielen Schwachstellen erlauben es den Kritikern, das Buch zu
zerpflücken und dabei das valide zentrale Thema zu umgehen. Ein
kritischer Rezensent, Craig Evans, behauptet, dass Aslan „sich stark auf
eine veraltete und diskreditierte These stützt"[3] — die Zeloten-These —
aber ohne uns zu sagen, warum oder wie sie „überholt" und „diskredit-

---

[3] *Christianity Today*, August 2013.

iert" ist. Nur weil sie alt ist, ist sie noch lange nicht „veraltet". Und „diskreditieren" sie kann nur schlüssige Argumentation und eine überlegene Theorie, die es meiner Meinung nach nicht gibt. Gewiss ist die biblische Darstellung mit ihren unzähligen Ungereimtheiten, Inkohärenzen und offensichtlichen Unwahrheiten keine überlegene Theorie, nicht einmal annähernd.

# ANHANG C

## Brief des Plinius an Trajan (ca. 112 n. Chr.)

Es ist mir wichtig, Herr, alles, worüber ich im Zweifel bin, dir vorzutragen. Denn wer kann besser mein Zaudern lenken oder meine Unkenntnis belehren?

An Gerichtsverhandlungen gegen Christen habe ich niemals teilgenommen. Daher weiß ich nicht, was und wie weit man zu strafen oder nachzuforschen pflegt. Ich war auch ganz unschlüssig, ob das Lebensalter einen Unterschied macht, oder ob die ganz Jungen genauso behandelt werden wie die Erwachsenen; ob bei Reue Verzeihung gewährt werden soll oder ob es dem, der einmal Christ gewesen ist, nichts nützt, wenn er davon abgelassen hat; ob schon der bloße Name, auch wenn kein Verbrechen vorliegt, oder nur mit dem Namen verbundene Verbrechen bestraft werden.

Einstweilen bin ich mit denen, die bei mir als Christen angezeigt wurden, folgendermaßen verfahren: ich habe sie gefragt, ob sie Christen seien. Die Geständigen habe ich unter Androhung der Todesstrafe ein zweites und drittes Mal gefragt. Die dabei blieben, ließ ich abführen. Denn ich war der Überzeugung, was auch immer es sei, was sie damit eingestanden, dass auf alle Fälle ihr Eigensinn und ihre unbeugsame Halsstarrigkeit bestraft werden müsse. Es gab auch noch andere mit ähnlichem Wahn, die ich, weil sie römische Bürger waren, zur Überstellung nach Rom vorgemerkt habe.

Während der Verhandlung breitete sich gewöhnlich die Anschuldigung weiter aus und es ergaben sich mehrere verschieden gelagerte Fälle. Es wurde eine Schrift ohne Verfasserangabe vorgelegt, die viele Namen enthielt. Diejenigen, die bestritten, Christen zu sein oder gewesen zu sein, glaubte ich freilassen zu müssen, da sie mit einer von mir vorgesprochenen Formel die Götter anriefen und vor Deinem Bild, das ich zu diesem Zwecke zusammen mit den Bildern der Götter herbeibringen ließ, mit Weihrauch und Wein opferten und außerdem Christus schmähten, Dinge, zu denen wirkliche Christen, wie man sagt, nicht gezwungen werden können. Andere, von den Denunzianten Genannte erklärten zunächst, Christen zu sein, leugneten es aber bald wieder: sie seien zwar Christen gewesen, hätten dann aber davon abgelassen, manche vor drei Jahren, manche vor noch mehr Jahren, einige sogar vor zwanzig Jahren. Auch diese haben alle Dein Bild und die Statuen der Götter verehrt und Christus geflucht.

Sie versicherten darüber hinaus, ihre ganze Schuld oder ihr ganzer Irrtum habe darin bestanden, dass sie sich gewöhnlich an einem bestimmten Tage vor Sonnenaufgang versammelten, Christus wie einem Gott einen Wechselgesang darbrachten und sich durch Eid nicht etwa zu irgendeinem Verbrechen verpflichteten, sondern keinen Diebstahl, Raubüberfall oder Ehebruch zu begehen, ein Versprechen nicht zu brechen, eine angemahnte Schuld nicht abzuleugnen. Danach seien sie gewöhnlich auseinander gegangen und dann wieder zusammen-gekommen, um Speise zu sich zu nehmen und zwar ganz gewöhnliche und unschädliche; selbst das hätten sie nach meinem Erlass, mit dem ich deinen Aufträgen entsprechend Vereine verboten hatte, unterlassen. Für um so notwendiger hielt ich es, aus zwei Mägden, die Dienerinnen genannt werden, unter der Folter herauszubekommen, was wahr sei. Ich fand nichts anderes als einen wüsten, maßlosen Aberglauben.

Deswegen ist die Untersuchung aufgeschoben worden und ich habe mich beeilt, Deinen Rat einzuholen. Die Angelegenheit schien mir nämlich einer Beratung zu bedürfen, insbesondere wegen der Anzahl der gefährdeten Personen. Denn viele jeden Alters, jeden Ranges, auch beiderlei Geschlechts sind jetzt und in der Zukunft gefährdet. Nicht nur über die Städte, sondern auch über die Dörfer und das flache Land hat sich die Seuche dieses Aberglaubens ausgebreitet. Es scheint aber, dass sie aufgehalten und in die richtige Richtung gelenkt werden kann. Ziemlich sicher steht fest, dass die fast schon verödeten Tempel wieder besucht und die lange eingestellten feierlichen Opfer wieder auf-genommen werden, und dass das Opferfleisch, für das kaum noch ein Käufer gefunden wurde, überall wieder zum Verkauf angeboten wird. Daraus kann man leicht erkennen, welche Menge Menschen gebessert werden kann, wenn man Gelegenheit zur Reue gibt.[1]

---

[1] Anm. d. Ü: Quelle der Übersetzung aus dem Lateinischen - https://www. uni-siegen.de/phil/kaththeo/antiketexte/ausser/8.html

# LITERATUR

Archer, G. 1982. *Encyclopedia of Bible Difficulties*. Zondervan.

Aslan, R. 2013. *Zealot: The Life and Times of Jesus of Nazareth*. Random House.

Atwill, J. 2005. *Caesar's Messiah*. Createspace.

Barbiero, F. 2010. *The Secret Society of Moses*. Simon & Schuster / Inner Traditions.

Bauckham, R. 2006. *Jesus and the Eyewitnesses*. W. B. Eerdmans.

Ben-Sasson, H. 1976. *A History of the Jewish People*. Harvard University Press.

Bischoff, E. 2023. *The Book of the Shulchan Aruch*. Castle Hill.

Blomberg, C. 1987. *The Historical Reliability of the Gospels*. Inter-Varsity Press.

Blomberg, C. 1997. *Jesus and the Gospels*. Broadman & Holman.

Bock, D. and D. Wallace. 2007. *Dethroning Jesus: Exposing Popular Culture's Quest to Unseat the Biblical Christ*. Thomas Nelson.

Boyarin, D. 2001. "The Gospel of the Memra." *The Harvard Theological Review* 94(3): 243-284.

Brandon, S. 1967. *Jesus and the Zealots*. Manchester University Press.

Brandon, S. 1968. *The Trial of Jesus*. Batsford.

Brodie, T. 2012. *Beyond the Quest for the Historical Jesus*. Sheffield Phoenix Press.

Bultmann, R. 1958. *Jesus Christ and Mythology*. Scribner's Sons.

Burkett, D. 2002. *An Introduction to the New Testament and the Origins of Christianity*. Cambridge University Press.

Carotta, F. 2005. *Jesus was Caesar: On the Julian Origin of Christianity*. Aspekt.

Carrier, R. 2014. *On the Historicity of Jesus*. Sheffield Phoenix Press.

Carrier, R. 2020. *Jesus from Outer Space*. Pitchstone.

Carroll, J. 2001. *Constantine's Sword*. Houghton Mifflin.

Coogan, M. 2007. *New Oxford Annotated Bible* (3rd ed.). Oxford University Press.

Crossan, J. 1991. *The Historical Jesus: The Life of a Mediterranean Jewish Peasant*. HarperOne.

Dalton, T. 2020. *Debating the Holocaust* (4th ed.). Castle Hill.

Dalton, T. 2022. *Classic Essays on the Jewish Question*. Clemens & Blair.

Dalton, T. 2023. *The Steep Climb: Essays on the Jewish Question*. Clemens & Blair.

Davis, H. 2018. *Creating Christianity*. Independent.

Detering, H. 1995/2003. *The Falsified Paul*. Translated in *Journal of Higher Criticism* 10(2). Later published as *The Fabricated Paul* (2018).

Dever, W. 2003. *Who Were the Early Israelites and Where Did They Come From?* W. B. Eerdmans.

Devi, S. 2015. *Son of God, Son of the Sun* (D. Skrbina, ed.). Creative Fire Press.

Doherty, E. 1999. *The Jesus Puzzle*. Canadian Humanist Publications.

Doherty, E. 2001. *Challenging the Verdict*. Age of Reason Publications.

Drews, A. 1909/1998. *The Christ Myth*. Prometheus.

Dunn, J. (ed.). 1992. *Jews and Christians*. Mohr.

Ehrman, B. 2003. *Lost Christianities*. Oxford University Press.

Ehrman, B. 2011. *Forged: Writing in the Name of God.* HarperOne.

Ehrman, B. 2012. *Did Jesus Exist?* HarperOne.

Ehrman, B. 2018. *The Triumph of Christianity*. Simon & Schuster.

Einhorn, L. 2016. *A Shift in Time*. Perseus Distribution.

Eisenman, R. 1997. *James, the Brother of Jesus*. Viking.

Evans, C. 2006. *Fabricating Jesus*. IVP Books.

Evans, C. 2012. *Jesus and his World: The Archaeological Evidence*. Westminster John Knox.

Evans, C. 2020. *Jesus and the Manuscripts*. Hendrickson.

Fairchild, M. 1999. "Paul's pre-Christian zealot associations." *New Testament Studies* 45: 514-532.

Feldman, L. 1958. "Philo-semitism among ancient intellectuals." *Tradition* 1(1): 27-39.

Feldman, L. 1988. "Pro-Jewish intimations in anti-Jewish remarks cited in Josephus' *Against Apion*." *The Jewish Quarterly Review* 3-4: 187-251.

Feldman, L. 1991. "The enigma of Horace's thirtieth sabbath." *Scripta Classica Israelica* 10: 87-112.

Feldman, L. 1993. *Jew and Gentile in the Ancient World.* Princeton University Press.

Finkelstein, I. and N. Silberman. 2001. *The Bible Unearthed*. Free Press.

Frazer, J. 1890/1998. *The Golden Bough*. Oxford University Press.

Freke, T. 2001. *Jesus and the Lost Goddess*. Three Rivers Press.

Gabba, E. 1984. "The growth of anti-Judaism or the Greek attitude toward the Jews." In *Cambridge History of Judaism* (vol 2), Cambridge University Press.

Gmirkin, R. 2006. *Berossus and Genesis, Manetho and Exodus*. T&T Clark.

Goebbels, J. 2019. *Goebbels on the Jews*. Castle Hill.

Goguel, M. 1926. *Jesus the Nazarene*. D. Appleton.

Grant, M. 1973. *The Jews in the Roman World*. Scribner.

Habermas, G. 1996. *The Historical Jesus: Ancient Evidence for the Life of Christ*. College Press.

Habermas, G. 2004. *The Case for the Resurrection of Jesus*. Kregel.

Harpur, T. 2004. *The Pagan Christ*. Thomas Allen and Son.

Hertzberg, A. 1968. *The French Enlightenment and the Jews*. Columbia University Press.

Herzog, Ze'ev. 1999. "Deconstructing the walls of Jericho." *Ha'aretz Magazine* (Oct 29).

Hitler, A. 2017. *Mein Kampf* (T. Dalton, trans.) Clemens & Blair.

Homer. 1990. *The Iliad* (R. Fagles, trans.). Penguin.

Hopkins, K. 1998. "Christian number and its implications." *Journal of Early Christian Studies* 6(2): 185-226.

Horsley, R. 1985. *Bandits, Prophets, and Messiahs: Popular Movements at the Time of Jesus.* Winston.

Hume, D. 1778/1991. *Dialogues Concerning Natural Religion.* Routledge.

Kant, I. 1798/1978. *Anthropology.* Southern Illinois University Press.

Kant, I. 1997. *Lectures on Ethics.* Cambridge University Press.

Keener, C. 2011. *Miracles: The Credibility of the New Testament Accounts.* Baker.

Kersten, H. and E. Gruber. 1992/1994. *The Jesus Conspiracy.* Element Books.

Kirsch, J. 2004. *God against the Gods: The History of the War between Monotheism and Polytheism.* Viking Compass.

Kitchen, K. 2003. *On the Reliability of the Old Testament.* W. B. Eerdmans.

Komoszewski, J. and D. Bock (eds.) 2019. *Jesus, Skepticism & The Problem of History.* Zondervan.

Kulikowski, M. 2016. *The Triumph of Empire.* Harvard University Press.

Kulikowski, M. 2019. *The Tragedy of Empire.* Belknap.

Landsborough, D. 1987. "St Paul and temporal lobe epilepsy." *Journal of Neurology, Neurosurgery, and Psychiatry* 50: 659-664.

Lataster, R. 2013. *There Was No Jesus, There is no God.* Createspace.

Lataster, R. 2019. *Questioning the Historicity of Jesus.* Brill.

Lawrence, D. H. 1931/1995. *Apocalypse and the Writings on Revelation.* Penguin.

Lindemann, A. 1997. *Esau's Tears.* Cambridge University Press.

Loftus, J., ed. 2022. *Varieties of Jesus Mythicism.* Hypatia.

Lüdemann, G. 2001. *Jesus After 2,000 Years.* Prometheus.

Lüdemann, G. 2002. *Paul, The Founder of Christianity.* Prometheus.

Lüdemann, G. 2004. *The Resurrection of Christ.* Prometheus

Luther, M. 2020. *On the Jews and Their Lies.* Clemens & Blair.

Maccoby, H. 1980. *Revolution in Judaea.* Taplinger.

Maccoby, H. 1986. *Mythmaker: Paul and the Invention of Christianity.* Harper & Row.

Mackie, J. 1955. "Evil and omnipotence." *Mind* 64(254): 200-212.

Martin, M. 1991. *The Case against Christianity.* Temple University Press.

Meier, J. 1991. *A Marginal Jew: Rethinking the Historical Jesus.* Doubleday.

Murray, E. at al. 2012. "The Role of Psychotic Disorders in Religious History Considered." *The Journal of Neuropsychiatry* 24(4): 410-416.

Nietzsche, F. 1881/1997. *Daybreak* (R. Hollingdale, trans.). Cambridge University Press.

Nietzsche, F. 1887/1967. *On the Genealogy of Morals* (Kaufmann and Hollingdale, trans.). Vintage Books.

Nietzsche, F. 1888/2006. *Antichrist* (A. Ludovici, trans.). Barnes and Noble.

Onfray, M. 2007. *The Atheist Manifesto*. Melbourne University Press.

Osterer, H. 2012. *Legacy*. Oxford University Press.

Pitre, B. 2016. *The Case for Jesus*. Image.

Plutarch. 1998. *Greek Lives* (R. Waterfield, trans.). Oxford University Press.

Popper, K. 1963. *Conjectures and Refutations*. Routledge.

Price, R. 2000. *Deconstructing Jesus*. Prometheus.

Price, R. 2003. *The Incredible Shrinking Son of Man*. Prometheus.

Price, R. 2007. *Jesus is Dead*. American Atheist Press.

Price, R. 2012. *The Christ-Myth Theory and its Problems*. American Atheist Press.

Price, R. 2014. *Killing History*. Prometheus.

Reimarus, H. 1778/1970. *Fragments*. Fortress Press.

Roetzel, C. 1999. *Paul: The Man and the Myth*. T&T Clark.

Salibi, K. 1992/2007. *Who Was Jesus? Conspiracy in Jerusalem*. Tauris Parke.

Schafer, P. 1997. *Judeophobia*. Harvard University Press.

Schopenhauer, A. 1819/1966. *World as Will and Representation*. Dover.

Schopenhauer, A. 1851/1974. *Parerga and Paralipomena* (vol 2). Oxford University Press.

Schweitzer, A. 1906/2001. *The Quest of the Historical Jesus*. Fortress Press.

Seager, W. 2020. *The Routledge Handbook of Panpsychism*. Routledge.

Seland, T. 2002. "Saul of Tarsus and early Zealotism." *Biblica* 83: 449-471.

Skrbina, D. 2015. *The Metaphysics of Technology*. Routledge.

Skrbina, D. 2017. *Panpsychism in the West* (revised edition). MIT Press.

Sheldon, R. 1998. "Jesus, the security risk." *Small Wars and Insurgencies* 9(2): 1-37.

Smiles, V. 2002. "The concept of 'zeal' in second-temple Judaism." *Catholic Biblical Quarterly* 64: 282-299.

Stark, R. 2011. *The Triumph of Christianity*. HarperOne.

Statlow, M. 2008. "Theophrastus' Jewish philosophers." *Journal of Jewish Studies*, 59(1): 1-20.

Stern, M. 1974. *Greek and Latin Authors on Jews and Judaism* (vol 1). Israel Academy of Sciences and Humanities.

Stern, M. 1980. *Greek and Latin Authors on Jews and Judaism* (vol 2). Israel Academy of Sciences and Humanities.

Strauss, D. 1835/1970. *The Life of Jesus*. Scholarly Press.

Strobel, L. 1998. *The Case for Christ*. Zondervan.

Suetonius. 1957. *The Twelve Caesars*. Penguin.

Tabor, J. 2012. *Paul and Jesus*. Simon & Schuster.

Tabor, J. and S. Jacobovici. 2012. *The Jesus Discovery*. Simon & Schuster.

Tabor, J. 2018. "The quest for the historical Paul." Online: www.jamestabor.com

Tacitus. 2012. *Annals*. Penguin.

Thompson, T. 2005. *The Messiah Myth*. Basic Books.

Valliant, J. and W. Fahy. 2018. *Creating Christ: How Roman Emperors Invented Christianity*. Crossroad Press.

Van Voorst, R. 2000. *Jesus Outside the New Testament*. W. B. Eerdmans.

Vermes, G. 2004. *Authentic Gospels of Jesus*. Penguin.

Voskuilen, T. 2005. "Operation Messiah: Did Christianity start as a Roman psychological counterinsurgency operation?" *Small Wars and Insurgencies* 16(2): 192-215.

Voskuilen, T. and R. Sheldon. 2008. *Operation Messiah*. Vallentine Mitchell.

Wallace, D. 2011. *Revisiting the Corruption of the New Testament*. Kregel.

Walsh, R. 2021. *Origins of Early Christian Literature*. Cambridge University Press.

Wells, G. 1975. *Did Jesus Exist?* Prometheus.

White, L. 1967. "The historical roots of our ecologic crisis." *Science* 155: 1203-1207.

Wright, N. 1996. *The Original Jesus: The Life and Vision of a Revolutionary*. W. B. Eerdmans.

Yosef, O. 2010. "Gentiles exist only to serve Jews." *Jerusalem Post* (Oct 18).